地中海を内海とするローマ帝国の統治基盤は都市であった。
皇帝は都市をどのように支配したのか。あるいは，都市は皇帝の支配をどのように受け入れたのか。
本書は，碑文史料をもとに，イタリアに派遣された都市監督官・地方裁判官・総督といった帝国官僚の実態に迫り，
その都市パトロン的な機能に注目。ローマ帝国の統治構造の特質を明らかにする。

La struttura governativa dell'Impero romano
il potere imperiale e le città italiane

北海道大学大学院文学研究科
研究叢書

ローマ帝国の統治構造

皇帝権力とイタリア都市

飯坂晃治

北海道大学出版会

研究叢書刊行にあたって

北海道大学大学院文学研究科は、その組織の中でおこなわれている、極めて多岐にわたる研究の成果を、より広範囲に公表することを義務と判断し、ここに研究叢書を刊行することとした。

平成十四年三月

目　次

凡　例

本書では、雑誌・叢書などの略号は基本的に *L'année philologique* 誌の略号表記にしたがっている。その他にも、百科事典などの略号で、古代ローマ史研究の表記慣用にしたがったものもある。

一次史料の略号もまた、古代ローマ史研究の表記慣用にしたがっているが、おもなものは次のとおりである。

AE: L'année épigraphique(＝『碑文学年報』)
CIL: Corpus Inscriptionum latinarum(＝『ラテン碑文集成』)
CJ: Codex Iustinianus(＝『ユスティニアヌス法典』)
CTh: Codex Theodosianus(＝『テオドシウス法典』)
Dig.: Digesta(＝『学説彙集』)
Frag. Vat.: Fragmenta Vaticana(＝『ヴァティカン断片』)
ILS: Inscriptiones Latinae Selectae(＝『ラテン碑文選集』)

碑文史料の訳文において丸括弧(　)でくくっている部分は筆者による補足、角括弧[　]でくくっている部分は碑文の欠損部分の補読である。また、[---]としてある部分は欠損部分の復元不可能な箇所、[[---]]としてある部分は「記憶の断罪」(damnatio memoriae)により故意に碑文が削除された箇所である。

皇帝の在位期間は、D. Klenast, *Römische Kaisertabelle. Grundzüge einer römischen Kaiserchronologie*, 5. Auflage, Darmstadt 2011 にしたがっている。コンモドゥス帝やカラカッラ帝など、父帝と共同統治を行っている皇帝に関しても、同書にしたがい、単独統治の在位期間を表記している。

なお、ラテン語・ギリシア語のカタカナ表記に関しては、原則として長母音を省略した。ただし、「ローマ」などは慣例を重視し、長母音を付したままにしてある。

地図1　帝政前期イタリアの 11 レギオ（regio）
（Bayerischen Schulbuch-Verlag (hrsg.), *Grosser historischer Weltatlas, I. Teil, Vorgeschichte und Altertum*, München 1978, 40-41 より作成）

地図2　4世紀のイタリア管区
(G. A. Cecconi, *Governo imperiale e élites dirigenti nell'Italia tardoantica. Problemi di storia politico-amministrativa (270–476 d. C.)*, Como 1994, 8より作成)

序論

本書の課題は、ローマ帝政前期(前二七～後二八四年)のイタリアにおける皇帝権力と都市の関係について考察することである。

ローマ帝国は、かの広大な領土を統治するのに十分な官僚機構を有していなかった。中央行政を担当したのは元老院議員(senatores)と騎士(equites)の両身分(uterque ordo)から選出されたわずか三〇〇名程度の帝国官僚であった。[1] こうした官僚機構にかわり、ローマ帝国の統治基盤として重要な役割を果たしたのが都市(colonia / municipium / civitas)であった。すなわち、ローマ帝国は、各都市の有産市民たる都市参事会員(decuriones / curiales)に実質的な統治業務である地方行政を委ねたのである。[2]

都市の中枢をなしたのは、数十ないし数百名からなる都市参事会(ordo decurionum / curia)であり、ローマ帝国は、その終身議員である都市参事会員に政治的責任を負わせた。都市参事会員は、一般的には土地所有者たるエリートで、各都市で設けられた最低財産基準(標準額としては一〇万セステルティウス)を満たし、都市の最高職である司法担当二人委員(duoviri iure dicundo)やそれに次ぐ造営委員(aediles)など一年任期の都市公職を無償で務め、さらに負担義務(munera)をも果たした。このように、富や家柄を背景に威信をまとい、権力を帯びた都市参事会員が、都市の自治を担い、国家的業務をも遂行していたのだった。

都市参事会員の果たした役割はこれにとどまらない。都市の財政基盤は脆弱で、財源は都市所有地・公共建築物の賃貸収入や、都市公職就任者が支払う公職法定金(summa honoraria)などに限られていたため、有産市民はその不足分を自発的な恵与で補ったのである。[3]「エヴェルジェティスム」と呼ばれるこの恩恵施与慣行は、有産市民の民衆に対する優越感の表明であると同時に、都市の指導者としての義務感の表れでもあり、この恩恵施与により、神殿・公会堂(バシリカ)などの公共建築物の建設や、剣闘士競技・演劇などの娯楽の提供が実現された。このように、都市のインフラ整備や都市生活の維持は、有産市民の恩恵施与行為に依存していた。つまり、都市参事会員が都市の存亡を握っていたのである。

以上から、共和政末期より積極的に推し進められた都市化の結果、帝国の支配領域が諸都市によって広く覆われたという意味だけではなく、各地の有産市民、すなわち都市参事会員によって担われる都市の命運が帝国の命運を左右するという意味においても、都市はローマ帝国の細胞であり、ローマ帝国の歴史は都市の歴史である、といえるのである。したがって、ローマ帝国がいかにして支配されたのかを問うとき、ローマ帝国の統合の中心である皇帝がどのように都市を支配したのか、あるいは都市が皇帝の支配をどのように受け入れたのかという問題はきわめて重要になってくる。そこで、まずはこの問題に関する研究史を整理し、本書の課題を明確にしていきたい。

第一節　「強制国家」論をめぐる研究史

従来の研究において、皇帝権力と都市の関係の変化は、ローマ帝国の歴史的展開の重要な一側面と見なされ、「元首政」(プリンキパトゥス)と「専制君主政」(ドミナトゥス)というTh・モムゼン以来の伝統的な時代区分とともに、次のように論じられてきた。すなわち、前一世紀末にアウグストゥス(位前二七〜後一四年)が打ち立てたローマ前期帝政は「元首政」と呼ばれ、「ローマの平和」(pax Romana)と経済的繁栄のもと、市民に自由な経済活動を認め、都市の自治を尊重する自由放任政策をとった。しかし、ローマ帝国は三世紀に政治的・軍事的・経済的危機に直面し、同世紀末以降、ディオクレティアヌス帝(位二八四〜三〇五年)やコンスタンティヌス帝(位三〇六〜三三七年)がその危機の克服に取り組んだ。こうして生まれ変わったローマ後期帝政は「専制君主政」と呼ばれ、新たに整備された官僚機構と増強された軍隊の維持のために市民に重税を課し、都市の自治を奪っていった、と。

このような従来的な見方を補強するかのごとく、一九二〇年代には「強制国家」論という学説が登場した。「強制国家」論とは、ディオクレティアヌス帝およびコンスタンティヌス帝治世以降の後期ローマ帝国を「強制国家」(Zwangsstaat)と見なし、その国制・社会・経済などを説明する学説である。

「強制国家」論によれば、後期ローマ帝国の国家構造の特質は次のようなものであった。皇帝は立法権・行政権・司法権・軍事指揮権などを独占する専制君主(ドミヌス)で、その帝権は、特にコンスタンティヌス帝以降、「キリスト教的神寵帝理念」によって支えられた。軍隊は組織や指揮系統が合理化されただけでなく、兵員数も帝政前期に比べて大幅に増強された。行政では、帝国が四つの道(praefectura)に、各道が数個の管区

(dioecesis)に、各管区がさらに多くの属州(provincia)に分割されるとともに、官僚組織が整備された。こうして巨大化した軍隊や官僚機構を維持するために、カピタティオ＝ユガティオ制という農業生産物に対する課税が実施され、徴税が強化された。また、この租税収入を確保する必要から、大所領内のコロヌス(小作人)はその土地に緊縛され、身分を世襲とされた。コロヌスのみならず、商人や手工業者も職業を世襲とされ、同職組合に強制的に加入させられ、とりわけ船舶輸送業者などは国家的事業を押しつけられた。このように、後期ローマ帝国は、中央集権的な政治、国家の統制する経済、カースト化した社会を特徴としていた。(4)

これらとならんで「強制国家」論において重要な論点をなしたのが、帝国官僚による都市自治への介入と都市の自治能力の減退という点である。すなわち、ローマ帝国は、二世紀以降、都市自治への介入政策をとって都市財政への干渉の度合いを次第に強め、三世紀に軍事的・経済的危機に直面すると、財政至上主義的関心から課税を強化するとともに、都市参事会員には都市領域内の荒蕪地(agri deserti)の納税責任を負わせた。そして、帝政後期の「強制国家」は、属州総督や、都市監督官(curator rei publicae)、平民(都市)擁護官(defensor plebis / defensor civitais)などの諸監督官によって都市自治を制限し、都市参事会員には租税の滞納分の補塡義務を負わせ、身分も固定した。こうして、都市参事会員が経済的に没落するとともに、帝国の存続基盤である都市は自治能力を失って、「強制国家」の単なる執行機関になりさがり、衰退の一途をたどっていった、というのである。(5)

この「強制国家」論は、一九七〇年代まで長らく通説的地位を占めていた。(6)しかし、一九七八年にH・ホルストコッテが『後期ローマ「強制国家」における「租税責任」』(7)を発表して、都市参事会員に対する滞納税の補塡義務や身分緊縛の強制に関する通説を見直したのを皮切りに、「強制国家」論を批判する研究が現れるようになった。そして、そのような研究の論点は都市の自治に対する理解にも及んだのである。

まず、一九七八年にC・ルプレが『帝政後期におけるローマ支配下のアフリカ諸都市』を著し、当該時期におけるアフリカ都市の活力を再評価した。(8)彼はまず、「三世紀の危機」の後、アフリカ都市では四世紀を通じて公共建築活動が活発に行われたことを明らかにした。次いで、アフリカ都市の自治に関して、二人委員をはじめとする伝統的な都市公職者が帝政後期においても存続していたことを確認し、さらに、アフリカ都市に派遣された都市監督官も四世紀以降はその都市の参事会員や公職者のなかから選出されるようになったことを指摘して、皇帝権力によるアフリカ都市の自治の蚕食という従来的な見方を批判した。加えて彼は、都市支配者層によるエヴェルジェティスムが帝政後期のアフリカでも数多く確認できることや、「異教」が根強く残存していたことを指摘し、有産市民によって担われる都市自治の伝統的精神が維持され続けたと論じた。このように、ルプレはアフリカという地域に焦点をあて、都市自治の帝政前期から後期への連続性に注目することで、帝政後期における都市の活力を不当に評価する伝統的な学説に異を唱えたのである。

他方、F・フィッティングホフは、一九八二年に「都市自治の発展について――いくつかの批判的注釈」と題した論文を発表し、従来の「強制国家」論に対するオルタナティヴとして、新たな都市自治発展の図式を提示した。(9)彼によれば、二世紀から派遣された都市監督官や、四世紀後半から派遣された平民(都市)擁護官といった官職は、都市自治と対立する官職ではなく、その就任者や活動という観点からみれば、むしろ都市名望家的な官職であり、都市自治を強化する側面もあったという。また、都市自治に無給で携わる都市参事会員は同時に都市を経済的に支える有産者でもあったため、都市参事会内では負担義務の分配や新たな参事会員の徴募といった問題が起こりえたが、「強制国家」論において都市自治を破壊する干渉政策とされてきた都市参事会員の負担義務に関する諸立法も、そのような名望家支配体制に特有の問題を解決するための上位権力による介入として理解できる。しかも、そのような諸立法は、帝政前期以来一貫して行われてきたうえに、帝国内のすべての都市に適用されたかどうかは定かではなく、その影響力は決して過大評価できない、という。こうしてフィッティングホフも、ローマ帝国における皇帝権力と都市の関係は帝政前期から後期にかけてほとんど変化しなかったと主張するのである。

こうして「強制国家」論における都市自治の減退という論点が批判の俎上に載せられると、ディオクレティアヌス帝およびコンスタンティヌス帝以降の帝政後期における都市自治の実態を再検討する研究がさかんに進められることとなった。(10) 我が国でも、浦野聡氏や大清水裕氏、田中創氏、南雲泰輔氏などにより、帝政後期における官僚機構の特質や、帝国官僚と都市の関係、都市参事会員層の活力などについて再考する研究が発表されている。(11) こうした研究の進展の背景には、三世紀から七・八世紀における「古典古代」の長期的な「変容」ないし「転換」を説く、P・ブラウンの「古代末期」研究の影響力も指摘できるだろう。(12) しかし近年では、このブラウンの「古代末期」論に対し、当該時期を「没落」ないし「衰退」という概念で捉え直す動きもあり、(13) こうした研究動向のもと、W・リーベシュッツなど、帝政後期の都市の「没落」・「衰退」をふたたび論ずる研究者も出てきている。(14) このように、帝政後期における都市をめぐる国内外の研究はなお活況を呈している。しかしながら、「強制国家」論を批判する従来の都市自治研究には、以下のような問題点があったように思う。

それはまさに、「強制国家」が形成されたと考えられてきた二世紀ないし三世紀の都市自治に関する研究が手薄であるという点である。先にも簡単に紹介したように、「強制国家」論においては、皇帝権力による都市自治への介入や都市の自治能力の減退は二世紀ないし三世紀からはじまったとされている。この時期における都市の自治能力を再評価する研究にはF・ジャックの著書や、(15) 二世紀以降帝国各地に派遣された都市監督官に関する諸論考があり、(16) 我が国では新保良明氏による都市参事会の変質に関する論考がある。(17) しかし、「強制国家」の初期段階に関する研究は我が国はもとより欧米においても決して多いとはいえない。

二世紀および三世紀という「強制国家」の初期段階に研究の焦点があてられてこなかったのは、この時期が、一般に都市に自治が認められていたとされる「元首政」の時代にあたるからである。しかし、果たしてこの時期の都市自治に対するローマ帝国の政策は自由放任主義的であったといえるであろうか。あるいは、もしそうでないならば、その政策は都市の衰退を招くような自治への介入でしかなかったのであろうか。このような問題関心のもと、新たな統治構造の形成期という観点から、二世紀および三世紀における皇帝権力の都市自治に対する政策を詳しく分析するならば、前期帝政の特徴を自由放任政策にみる一般的な理解が疑問に付されるとともに、三世紀末以降のローマ帝国の統治構造についても、「強制国家」とは異なる新たな特質が明らかになるのではないだろうか。

そこで本書は、これまで「強制国家」の初期段階とされてきた二世紀および三世紀における皇帝権力と都市の関係について、特に地方に派遣された帝国官僚に注目し、その都市自治への影響を分析することを課題としたい。やや結論めいた言い方をすれば、本書は、この時期の帝国官僚の活動が都市の自治行政に影響を与えていたことを確認したうえで、それが必ずしも都市の自治を奪うものではなく、むしろ都市自治に貢献していたことを明らかにしようとするものである。したがって、この研究は、帝国官僚による都市自治への介入と都市の自治能力の減退の間に因果関係をみる「強制国家」論を批判するだけでなく、前期帝政を皇帝権力による都市自治への介入がみられない自由放任主義的な体制とする従来の見方に対しても異議を唱えるものであり、ひいては前期帝政を「元首政」、後期帝政を「専制君主政」とする伝統的な帝政期の時代区分にも疑義を提示することとなるだろう。(18)

以上のような問題関心から皇帝権力と都市との関係を再検討する際には、地域史の視点が有効であると考えられる。というのも、「強制国家」論に代表される従来説は、帝国の統治能力を高く評価し、統治構造や政治的状況に関する地域的な差異を軽視してきたからである。ルプレが分析の対象をアフリカ都市に定め、従来の「強制国家」論的な都市像を批判することに成功したのは上にみたとおりである。

そこで筆者は、考察の対象をイタリア（今日のイタリア共和国の領土からシチリア島、サルデーニャ島などを除いたアペニン半島部）に設定し、この地域における皇帝権力と都市の関係が二世紀から三世紀にかけてどのように発展したのかについて分析したい。

第二節　対象と課題の限定――イタリアの「属州化」

従来、この時期のイタリアの統治構造の変化は、イタリアの「属州化」（provincialization）という言葉でいいあらわされてきた。それは、一般的には次のように評価されてきた。

帝政前期のイタリアは、行政と財政の両面において属州とは異なる扱いをうけていた。すなわち、行政面では、イタリアには属州総督に相当するような帝国官僚は派遣されていなかった。イタリア統治の責任を負っていたのは、依然として、共和政以来の首都ローマの元老院や伝統的政務官、そして皇帝だった。これら帝国行政の最上層の帝国当局と、最下層の都市参事会の間には、属州における総督のような中間機構は存在していなかった。イタリア都市はこうした行政組織の未発達という状況下にあって、属州の都市よりも広範な自治を享受していた。次に財政面では、イタリアでは二〇分の一奴隷解放税（vicesima libertatis）や二〇分の一相続税（vicesima hereditatium)などの間接税は徴収されていたが、直接税は免除されていた。すなわち、土地税(tributum / stipendium)が徴収されず、また前一六七年以降は戦時特別税(tributum)の支払いをも免除されていたのである。こうした行政面と財政面における特殊性は、属州に対するイタリアの「特権」といわれる。[19] しかしながら、この「特権」は三世紀に進行した「属州化」によって次第に失われてゆく。イタリアでは時代が下るとともに官僚機構が発達し、三世紀後半には半島部は数個の州に分割されて各州に総督(corrector)が派遣され、属州と同様の税制が導入された。この結果、イタリアは他の属州と同等の地位に置かれることになり(W・エック、W・ジムスホイザー)、イタリアは支配者たる地位から支配される属領のひとつに明らかに落ち込んで(弓削達)、自由を失い(C・ジュリアン)、都市の自治は終焉を迎えた(Th・モムゼン)というのである。[20]

このように、帝国のなかでもイタリアは、「属州化」によって皇帝権力と都市の関係が最も大きく変化した地域のひとつとされてきた。したがって、このイタリアという地域に関して、皇帝権力による都市自治への介入とそれにともなう都市の活力減退という従来の見方とは異なる像が得られるなら、それは、「強制国家」論を代表とする従来説に対する有効な批判のひとつとなるように思われるのである。そこで、具体的に帝政前期イタリアの統治行政がどのように研究されてきたのかを改めて概観し、本書における課題を限定してゆきたい。

このテーマに関する研究の基礎を築いたのは、一八八四年のC・ジュリアンの研究である。[21] 彼は、『ローマ諸皇帝の支配下におけるイタリアの政治的変化』において、共和政末期からコンスタンティヌス帝までのイタリアの統治行政を通時的に分析し、その歴史的展開の特質をイタリアの「属州化」、すなわちイタリアの「自由」が奪われていく過程だと論じた。一九世紀末の研究であるため、統治機構の諸制度の理解に関して、その後の新史料の発見や研究の進展により修正されるべき点は多い。しかし、彼の著作の研究史上の意義は、二世紀以降の都市監督官や地方裁判官(iuridicus)の派遣をイタリア「属州化」政策の文脈に位置づけたことにあり、こうした理解は今日でもなお影響力をもっている。

一九四七年には、R・トムセンがイタリアにおける行政区域の変遷に関する研究を発表した。[22] 彼の著書『アウグストゥスからランゴバルド族の侵入にいたるまでのイタリアの行政区域』は、アウグストゥスによって創設されたレギオ(regio)という地域区分や、地方裁判官の裁判管区、総督が統治する州といった行政区域の発展を丹念に跡づけたものであるが、空間的な観点からイタリアの「属州化」という従来的な評価を補強したものといってよいだろう。

これらの研究に対し、研究史上画期をなしたのは一九七九年のW・エックの研究である。[23] 彼は、『帝政盛期におけるイタリアの国家機構』において、碑文をはじめとする諸史料を緻密に分析し、イタリアにおける街道および公共輸送制度の管理、間接税の徴収、アリメンタ制度、都市財政の監督、地方の司法制度といった統治機構の詳細を明らかにした。その研究史上の意義は、帝政前期イタリアにおける統治機構の発展が、首尾一貫した計画のもとに行われた行政改革ではなく、したがって、ディオクレティアヌス帝治世におけるイタリア「属州化」の先駆的政策と見なすことができない、という点を示唆したことにある。このエックの研究は、帝政前期イタリアの国家機構を研究する際にはまず第一に参照されるべき文献となっている。

しかしながら、このエックの研究にも問題がある。というのも、イタリア「属州化」の従来的評価のところでも簡単に紹介したが、エックの研究は帝政前期における皇帝権力の都市自治への介入を小さく見積もる一方で、ディオクレティアヌス帝によるイタリアの属州への格下げに関してはこれを認めているからである。つまり、エックもまた、帝国官僚による都市行政への介入と都市の自治能力の減退という論点を「強制国家」論と共有しており、自由放任主義的な前期帝政と「強制国家」的な後期帝政という従来どおりの二項対立的な時代区分を想定しているのである。このような見方が問題を孕んでいることは、前節で指摘したとおりである。

このような研究動向をふまえ、本書は、これまで「強制国家」の形成期とされてきた二世紀および三世紀に注目し、この時期に発展した統治機構とイタリア都市の関係の再検討を通じて、これまでイタリアの「属州化」と評価されてきた統治構造の変動の歴史的意義について考察することを具体的な課題とする。

本書の構成は次のとおりである。帝政前期イタリアにおける官僚機構の発展において、三世紀末の州制度の確立へとつながる重要な措置と考えられてきたのは、二世紀以降に本格化した都市監督官と地方裁判官の派遣であるが、これらの帝国官僚の性格をよりよく把握するために、それらに先行して形成された官僚機構と都市自治の関係について、まず第一章において考察する。

次いで、第二章では都市監督官、第三章では地方裁判官を取り上げ、これらの帝国官僚と都市との関係を詳しく分析する。後一世紀末ないし二世紀初頭にはじまる都市監督官の派遣は、従来、「強制国家」的な政策の嚆矢とされ、都市の財政自主権を奪う政策と理解されてきた。他方、イタリアにおける裁判管区の設置と地方裁判官の派遣は、イタリアの「属州化」へとつながる中央集権政策として理解されてきた。そこで第二章および第三章では、都市監督官と都市の財政自主権、地方裁判官と都市の司法権の関係について論ずるとともに、それぞれの官職就任者の社会的性格や任務以外の活動も視野に入れ、都市監督官および地方裁判官の都市自治への影響について考察する。

その後、本書は州制度の分析に移るが、まず第四章では州制度導入のプロセスについて分析する。三世紀の州制度に関しては史料が非常に少なく、その導入過程の再現は困難であるが、ここでは近年発表されたP・ポレーナの仮説を足がかりに、州制度導入のプロセスを可能な限り明らかにしてゆきたい。その分析結果をふまえて、第五章では州制度の導入過程で任命された総督を取り上げる。先ほど述べたように、従来、州の設置と総督の派遣によりイタリア都市の自治は終焉を迎えたとされてきた。そこでこの章では、州制度導入の目的について再検討し、さらに総督就任者の社会的性格や活動の実態をもとに総督と都市の関係について分析する。以上の検討をもとに、結語において、帝政前期から後期への移行期における統治構造の歴史的意義についての考察を加える。

（1） P. Garnsey / C. Humfress, *The Evolution of the Late Antique World*, Cambridge 2001, 36.

（2） ローマ帝国における都市の行政的機能については、W. Langhammer, *Die rechtliche und soziale Stellung der Magistratus Municipales und der* Decuriones *in der Übergangsphase der Städte von sich selbstverwaltenden Gemeinden zu Vollzugsorganen des spätantiken Zwangsstaates (2.-4. Jahrhundert der römischen Kaiserzeit)*, Wiesbaden 1973, 1; P. Garnsey / R. P. Saller, *The Roman Empire. Economy, Society and Culture*, London / New York 1987, 20-40. また、ローマ帝国の統治構造については、浦野聡「ローマ帝政期における帝国貴族と地方名望家――帝国支配層と社会変動」『岩波講座・世界歴史五　帝国と支配』岩波書店、一九九八年、八五～一一四頁を参照。欧文では、W. Eck, Die staatliche Administration des römischen Reiches in der hohen Kaiserzeit: Ihre strukturellen Komponenten, in: R. Klein (hrsg.), *100 Jahre Neues Gymnasium Nürnberg, 1889-1989*, Donauwörth 1989, 204-224 = W. Eck, *Die Verwaltung des römischen Reiches in der hohen Kaiserzeit. Ausgewählte und erweiterte Beiträge*, Bd. 1, Basel / Berlin 1995, 1-28 がローマ帝国の統治構造を的確に概観している。

（3） 帝政前期の地方都市の名望家支配に関しては、F. Vittinghoff, Gesellschaft, in: id. (hrsg.), *Europäische Wirtschafts- und Sozialgeschichte in der römischen Kaiserzeit* (*Handbuch der europäischen Wirtschafts- und Sozialgeschichte*, Band 1), Stuttgart 1990, 196-215 から簡にして要を得た概観が得られる。

（4） 「強制国家」論に関する邦語の概観としては、弓削達『ローマ帝国の国家と社会』岩波書店、一九六四年、二四九～二九〇頁、同「末期ローマ帝国の体制」『岩波講座・世界歴史七』岩波書店、一九六九年、一九～五二頁、同「ドミナートゥスの成立」『岩波講座・世界歴史三』岩波書店、一九七〇年、三一～四二頁など。

（5） 帝国と都市の関係に関する「強制国家」論的な説明は、Langhammer, *op. cit.*, 279-286；弓削達「後期ローマ帝国における都市の構造的変質」『古代史講座』一〇、学生社、一九六四年、二七一～三一七頁、吉田興宣「ローマ帝国の都市に関する一考察」『紀要』〈新潟大学教育学部〉一二‐一、一九七一年、八四～九二頁などを参照。

（6）「強制国家」論に関する研究史は、R. Rilinger, Die Interpretation des späten Imperium Romanum als "Zwangsstaat", *GWU* 36, 1985, 321-340 に詳しい。

（7）H. Horstkotte, *Die »Steuerhaftung« im spätrömischen »Zwangsstaat«* (Diss. Köln 1978), Frankfurt a. M. 1988^2. 同書の紹介は、浦野聡「紹介　H.-J. Horstkotte, *Die ›Steuerhaftung‹ im spätrömischen ›Zwangsstaat‹*, Athenaeum, Frankfurt am Main, 2. ergänzte Aufl., 1988, 136 SS.」『西洋史研究』新輯一九、一九九〇年、一一七～一二七頁。

（8）C. Lepelley, *Les cités de l'Afrique romaine au Bas-Empire* 1, Paris 1978. 同書の紹介は、長谷川宜之「紹介 Claude Lepelley, *Les cités de l'Afrique romaine au Bas-Empire*. Tome 1 *La permanence d'une civilisation municipale*. Tome 2 *Notice d'histoire municipale*, Études Augustiniennes, Paris, 1978, 1981, 422, 609p.」『西洋史研究』新輯一二、一九八三年、一二四～一三一頁。

（9）F. Vittinghoff, Epilog: Zur Entwicklung der städtischen Selbstverwaltung - einige kritische Anmerkungen, *HZ* Beiheft 7, 1982, 107-146 = id., *Civitas Romana. Stadt und politisch-soziale Integration im Imperium Romanum der Kaiserzeit*, W. Eck (hrsg.), Stuttgart 1994, 218-249.

（10）例えば、C. Lepelley, *Quot curiales, tot tyranni*. L'Image du décurion oppresseur au Bas-Empire, in: E. Frézouls (éd.), *Crise et redressement dans les provinces européennes de l'Empire (milieu de IIIe-milieu du IVe siècle ap. J.-C.). Actes du colloque de Strasbourg (décembre 1981)*, Strasbourg 1983, 143-156; F. Jacques, Le défenseur de cité d'apres la lettre 22* de S. Augustin, *REAug* 32, 1986, 56-73; F. M. Ausbüttel, *Die Verwaltung der Städte und Provinzen im spätantiken Italien*, Frankfurt a. M. 1988 など。

（11）浦野聡「後期ローマ帝国の支配階層形成期におけるクリアーレスの官職取得をめぐって」『歴史』〈東北史学会〉七四、一九九〇年、二一～四二頁、同「後期ローマ帝国におけるアゲンテス＝イン＝レブス——その機能・編成上の特質と史的意義をめぐって」『史潮』新二九、一九九一年、四〇～五九頁、同「後期ローマ帝国におけるデフェンソル・キウィタティス——「不正からの保護官」の国制史的意義」平田隆一・松本宣郎共編『支配における正義と不正——ギリシアとローマの場合』南窓社、一九九四年、二二一～二五〇頁、同「後期ローマ帝国における納税強制と curiales」『西洋古典学研究』四三、一九九五年、九七〜一〇八頁、同「後期ローマ帝国における負担munera免除特権をめぐって」『史苑』五六-二、一九九六年、二〇〜四七頁、大清水裕『ディオクレティアヌス時代のローマ帝国――ラテン碑文に見る帝国統治の継続と変容』山川出版社、二〇一二年、田中創「古代末期における公的教師の社会的役割――リバニオス書簡集の分析から」『史学雑誌』一一七-二、二〇〇八年、一〜三二頁、南雲泰輔「オリエンス管区総監ルキアノス処刑事件――ローマ帝国の東西分裂期における官僚の権力基盤」『史林』九二-四、二〇〇九年、三六〜六四頁、同「「佞臣ルフィヌス」像の形成と継承――後期ローマ帝国における官僚像の変遷とその意義」『西洋史学』二三四、二〇〇九年、一〜一九頁。他に、我が国における「強制国家」論批判の研究としては、足立広明「初期ビュザンティオン社会の形成――シリアの都市と農村の社会関係を中心に」『文化史学』四二、一九八六年、八七〜一〇五頁、小田謙爾「四―六世紀のコンスタンティノープルにおける同職組合と国家」『西洋史学』一八〇、一九九六年、一〜一七頁、同「解体前夜のローマ帝国――遠心力と求心力の葛藤」歴史学研究会編『地中海世界史一　古代地中海世界の統一と変容』青木書店、二〇〇〇年、二三八〜二六一頁、反田実樹「「ディオクレティアヌス帝の最高価格令」の「強制国家」的解釈の再検討」『古代史年報』七、二〇〇九年、一六〜三九頁などがある。

(12)　P・ブラウン、宮島直機訳『古代末期の世界――ローマ帝国はなぜキリスト教化したか？』刀水書房、二〇〇二年、改訂版二〇〇六年、同、足立広明訳『古代末期の形成』慶應義塾大学出版会、二〇〇六年、同、後藤篤子編訳『古代から中世へ』山川出版社、二〇〇六年、同、戸田聡訳『貧者を愛する者――古代末期におけるキリスト教的慈善の誕生』慶應義塾大学出版会、二〇一二年。「古代末期」の研究動向に関しては、南雲泰輔「英米学界における「古代末期」研究の展開」『西洋古代史研究』九、二〇〇九年、四七〜七二頁(=南雲「「古代末期」研究」)を参照。

(13)　ローマ帝国の「衰退」をめぐる近年の議論に関しては、南雲「「古代末期」研究」、および南川高志編「ローマ帝国の「衰亡」とは何か」『西洋史学』二三四、二〇〇九年、六一〜七三頁を参照。

(14)　W. Liebeschuetz, *The Decline and Fall of the Roman City*, Oxford 2003. Cf. id., Late Antiquity and the Concept of Decline. An Anglo-American Model of Late Antique Studies, *NMS* 45, 2001, 1-11.

(15)　F. Jacques, *Le privilège de liberté. Politique impériale et autonomie municipale dans les cités de l'Occident romain (161-244)*, Roma 1984.

(16)　Jacques, *op. cit.*, 1-317; G. P. Burton, The Curator Rei Publicae: Towards a Reappraisal, *Chiron* 9, 1979, 465-487 など。詳しくは、第二章の註(5)を参照。

(17) 新保良明「ローマ帝政前期における都市参事会員と都市政務官職――参事会の変質を巡って」『西洋史研究』新輯三一、二〇〇二年、二八～五七頁。

(18) ルプレは近年、皇帝権力と都市の関係に関して、帝政前期と後期の断絶を強調しており、この点の再検討はなお重要な課題である。C. Lepelley, Vers la fin de "privilège de liberté": L'amoindrissement de l'autonomie des cités à l'aube du Bas-Empire, in: A. Chastagnol / S. Demougin / C. Lepelley (réunies par), *Splendidissima civitas. Études d'histoire romaine en hommage à François Jacques*, Paris 1996, 207-220; id., De la cité classique à la cité tardive: continuités et ruptures, in: id. (éd.), *La fin de la cité antique et le début de la cité médiévale. De la fin du IIIe siècle à l'avènement de Charlemagne*, Bari 1996, 5-13.

(19) このようなイタリアの「特権」に関しては、W. Simshäuser, Untersuchungen zur Entstehung der Provinzialverfassung Italiens, in: *ANRW* II-13, 1980, 401-452を参照。

(20) W. Eck, *Die staatliche Organisation Italiens in der hohen Kaiserzeit*, München 1979 (=Eck, *Italien*), 266 = id., *L'Italia nell'impero romano: Stato e amministrazione in epoca imperiale*, Bari 1999, 274f.; Simshäuser, *op. cit.*, 449; C. Jullian, *Les transformations politiques de l'Italie sous les empereurs romains, 43 av. J.-C.-330 ap. J.-C.*, Paris 1884, 199-214；森田鉄郎編『世界各国史一五　イタリア史』山川出版社、一九七六年、六〇～六三頁（弓削達氏執筆部分）；Th. Mommsen, *Römisches Staatsrecht*, Basel 1952^{3} (ND Darmstadt 1963), 1087.

(21) Jullian, *op. cit.*

(22) R. Thomsen, *The Italic Regions from Augustus to the Lombard Invasion*, Copenhagen 1947.

(23) Eck, *Italien*.

第一章　帝政前期イタリアにおける官僚機構の形成

従来、イタリアの「属州化」(provincialization)のプロセスにおいて重要視されてきたのは、都市監督官(curator rei publicae)および地方裁判官(iuridicus)の派遣である。第二章および第三章で述べるように、前者は一〇〇年頃から派遣が確認され、後者は一六〇年代に派遣されはじめたことが判明しているが、両者とも特に二世紀後半のマルクス・アウレリウス帝治世(一六一～一八〇年)以降さかんに派遣されるようになった。ところが、イタリアにおける官僚機構の形成は、すでに初代皇帝アウグストゥス(位前二七～後一四年)によって着手されており、都市監督官および地方裁判官派遣の歴史的意義をよりよく把握するには、それらに先行して派遣された帝国官僚も取り上げなければ不十分である。具体的には(1)街道の維持・管理、(2)公共輸送制度の監督、(3)間接税(二〇分の一奴隷解放税および二〇分の一相続税)の徴収、(4)アリメンタ制度(貧しい子供の扶養制度)の運用という各領域において任務を与えられた帝国官僚に関する分析が必要となる。そこで本章では、アウグストゥス治世以降にイタリアにおいて形成された官僚機構について、先行研究に依拠しながらその知見を整理し、その官僚機構がイタリア都市の自治とどのような関係にあったのかについて考察していくこととする。

イタリアにおける統治行政に関しては、古くはC・ジュリアンの研究があり(1)、また行政区画の歴史的発展について論じたR・トムセンの研究があるが(2)、最も重要なのは一九七九年に刊行されたW・エックの『帝政盛期におけるイタリアの国家機構』である(3)。同書は、イタリアにおける国家機構の発展を、碑文をはじめとする諸史料の詳細な分析を通して緻密に跡づけた。その記述のクオリティの高さを裏付けるのは、一九九九年に行われたイタリア語訳の出版である(4)。すなわち、このイタリア語訳は、原著の出版以来二〇年の間に進展した研究の成果を取り入れ、必要な箇所には加筆修正が施されたが、大幅に書き改められたのは、ハドリアヌス帝治世(一一七~一三八年)にイタリアに派遣されたコンスラレス(consulares)に関する記述のみで(5)、その他の箇所は微修正にとどまった。このようにエックの研究は、現在もなお第一に参照されるべき業績なのである。本章が依拠するのは、このエックの著作を中心とする諸研究である(6)。

第一節　官僚機構の形成

(1)　街道の維持・管理

街道は共和政期には軍隊の移動のために建設されたが、帝政期にはいるとイタリアに軍隊が配置されなくなり、その結果、共和政期以来の街道の軍用路としての性格は薄れていった。かわりにイタリアにおける街道は、属州とローマを結ぶ役割を果たすようになり、そのためアウグストゥスも街道の建設には力を注いだ(7)。

前二〇年にアウグストゥスは、元老院決議により街道の監督を引き受け、街道監督官(curator viarum)職を設置している。(8) このときアウグストゥスによって創設された街道監督官職のシステムは、ひとりの監督官がひとつの街道を担当するという方式をとっていなかった。穀物供与長官(praefectus frumenti dandi)や水道監督官(curator aquarum)など、アウグストゥス治世およびティベリウス帝治世(一四~三七年)に新設された官職はたいてい同僚団(collegium)を形成していたが、街道監督官もまたこれらの新官職と同様に同僚団を形成し(何人の監督官から構成されたのかは不明だが、エックによれば二~七・八名)、その同僚団でイタリアの街道全体を管理していたと考えられるのである。(9) しかし、そのようなシステムのもとで、街道監督官がずさんな監督業務を行い、ティベリウス帝治世やクラウディウス帝治世(四一~五四年)に元老院で問題になったことが文献史料からわかっている。(10) その結果、おそらくクラウディウス帝治世に同僚制が廃止され、ひとりの監督官にひとつの街道が割り当てられる方式がとられた。遅くともネロ帝治世(五四~六八年)ないしウェスパシアヌス帝治世(六九~七九年)以降は、七~八人の監督官が各街道に任命された。その際、任命権者は皇帝であった。

カッシウス・ディオによれば、アウグストゥスの頃にはすでに、街道監督官は法務官級の元老院議員から任命されていたという。(11) 後一世紀の街道監督官に関する碑文史料は数少ないが、二世紀以降の碑文史料と併せてみてみるならば、カッシウス・ディオのこの記述どおり、街道監督官の大部分は法務官級の元老院議員であることがわかる。なお、執政官級の元老院議員が街道監督官に就任していることが確実な事例は二例あるが、(12) そのうち担当の街道名が碑文に明記されている一名(アエミリウス街道監督官のガイウス・ユリウス・コルヌトゥス・テルトゥッルス)は、アリメンタ制度の創設との関連が指摘されている(後述)。ところで街道監督官に就任した法務官級の元老院議員の昇進階梯(cursus honorum)を分析すると、街道監督官にはふたつのグループが存在したことがわかる。つまり、昇進階梯において、執政官職の直前かふたつ前に街道監督官に就任しているグループと、法務官職の直後かふたつ後に就任しているグループとに分けられるのである。こうしたグループ分けは、担当する街道の重要性によっていたと考えられる。すなわち、アエミリウス街道、アッピウス街道、フラミニウス街道といった重要な街道の監督官には、その後まもなく執政官に就任するような高位の法務官級の元老院議員が選任され、その他の重要性の低い街道の監督官には、キャリアの浅い法務官級の元老院議員が選任されたのである。なお、街道監督官はふつう既存の街道の管理のために任命されるが、碑文史料から街道の新区間の建設のためだけに任命されたとみられる街道監督官が二名確認できる。(13) この新区間はその後、近隣の既存の街道を担当する監督官の管轄下に置かれたと思われる。こうした事例から、街道監督官は、決して明確な輪郭を描くことのできない一定の領域の街道網を管轄下に置いていたと考えられる。

他方で、元老院議員の街道監督官が置かれていたことが史料上知られていない街道網(ないし地域)も存在する。ひとつはポー川以北の地域で、ここには監督官が派遣された形跡もなければ、各都市が街道の管理を担っていたことを示唆する史料もない。もうひとつはローマ市近郊の短距離の街道で、それらの街道では元老院議員の監督官の存在は知られていないが、騎士身分の監督官は数名知られている。(14) ただし、この騎士身分の監督官も常設の官職ではなく、特別な施策のために任命されたと考えられる。なお、街道の管理に関しては、騎士身分のプロクラトル(procurator)の存在は知られていない。他方でスブクラトル(subcurator)と呼ばれる官吏が三名(うち二名は確実に騎士身分で、一名は地方名望家である可能性を残している)知られているが、(15) 皇帝が彼らを任命したのか、街道監督官が任務遂行の補佐のために個人的に任命したのかはわからない。

街道監督官の活動内容に関して、監督官の主要な任務を規定した元老院決議が前二〇年に採決された可能性がきわめて高いが、その元老院決議を再現することはできない。関連史料から街道監督官の活動を再現するなら、第一に挙げられるのは、街道の状態の監督である。洪水などの自然災害が起こったり、橋が崩壊したりしたときに、街道監督官は自らの担当する街道が通行可能な状態にあるかどうかの情報をいち早く入手しなければならなかった。その際、後述する公共輸送長官や、書記(scriba)などの下僚との協力関係があったとも考えられている。なお、しばしば街道監督官の監督業務がずさんであったことは上でも述べたが、これはいくつかの碑文史料からも窺い知ることができる。(16) もうひとつ重要なのは、新たな街道や新区間の建設に関わる業務である。おそらく新街道建設のイニシアティヴはたいてい皇帝が握り、おおよその建設区間も皇帝が決め、詳細部分の決定や都市および土地所有者との交渉などは街道監督官が担当した。街道の建設工事そのものは、請負業者(mancipes / redemptores)に入札を通して委託され、街道監督官がこれら請負業者と契約を結んだ。請負業者はさらに、街道の整備を請け負うこともあったと思われる。その際の整備費用は、皇帝やサトゥルヌス金庫(aerarium Saturni)だけではなく、地方都市も負担していたが、都市に対する負担の割り当ては街道監督官が行っていたと考えられる。なお、街道の整備は、近隣の都市が労働力を動員してこれを行った可能性もある。その他にも、『ローマ皇帝群像』(ヒストリア・アウグスタ)の「マルクス伝」は、街道監督官が職務遂行の範囲内で一定の司法権・警察権をもっていたことを示唆しているが、(17) 詳細は不明である。また、マルクス・アウレリウス帝の治世末期の一七六年に出された「剣闘士競技開催費用減免に関する元老院決議」には、剣闘士の費用の監督者として街道監督官が挙げられており、監督官が街道の管理とは関係のない業務にも携わっていたことがわかる。(18) なお、街道監督官はこれらの任務の他にも、アリメンタ制度の監督業務にも携わっていたが、これに関しては本節の(４)で詳述する。

（２）　公共輸送制度(vehiculatio / cursus publicus)の監督

ローマ帝国では、属州からの情報伝達や政務官の旅行、軍隊への補給物資の輸送のために、公共輸送制度が整備された。スエトニウスによれば、この公共輸送制度を創設したのはアウグストゥスであるという。[19] しかし、その制度の運用を中央で監督する騎士身分の公共輸送長官(praefectus vehiculorum)が同時にアウグストゥスによって任命されたのかどうか、史料は直接的な証言を残していない。そもそも、後一世紀の公共輸送長官に関する碑文は数少なく、確実に年代比定できる碑文はネロ帝治世の公共輸送長官のものであり、[20] 欠損部分の多いもうひとつの碑文に記されている公共輸送長官はクラウディウス帝治世以前に遡る可能性を有するのみである。[21] このように、アウグストゥス治世に公共輸送長官が任命された直接的な証拠はないが、エックによれば、アウグストゥスが、公共輸送制度という重要な制度を創設しておきながら、それを運用する責任者を任命しなかったとは考えにくいという。実際、公共輸送長官はプラエフェクトゥス(praefectus)という称号を与えられているが、アウグストゥスによって設置された近衛長官(praefectus praetorio)、穀物供給長官(praefectus annonae)、消防隊司令官(praefectus vigilum)、艦隊司令官(praefectus classis)といった、イタリアをおもな勤務地とする他の騎士級官職もプラエフェクトゥスという称号を帯びており、その後の騎士級官職には一貫してプロクラトルの称号がもちいられている。また、その他に、属州を勤務地とする官職でプラエフェクトゥスという称号を帯びているものはアウグストゥスの時代に設置されたものか、あるいはその種の既存の官職名から借用したものである。しかもアウグストゥスの死後に新設された官職にはプラエフェクトゥスという称号は与えられていない。このプラエフェクトゥスという称号からして、公共輸送長官はアウグストゥスによってすでに任命されていたに違いない、とエックは主張するのである。[22]

イタリアにおける公共輸送制度は、ネルウァ帝(位九六〜九八年)のときに変化をみせる。同帝のコインのなかには、「イタリアの公共輸送の軽減」(vehiculatione Italiae remissa)という刻銘をもつものがある。[23] これは同帝が、イタリアにおける公共輸送制度の負担義務に関する何らかの改革を行ったことを示唆する。公共輸送制度の運用義務（宿駅の管理や車両・役畜の供出）を果たしていたのは都市とその公職者であったから[24]、このコインの刻銘は、公共輸送制度において、イタリア都市が何らかのかたちで属州の都市よりも優遇されたことを示している。また、トラヤヌス帝（位九八～一一七年）によるイタリアの公共輸送制度の改革がアウレリウス・ウィクトルの『皇帝伝』に、ハドリアヌス帝による改革が『ローマ皇帝群像』の「ハドリアヌス伝」においてそれぞれ示唆されている[25]。このネルウァ帝、トラヤヌス帝およびハドリアヌス帝による改革は再構成が難しく、仮説の域を出ないが、エックは次のように考える。すなわち、まずこの一連の改革により、①地方都市が公共輸送制度のために負担していたコストを国庫が引き受けるようになり、②都市公職者が公共輸送制度の運用義務を免除され、かわって請負業者に制度運用の実務が委託されるようになった。そして、少なくとも前者の措置はネルウァ帝の改革により実現され、後者の措置は、ネルウァ帝治世に行われた可能性もあるが、トラヤヌス帝およびハドリアヌス帝の改革により実現された可能性もあるのではないかという[26]。これに対し、近年、公共輸送制度に関する研究書を発表したA・コルプは、イタリアの公共輸送制度がコストの負担という点で属州よりも優遇され続けたことは史料から実証できないので、エック説は支持できないとし、オルタナティヴとして、運用組織に関する改革のみが行われた可能性を示している[27]。

公共輸送長官は、おそらくアウグストゥスにより任命されて以来、一名でイタリアの公共輸送制度を監督していた。しかし、二世紀末から、公共輸送長官の名前を記した碑文において、公共輸送長官の職名に担当区域と思われる街道の名前が付加されるケースが出てくる。特にローマ出土の三碑文は、複数の公共輸送長官と複数の街道を記しているが[28]、このとき複数の公共輸送長官が同僚団を形成して一定地域の公共輸送を監督したのか、あるいは、個々の公共輸送長官がそれぞれ別個の担当区域（街道）の公共輸送を監督したのか、確言することはできない。ともかく二世紀後半（マルクス・アウレリウス帝ないしセプティミウス・セウェルス帝治世（一九三～二一一年）に、同僚団がつくられたにせよ、イタリア内の一地域を担当する公共輸送長官が複数名任命されたにせよ、イタリア半島内にいくつかの管轄区域が設けられたという点で、公共輸送制度の監督方式に変化が生じたことは確実である。

公共輸送長官の任務に関しても、それを直接伝える史料はほとんどないため、推論に頼るしかない。公共輸送制度は、本来的に軍事的な必要を満たすために設立されたものである。それゆえ、公共輸送長官職は、騎士将校職(militia equestris)を経験した者に委任されたのである。その職務として第一に、属州総督から百人隊長にいたるまでの官職保有者の移動の世話や、軍隊（イタリアでは特に近衛隊や艦隊）への物資補給が挙げられる。さらに、小アジアの公共輸送関連の碑文から得られる知見から推測するなら、公共輸送長官は、各都市が公共輸送のために供出する車両や役畜の割当数を調整したり、都市公職者に対して公共輸送の利用者が支払うべき使用料を通知したりするなどしていた(29)。公共輸送の濫用に関しては、苦情を受け付け、それを皇帝に報告し、皇帝が告示を出した時点で、それにもとづいた措置を講じたと考えられる。というのも、公共輸送をよく利用したのは、元老院議員やその下僚であり、彼らが騎士身分の公共輸送長官の命令に服したとは考えにくいからである。また、公共輸送長官は、宿駅の管理・監督も行っていたと思われる。ただし、公共輸送を利用するための許可状(diplomata)の発行は、公共輸送長官ではなく、皇帝が行っていた(30)。

直接的な史料はないが、各都市の公共輸送の担当区間は、ほぼ自動的に都市領域の範囲に結びつけられていたと思われる。したがって、公共輸送長官は、担当区間の割り当てに関する活動は行っていなかったと考えられる。しかし、公共輸送制度と都市領域を結びつけるこのシステムは、請負制の導入とともに消滅する。請負業者がいくつかの街道を含み込む一定地域の公共輸送を引き受けたとみられる事例や、特定の区間（街道）の公共輸送を担当したとみられる事例が碑文史料から知られている(31)。

このような公共輸送の請負制は、イタリアでのみ確認され、属州では例証されていない。もし請負制がイタリアのみでとられていたとすれば、それは、とりわけイタリアの公共輸送制度が、各属州からの伝令などによって最も頻繁に利用されており、イタリア都市の負担が属州都市のそれよりも大きかったためだと考えられる。

このような公共輸送制度がいつまで維持されていたのかはわからない。しかし、『テオドシウス法典』から、コンスタンティヌス帝治世（三〇六〜三三七年）の公共輸送長官が確認できる。(32) したがって、公共輸送制度に関しては、少なくともディオクレティアヌス帝治世（二八四〜三〇五年）に大きな変化はなかったといえる。

（3）二〇分の一奴隷解放税（vicesima libertatis）および二〇分の一相続税（vicesima hereditatium）の徴収

イタリアのローマ市民は、前一六七年からは戦時特別税（tributum）の納入を免除されていたが、共和政期以来の二〇分の一奴隷解放税（vicesima libertatis）は徴収され続け、さらにアウグストゥスにより、二〇分の一相続税（vicesima hereditatium）、一〇〇分の一（ないし二〇〇分の一）取引税（centesima rerum venalium / ducentesima auctionum）、二五分の一奴隷売却税（vicesima quinta venalium mancipiorum）が新たに徴収されはじめた。相続税と取引税は退役兵に対する除隊金支払いなどのために軍事金庫（aerarium militare）に収納され、後者の奴隷売却税は首都ローマの消防隊（vigiles）のためにサトゥルヌス金庫に収納された。このうち取引税と奴隷売却税に関しては、史料が乏しく、その存在が確かめられる程度にすぎない。そこで以下では、奴隷解放税と相続税の徴収に関してみていきたい。

リウィウスによれば、奴隷解放税は前三五七年にはすでに導入され、解放者か被解放者に課せられていた。(33) その徴収は政務官が行っていたのではなく、請負業者(publicani)に委託されていた。ときには、そのような請負業者が、組合(societas)を組織していたことも碑文史料から知られている。契約条件の詳細に関しては不明だが、契約そのものはサトゥルヌス金庫長官(praefectus aerarii Saturni)と結ばれ、したがって税収もサトゥルヌス金庫に納められていたと考えられる。

しかし、奴隷解放税は、一貫して請負業者によって徴収されていたわけではない。ポンペイ出土のアンフォラからは、二〇分の一奴隷解放税徴収担当プロクラトル(procurator XX libertatis)の存在がわかることから、遅くとも後七九年にはすでに、プロクラトルが奴隷解放税徴収のために活動していたと考えられる(34)。しかし、このプロクラトルの出現は、徴税業務からの請負業者の排除をただちに意味するわけではない。イタリアでは、トラヤヌス帝治世の史料から請負業者の組合が確認できる(35)。したがって、プロクラトルが請負業者に取って代わったということではなく、両者は並存していたと考えられる。エックによればこのプロクラトルと請負業者の並存は、少なくとも二世紀半ばまで、あるいはさらにそれ以降も続いていたのではないかという(36)。

プロクラトルは、上にも述べたように、すでにウェスパシアヌス帝治世には活動していたが、エックの仮説によれば、派遣の契機は、後五八年に民衆が請負業者の苛斂誅求を訴えたことにあったのではないかという(37)。このときネロ帝は徴税に関する布告を出したが、そのような諸規則を請負業者が遵守するよう監督するためにプロクラトルが任命されたのではないかというのである。イタリアにおける奴隷解放税徴収のプロクラトルは、先述のポンペイの事例の他には、碑文史料から二例が知られるのみである(38)。そのうちのひとりのプブリウス・ウィビディウス・アッティクスは年代比定が不可能であるが、もうひとりの[‐‐‐]イウス・ロッリアヌスはセプティミウス・セウェルス帝治世下の人物である。なおエックは、奴隷解放税徴収のプロクラトルが、ときには相続税の徴収に携わることもあったのではないかと考えている。

徴税の地域単位であるが、アウグストゥスが創設したレギオ(regio)という地域単位をもとにして徴税が行われていたかどうかは不明である。徴税の地域単位を示唆する唯一の史料であるウェロナ(現ヴェローナ)の碑文には、「トランスパダナ地方の二〇分の一奴隷解放税担当の家人の墓地」(locus sepulturae familiae XX libertatis regionis Transpadanae)とあるが、[39] 当時ウェロナは第XIレギオのトランスパダナではなく、第Xレギオのウェネティア・ヒストリアに属していたため、この碑文中の「トランスパダナ地方」という表現は、「第XIレギオ」を指すのではなく、ポー川以北の地域全体を指した表現とみるべきだろう。また、請負業者による徴税の場合にも、ひとつの組合が全イタリアの徴税を担当したのか、あるいはいくつかの組合がイタリア各地の徴税を担当したのかも史料からはわからない。しかし、各レギオ内の中心都市やその他の拠点都市で請負業者が活動していたことは碑文史料から確認できる。

税の徴収方法に関しても、史料から具体的なことはわからない。奴隷解放時に担当の請負業者への報告を義務づける何らかの法は存在していたと考えられる。また、被解放者は、自由を確保するためにも、戸口調査(census)のリストに登録されることを重視していたと考えられることから、請負業者には戸口調査の資料の閲覧が許されていたと思われる。奴隷解放が政務官の立ち会いや遺言書(正式な開封は法務官や都市公職者の面前で行われる)を通して正式に行われる場合には、納税の手続きが義務づけられたが、その際、担当政務官と請負業者およびプロクラトルの間でどのような手続きが行われたのかはわからない。非公式な奴隷解放の場合、徴税担当者がそれを逐一把握するのは困難であり、被解放者が正式な自由を確保するために、届け出をするかどうかにかかっていた。五パーセントの税率[40]にもとづく税額は、徴税担当者と納税者の合意にもとづいて見積もられ、算出されたと考えられる。

相続税は後六年にアウグストゥスによって導入された。その際に「二〇分の一相続税に関するユリウス法」

(lex Iulia de vicesima hereditatium)が制定されているが、その詳細は不明である。同法の納税義務者の範囲に関する部分が文献史料を通して伝えられているが、それに関するカッシウス・ディオと小プリニウスの記述は解釈が難しい。[41] それらの記述の分析からは、近親者が相続する場合や相続財産が少額の場合には納税が免除されていたこと、後者の場合、相続財産の総額ではなく個々の相続人が受け取る額が免税の基準となったこと、その非課税額(その額は史料に記されていない)はアウグストゥスからトラヤヌス帝にいたる時期に設定されたと思われること、などが読み取れる。

奴隷解放税の場合と同様に、相続税の徴収にも請負業者が従事していたことを小プリニウスが伝えている。[42] ただし、相続税の徴収に従事した請負業者に関しては、この小プリニウス以外に史料がない。小プリニウス以前の請負業者に関しても史料がない以上、彼の時代以降に請負制が廃止されたと確言することもできないだろう。他方、相続税担当のプロクラトルに関しては、ネロ帝ないしはウェスパシアヌス帝治世以降、三世紀にいたるまで確認できる。したがって、相続税の徴収業務に関しても、請負業者からプロクラトルへの交代があったとはいえない。仮説の域を出ないが、奴隷解放税の場合と同様に相続税も、請負業者による徴税業務の監督をプロクラトルが行っていた可能性もある。このようなプロクラトルと請負業者の並存状況がイタリアでいつまで続いたのかはわからないが、エジプトでは一六〇年に相続税徴収担当の帝国官僚を補佐する民間業者が確認できることから、[43] イタリアでもトラヤヌス帝ないしハドリアヌス帝の治世以降も請負業者が活動していた可能性はある。

イタリアにおいて地域単位で相続税徴税を行うプロクラトルが史料に現れるのは、アントニヌス・ピウス帝治世(一三八～一六一年)以降、三世紀半ばまでである。その際、プロクラトルがどのような地域を管轄区域としていたのかが問題になる。まずピウス帝治世以前の地域単位に関していえば、ピウス帝治世以降のプロクラトルの管轄区域がレギオに一致していないため、ピウス帝治世以前の相続税徴税もレギオを単位として行われていたとは考えにくい。またピウス帝治世以降のプロクラトルの管轄区域も、地方裁判官の管轄区域と同様に固定されておらず、その時々に応じて編成されていた様子が碑文史料から読み取れる。さらに碑文史料からはローマ市の相続税徴収を担当するプロクラトルが知られているが(44)、このプロクラトルと、地方の徴税担当プロクラトルとの間に上下関係があったかどうかなどに関しては不明である。

前述の「二〇分の一相続税に関するユリウス法」は、遺言書が公式の手続きをへて開封されるべきことを定めていたが、その遺言書の開封は、ローマ市では法務官、地方都市では二人委員(duoviri)ないし四人委員(quattuorviri)によって行われたと考えられる。そして遺言書の指示内容に問題がなかった場合、相続税の徴収が行われた。地方都市では、プロクラトルによって徴収されるようになってからも、上記の都市公職者が遺言書の開封を行ったのであり、プロクラトルはそのような公的手続きは行っていなかったと考えられる。請負業者が徴税を行う場合、彼らが遺言書の開封に立ち会っていたらしいことは、小プリニウスの記述が示唆している(45)。無遺言相続のケースも少なからずあったと思われるが、その際には請負業者による査察が行われ、他方で相続人の側も、訴訟沙汰を避けるためにただちに納税の申告を行ったと思われる。税額の決定に際しては、例えば戸口調査の資料などは参照されず、請負業者が相続財産の売却額から見積もって税額を算出したと考えられる。

相続税担当のプロクラトルに関する最後の史料は、三世紀前半に年代比定されている(46)。通説では、相続税も奴隷解放税もともに、ディオクレティアヌス帝の改革によって廃止されたと考えられている。

（４）アリメンタ制度の創設と運用

アリメンタ制度とは、国費から一定の基金を設定し、そこから上がる収益で、貧困層に属する子供たちを扶養する制度である。[47] このアリメンタ制度は、すでにネルウァ帝により計画されていたと考えられるが、それを実行に移したのはトラヤヌス帝である。その目的は、第一に子供たちの保護育成を通してイタリアの人口減少に歯止めをかけることにあったと考えられるが、現代の研究者のなかには、このアリメンタ基金から土地を担保に低利率で資金が貸与されたことから、土地所有者に対する財政的な援助という目的があったとする者もいる。[48] なお近年では、「至高の皇帝」(optimus princeps)であるトラヤヌス帝の「イタリアへの配慮」(cura Italiae)や、ローマ市民の「父」としてのイメージがアリメンタ制度によって表象されていることを重視する研究もある。[49]

トラヤヌス帝がいつアリメンタ制度を創設したのかは正確にはわからないが、アリメンタ創設に関する最初の碑文史料は一〇〇年ないし一〇一年に年代比定できる。[50] トラヤヌス帝治世には、さらにいくつかの都市からアリメンタ制度が実施されたことを伝える碑文が出ている。同帝よりも後の時代には、『ローマ皇帝群像』がハドリアヌス帝やマルクス・アウレリウス帝によるアリメンタ制度の拡充を伝える他、[51] いくつかの碑文史料から、ハドリアヌス帝、アントニヌス・ピウス帝、マルクス・アウレリウス帝の治世におけるアリメンタ制度の普及・拡大が見て取れる。

トラヤヌス帝は、アリメンタ制度の導入のために元老院議員のなかから適任者を選び、任務を委託した。史料から知られているのはガイウス・コルネリウス・ガッリカヌスと、ティトゥス・ポンポニウス・バッススの二名で、両者はともに執政官級の人物である。[52] 彼らが委員会のようなものを形成し、そのなかで活動していたのか、あるいは個別的に活動していたのかに関しては確定できないが、両者ともにアエミリア地方のウェレイア(現ルガニャーノ・ヴァル・ダールダ近郊)という都市で、時期的に前後して活動していたと思われることから、それぞれ別個に任務を遂行していたように思われる。さらにバッススは、上記のウェレイアと、もうひとつラティウム地方のフェレンティヌム(現フェレンティーノ)で活動していたことから、担当地域も当初は定められていなかったとみられる。バッススが一〇〇／一〇一年にウェレイアで任務を遂行したすぐ後の一〇四年に、執政官級の元老院議員ガイウス・ユリウス・コルヌトゥス・テルトゥッルスがアエミリウス街道監督官に任命されている(53)。すぐ後でみるように、後には街道監督官にアリメンタ制度運用の監督業務が委託されるようになったことや、通常、街道監督官には法務官級の人物が登用されていたことからすれば、このときテルトゥッルスには、アエミリア地方におけるアリメンタ制度の創設に関する任務が与えられたと推測することもできる。

ところで、アリメンタ制度を創設する際に、トラヤヌス帝がこの制度をすべてのイタリア都市に画一的に広めようとする計画をもっていたかどうかはわからない。むしろ、史料状況からみる限りでは、イタリアの各都市に個別的にアリメンタ制度を導入したようにみえる。というのも、アリメンタ制度が導入された都市は数が少ないうえに、これらの都市の当時の社会的・経済的状況も把握できず、したがってその選択基準も不明なのである。皇帝や元老院議員などの有力者とのコネなどが作用していた可能性もある。なお、各都市ではアリメンタ制度を運用するための都市公職者が任命されたが、それらはたいていアリメンタ担当クアエストル(quaestor alimentorum)という称号を帯びていた。

このアリメンタ制度の監督業務に携わった帝国官僚として、元老院議員から選任されたアリメンタ長官(praefectus alimentorum)の存在が知られている。ただし、史料上最初に確認できるアリメンタ長官はハドリアヌス帝治世末期(一三六年頃)の元老院議員ルキウス・ミニキウス・ナタリス・クアドロニウス・ウェルスで(54)、トラヤヌス帝治世にアリメンタ長官が任命されたかどうかは不明である。このウェルスが最初期のアリメンタ長官かどうかはわからないが、トラヤヌス帝の治世にアリメンタ制度の創設が終わるまでの間、特別な官僚に任務が委託され、その任務が後にアリメンタ長官に引き継がれたという可能性もある。

最初期のアリメンタ長官に関して、例えば、ティトゥス・カエセルニウス・スタティウス・クインクティウス・マケド・クインクティアヌス（一三八年頃）はふたつの碑文において、「アッピウス街道監督官、［アリメンタ長官］」（curator viae Appiae, p[raefectus alimentorum]）および「アッピウス街道およびアリメンタ監督官」（curator viae Appiae et alimentorum）と記されている。[55] このように街道監督官がアリメンタ長官を兼務する事例は三世紀半ばまでみられる。ここから街道監督官職とアリメンタ長官職がしばしば結びつけられ、アリメンタ制度の管轄区域が街道網と対応関係にあることが見て取れる。街道監督官のところで述べたように、アッピウス街道などの重要な街道の監督官には、法務官級の元老院議員のなかでも執政官への就任を間近に控えた高位の議員が選任されており、アリメンタ制度の監督業務を兼任する場合でも、このような街道監督官の任用に関する原則が適用されている。ともかく、アリメンタ制度の監督業務は、街道の監督業務に付加される副次的な職務であったといえる。

いま述べたように、アリメンタ制度の管轄区域は街道網に対応していたが、ポー川以北の地域（第Ⅹ・第Ⅺレギオに相当）とイタリア半島南部のアプリア・カラブリア・ルカニア・ブルッティウム（第Ⅱ・第Ⅲレギオに相当）を除けば、正確な範囲は確定できない。ただし、例えばフラミニウス街道を中心とする管轄区域が第Ⅵレギオと第Ⅶレギオの両者に跨り、逆に第Ⅰレギオには街道を中心とする管轄区域がふたつ存在したように、必ずしもアウグストゥスの創設したレギオに対応しているわけではない。

さらに、早ければアントニヌス・ピウス帝治世、遅くともコンモドゥス帝治世（一八〇〜一九二年）からは、官職名に担当地域名が付加されないアリメンタ長官がみられる。これに関してO・ヒルシュフェルトは、マルクス・アウレリウス帝治世にアリメンタ制度に関する改革が行われ、中央（ローマ）でイタリア全土を管轄するアリメンタ長官職（定員一名）が創設されたと考えたが、[56] コンモドゥス帝治世にも官職名に担当地域名が付加されるアリメンタ長官がみられることからすれば、こうした改革が行われたとはいえないだろう。また、担当地域名が明記されているアリメンタ長官のなかには執政官級の人物もいることから、このアリメンタ長官と担当地域名が付加されないアリメンタ長官との間に上下関係があったともいえないだろう。

他方、騎士身分のアリメンタ担当プロクラトル(procurator alimentorum)の存在も碑文史料から確認できる。このプロクラトルのなかにも、碑文で担当地域名が明記されている者とされていない者がいるが、ここでも後者はイタリア全土を管轄していたのではなく、何らかの理由で担当地域名が省略されたと考えるべきであろう。このプロクラトルは、アエミリウス街道やフラミニウス街道沿いの地域など、すでに元老院議員のアリメンタ長官がいる地域では、その職務遂行のサポートを行い、ポー川以北の地域など、アリメンタ長官の存在が史料上確認されない地域では、アリメンタ長官と同様の職務を遂行していたと思われる。

元老院議員のアリメンタ長官と騎士身分のアリメンタ担当プロクラトルの活動内容に関していえば、まず重要な職務としてアリメンタ基金の設定を挙げることができる。次に基金設定後の通常業務として、アリメンタ制度運用の監督があった。すなわち、各都市のアリメンタ担当クアエストルは、基金から貸付をうけた土地所有者から利子を徴収し、それを受給資格をもつ子供たちに支給していたが、アリメンタ長官らはその制度運用を監督していたのである。またそうした監督業務のために、アリメンタ長官らは、街道監督官などと同様に、一定範囲内の司法権をもっていたと推測される。アリメンタ制度運用の実務を担う都市公職者とアリメンタ長官らがどの程度緊密に連絡をとりえたのかはわからないが、アリメンタ長官の職はしばしば街道監督官が兼務し、しかもその街道監督官が任務遂行に際し任地に出向かず首都ローマにとどまっていたとすれば、アリメンタ長官による監督業務の実態は、都市公職者が書簡で決算報告を行うだけのものだったかもしれない(57)。

マルクス・アウレリウス帝治世より後の時代になると、史料からアリメンタ制度の拡充に関する言及が途絶える。二世紀末以降の軍事情勢の悪化と、それにともなう財政難が同制度の運用を困難にしたものと思われるが、このことを示唆する史料に、『ローマ皇帝群像』の「ペルティナクス伝」がある。[58] しかし、アリメンタ制度そのものは、セウェルス朝期にも運用され続ける。同制度に関する最後の碑文史料は三世紀後半に年代比定できるが、[59] この制度がいつ廃止されたのかは不明である。

第二節 官僚機構の形成と都市自治

以上、おもにエックの研究成果に依拠して、帝政前期イタリアにおける官僚機構の形成を概観してきた。街道の維持管理、公共輸送制度の運用、間接税(二〇分の一奴隷解放税および二〇分の一相続税)の徴収、アリメンタ制度の監督といった各分野において、街道監督官、公共輸送長官、奴隷解放税および相続税徴税担当のプロクラトル、アリメンタ長官ないしアリメンタ担当プロクラトルといった帝国官僚が各々の任務を遂行していた。では、これらの帝国官僚は、イタリア都市とどのような関係にあったのだろうか。本節ではこの点について、ふたたびエックの研究を参照しつつ、特に任務遂行の仕方に着目して考察したい。

まず街道監督官について、彼らが任務をどのように遂行したのか、つまり首都ローマを離れて任地に赴いて職務を遂行したのか、あるいはローマにとどまったまま職務を果たしたのか、史料は直接語らない。しかしながら、エックによれば、そもそもローマが建設した街道は耐久性が非常に高いため、街道監督官が担当地域に出向いて街道の管理を行う必要はなかったのではないかという。街道監督官が現地で精力的に街道の維持・補修に取り組んでいたのだとすれば、トラヤヌス帝はアリメンタ制度の監督業務を街道監督官に委託しなかったであろう。このように、街道監督官はローマを離れて任地に赴き、現地の都市公職者と緊密なコンタクトをとっていたわけではない。とすれば、街道監督官が都市の自治行政に大きな影響を及ぼしたとはいえないだろう[60]。

公共輸送長官は騎士将校職を経験し、実務経験を積んだ騎士から選任されており、したがってその職務遂行の仕方も、机上で指揮を執るのではなく、むしろ現場、すなわち公共輸送に関わる都市に出向いて、そこで任務を果たしたのではないか、とエックはいう。この指摘からすれば、公共輸送長官はイタリア都市に常駐する皇帝の代理権者ということができるかもしれない。しかし、エックが続けて指摘するように、公共輸送長官の管轄下にある都市はあまりにも数が多く、都市に赴くといっても、その滞在期間は短くならざるをえなかったであろう。ここからすれば、地方都市に対する公共輸送長官の影響力も決して過大評価できないのである[61]。

奴隷解放税および相続税の徴税に関しては、プロクラトルとともに徴税請負業者も活動しており、両者の並存期間がいつまで続いていたのかはわからない。したがって、現在の史料状況からは、納税者と帝国官僚の間に直接的なコンタクトが作り出されたのかどうかを確言することはできない。徴税に関しても、帝国官僚の影響力が強かったとは言い切れないのである[62]。

他方、アリメンタ制度の創設には、イタリアの統治構造の発展において重要な意味を付与することができる。というのも、このアリメンタ制度においては担当の官僚が、都市公職者の日常的な職務遂行を監督し、必要に応じてコントロールを行いえたからである。アリメンタ長官の任務遂行が都市の自治活動を減退させたわけではないが、皇帝政府が都市の内部事情を把握することのできる官僚機構が形成されたという点で、イタリアの「属州化」への重要な一歩が踏み出されたといえる。とはいえ他方で、アリメンタ長官は街道監督官が兼務し、同制度の実務の圧倒的大部分を都市公職者が担っていたとすれば、街道監督官と同様にアリメンタ長官も都市自治に大きな影響を及ぼしたとはいえないのも事実である[63]。

これらの帝国官僚は、いずれも任地に赴任しなかったか、あるいは任地に赴いたとしても滞在期間が短かったことなどから、都市の自治に介入することはできなかったと思われる。ここから、都市監督官と地方裁判官の派遣が本格化する二世紀半ばまでのイタリアは、帝国統治の実際的業務が依然として都市の自治に委ねられるという「行政の欠乏」(Das Defizit an Verwaltung)状態に置かれていたと考えられる。(64) 街道監督官や公共輸送長官、アリメンタ長官など、本章で検討した帝国官僚の都市自治に対する影響力はそれほど大きくなかった。とすれば、イタリア都市の側が、自らの利害を皇帝政府に代弁したり、あるいは都市の自治行政上の問題を処理できる有力な人物の庇護を求めたりする場合には、地元出身の元老院議員とのコネクションなどに頼らねばならず、そのような人的資源を動員できない都市は自治行政上の困難に直面したはずである。前一世紀末から二世紀頃まで、イタリア都市の自治は確かに確保されていたが、その自治行政に問題が生じたとき、本章で検討した帝国官僚はそれに対処できなかったと考えられる。したがって、この時期のイタリアは、統治構造上、都市の自治は認められても、都市の自治行政上の需要を充足することのできる体制は整っていなかったといえよう。都市監督官および地方裁判官派遣の歴史的意義をよりよくとらえるには、このようなイタリアの統治構造上の特徴を把握しておかなければならないのである。

(1) C. Jullian, *Les transformations politiques de l'Italie sous les empereurs romains, 43 av. J.-C.-330 ap. J.-C.*, Paris 1884.

(2) R. Thomsen, *The Italic Regions from Augustus to the Lombard Invasion*, Copenhagen 1947.

(3) W. Eck, *Die staatliche Organisation Italiens in der hohen Kaiserzeit*, München 1979 (= Eck, *Italien*).

(4) W. Eck, *L'Italia nell'impero romano: Stato e amministrazione in epoca imperiale*, Bari 1999.

(5) このコンスラレスに関する研究を進展させたのも、他ならぬエックである。W. Eck, Die italischen *legati Augusti pro praetore* unter Hadrian und Antoninus Pius, in: G. Bonamente / N. Duval (a cura di), *Historiae Augustae Colloquia, Colloquium Parisinum 1990*, Macerata 1991, 183-195 = id., *Die Verwaltung des römischen Reiches in der hohen*

Kaiserzeit. Ausgewählte und erweiterte Beiträge, Bd. 1, Basel / Berlin 1995, 315-326. 同論文の紹介は、本書第三章第二節を参照。

（6）本章の執筆に際しては、Eck, *Italien* の他にも、エックによる次の研究を参照した。W. Eck, Kaiserliches Handeln in italischen Städten, in: *L'Italie d'Auguste à Dioclétien*, Roma 1994, 329-351 = id., *Die Verwaltung des römischen Reiches in der hohen Kaiserzeit. Ausgewählte und erweiterte Beiträge*, Bd. 2, Basel / Berlin 1997, 297-320 (= Eck, Kaiserliches Handeln. 引用頁数は後者の論文集から）; id., Stadtbewohner und staatliche Administration im kaiserzeitlichen Umbrien, in: *ibid.*, 321-337 (= Cittadini e amministrazione statale nell'Umbria in età imperiale, in: G. Bonamente / F. Coarelli (a cura di), *Assisi e gli Umbri nell'antichità. Atti del Convegno Internazionale Assisi 18-21 dicembre 1991*, Assisi 1996, 283-300). さらに、帝政前期イタリアの統治行政に関する他の研究としては以下のものがある。F. Jacques, *Le privilège de liberté. Politique impériale et autonomie municipale dans les cités de l'Occident romain (161-244)*, Roma 1984; *L'Italie d'Auguste à Dioclétien*, Roma 1994; E. Lo Cascio, Le tecniche dell'amministrazione, in: A. Momigliano / A. Schiavone (a cura di), *Storia di Roma*, II, 2, Torino 1991, 119-191 = id., *Il princeps e il suo impero. Studi di storia amministrativa e finanziaria romana*, Bari 2000, 13-79; F. Millar, Italy and the Roman Empire: Augustus to Constantin, *Phoenix* 40, 1986, 295-318; J. R. Patterson, The Emperor and the Cities of Italy, in: K. Lomas / T. Cornell (eds.), *'Bread and Circuses'. Energetism and Municipal Patronage in Roman Italy*, London / New York 2002, 89-104; W. Simshäuser, Untersuchungen zur Entstehung der Provinzialverfassung Italiens, in: *ANRW* II-13, 1980, 401-452. また M. Tarpin, L'Italie, la Sicile et la Sardaigne, in: C. Lepelley (éd.), *Rome et l'intégration de l'empire 44 av. J.-C.-260 apr. J.-C.*, tome 2, *Approches régionales du Haut-Empire romain*, Paris 1998, 1-70 からは、帝政前期のイタリアに関する研究状況の概観が得られる。

（7）前二七年にアウグストゥスはフラミニウス街道の舗装を行っている。Suet. *Aug*. 30, 1; *Res Gestae* 20.

（8）Cf. Cass. Dio 54, 8, 4; Suet. *Aug*. 37.

（9）公共建築物監督官(curator operum publicorum)と街道監督官は、従来、アウグストゥス期には同僚団を形成していなかったと考えられてきたが、W. Eck, *Cura viarum* und *cura operum publicorum* als collegiale Ämter im frühen Prinzipat, *Klio* 74, 1992, 237-245 = id., *Die Verwaltung des römischen Reiches in der hohen Kaiserzeit. Ausgewählte und erweiterte Beiträge*, Bd. 1, Basel / Berlin 1995, 281-293 は、同時期の他の官職と同様に、公共建築物監督官と街道監督官も同僚団を形

成していた可能性が高いことを説得的に論じている。

(10) Tac. *Ann*. 3. 31. 5; Cass. Dio 59, 15, 3.

(11) Cass. Dio 54, 8, 4.

(12) ガイウス・ユリウス・コルヌトゥス・テルトゥッルス: ILS, 1024; Plin. *Ep*. 5, 14, 1; プブリウス・カルウィシウス・ルソ・ユリウス・フロンティヌス: AE, 1914, 267.

(13) 氏名不詳: AE, 1964, 239; クイントゥス・ポンペイウス・ファルコ: CIL, X, 6321 = ILS, 1035; CIL, III, 12117 = ILS, 1036; CIL, VI 3844 = 31752.

(14) CIL, X, 1795 = ILS, 1401; CIL, VI, 1610.

(15) CIL, VI, 3536; CIL, X, 7587 = ILS, 1402; CIL, VII, 1054 = ILS, 1425.

(16) CIL, IX, 6072; 6075; AE 1930, 122.

(17) SHA *Marc*. 11, 9.

(18) FIRA I, No. 49 = CIL, II, 6278. Cf. J. H. Oliver / R. E. Palmer, Minutes of an Act of the Roman Senate, *Hesperia* 24, 1955, 320-349. 本書第三章第四節、一一〇〜一一一頁。

(19) Suet. *Aug*. 49, 3-50. なお、公共輸送制度に関する邦語文献として、浦野聡「ローマ帝国東部諸属州におけるアンガレイア制度の発展と村落共同体」『史学雑誌』九七-一一、一九八八年、一〜四〇頁を参照。

(20) CIL, X, 6976 = ILS, 1434.

(21) AE, 1950, 170.

(22) Eck, *Italien*, 89-94.

(23) BMC Emp. III 21f. Nr. 119 = RIC II Nr. 93.

(24) 浦野、前掲論文、四頁。

(25) Aur. Vict. *Caes*. 13, 5f.; SHA *Hadr*. 7, 5.

(26) Eck, Kaiserliches Handeln, 303f.

(27) A. Kolb, *Transport und Nachrichtentransfer im römischen Reich*, Berlin 2000, 140-145.

(28) CIL, VI, 31338a = ILS, 452; CIL, VI, 31369; CIL, VI, 31370.

（29）S. Mitchell, Requisitioned Transport in the Roman Empire: A New Inscription from Pisidia, *JRS* 66, 1976, 106–131, 107f. 同碑文に関しては、浦野、前掲論文、七〜一二頁も参照。
（30）Plin. *Ep*. 10, 46.
（31）本章註(28)の碑文を参照。
（32）CTh 8, 5, 4, 1.
（33）Liv. 7, 16.
（34）CIL, IV, 9592.
（35）AE, 1964, 239.
（36）Eck, *Italien*, 117.
（37）Cf. Tac. *Ann*. 13, 50f.
（38）CIL, XI, 1308; CIL, XIV, 5344.
（39）CIL, V, 3351 = ILS, 1870.
（40）カラカッラ帝(位二一一〜二一七年)が一〇パーセントに引き上げる措置を行ったが、マクリヌス帝(位二一七〜二一八年)がこの措置を撤廃している。Cass. Dio 78, 9, 4; 79, 12, 2.
（41）Cass. Dio 55, 25, 5; Plin. *Pan*. 37, 6–39, 5; 40, 1–2.
（42）Plin. *Pan*. 39, 5; *Ep*. 7, 14.
（43）P. Ross. Georg. II 26.
（44）AE, 1928, 97; AE, 1962, 312; CIL, XIII, 1808 = ILS, 1454; ILA 455.
（45）Plin. *Pan*. 40, 1.
（46）AE, 1908, 206 = ILS, 9014. ティトゥス・カエシウス・アンティアヌスは、中部イタリアの諸地域を担当するプロクラトルで、エックは彼の在任期間を二二五年から二四七年の間としている。Eck, *Italien*, 135 et 145.
（47）皇帝が創設した、いわゆる公的アリメンタ制度に関する邦語文献として、坂口明「ローマのアリメンタ制度に関する諸問題」『西洋史研究』新輯八、一九七九年、三二〜五六頁を参照。
（48）アリメンタ制度の目的に関する研究状況に関しては、坂口、前掲論文、五一〜五六頁を参照。

（49） G. Woolf, Food, Poverty and Patronage. The Significance of the Epigraphy of the Roman Alimentary Schemes in Early Imperial Italy, *PBSR* 58, 1990, 197-228; W. Jongman, Beneficial Symbols. Alimenta and the Infantilization of Roman Citizen, in: W. Jongman / M. Kleijwegt (eds.), *After the Past. Essays in Ancient History in Honour of H. W. Pleket*, Leiden 2002, 47-80; G. Seelentag, Der Kaiser als Fürsorger - die italische Alimentarinstitution, *Historia* 57, 2008, 208-241.

（50） CIL, IX, 1455; CIL, VI, 1492 = ILS, 6106. 前者は一〇一年にリグレス・バエビアニ（現チルチェッロ近郊）においてアリメンタ制度が実施されたことを伝える碑文。後者も、一〇一年にフェレンティヌムでアリメンタ制度が実施されたことを伝える碑文であるが、この碑文に現れるティトゥス・ポンポニウス・バッススの経歴から、この地におけるアリメンタ基金の創設が一〇〇年に遡る可能性を有している。

（51） SHA *Hadr*. 7, 8; *Marc*. 11, 2.

（52） CIL, XI, 1147; CIL, VI, 1492 = ILS, 6106.

（53） CIL, XIV, 2925 = ILS, 1024.

（54） CIL, XIV, 3599 = ILS, 1061.

（55） AE, 1957, 135; CIL, V, 865 = ILS, 1069.

（56） O. Hirschfeld, *Die kaiserlichen Verwaltungsbeamten bis auf Diocletian*, Berlin 1963[3], 219f.

（57） 街道監督官へのアリメンタ監督業務の委任、アリメンタ長官とアリメンタ担当プロクラトルの関係などに関しては、E. Lo Cascio, *Curatores viarum*, *praefecti* e *procuratores alimentorum* a proposito dei distretti alimentari, *Studi di Antichità. Quaderni dell'Istituto di Archeologia e Storia Antica dell'Università di Lecce* 1, 1980, 237-245 = id., *op. cit.*, 285-291 も参照。

（58） SHA *Pert*. 9, 3. アリメンタ制度の運用上の問題に関するこの「ペルティナクス伝」の一文は解釈が非常に難しく、研究者により様々な解釈が提出されている。ここではこの文章の解釈をめぐる問題に立ち入ることはしないが、諸研究の解釈に関しては、坂口、前掲論文、第一章、註(19)を参照。

（59） CIL, VIII, 11338 = ILS, 1198; CIL, VI, 1419a.

（60） Eck, Kaiserliches Handeln, 299-302.

(61) Eck, Kaiserliches Handeln, 303f.
(62) Eck, *Italien*, 143-145.
(63) Eck, *Italien*, 182; id., Kaiserliches Handeln, 301f.
(64) Eck, *Italien*, 267-271.

第二章　都市監督官(curator rei publicae)とイタリア都市

都市監督官(curator rei publicae)は、後一世紀後半から、帝国治下の諸都市の財政を監督するためにイタリアを中心に帝国各地に広く派遣されたが、[1]このことは「強制国家」(Zwangsstaat)による都市自治、とりわけ都市財政への干渉政策の嚆矢であり、かつまた帝政前期における最も大規模な介入政策であったとされてきた。しかしながら、第一節で詳しくみるように、「強制国家」論に対する批判の高まりとともに、近年の研究ではこのような都市監督官の性格付けに対しても批判がなされている。

そこで本章は、そのような近年の研究動向をふまえて、都市監督官が財政を中心とするイタリア都市の自治にどのような影響を及ぼしたのかについて検討することを課題としたい。[2]まずは第一節で都市監督官に関する研究史を整理し、本章での論点をより限定的なものにするとともに、本章における視点を明確にしていきたい。

第一節　研究史

都市監督官に関する研究は、一九世紀半ばにまで遡ることができる。都市監督官研究において、その段階から一九七〇年代にいたるまで定説の地位を占めてきたのは、「強制国家」論的な研究である。都市監督官の派遣を、都市自治を圧殺する「強制国家」的な政策の嚆矢とした論者は数多いが、さしあたりW・リーベナム、E・コルネマン、W・ランクハンマーなどがその代表格といえよう。(3) また我が国では、弓削達氏や吉田興宣氏がこのような見解を発表している。(4)

この説によれば、都市監督官は帝国官僚として次のような性格を帯びていたという。①都市監督官は、最初は個別的に派遣されたが、後に帝国支配下の都市に包括的に派遣されるようになった。②都市監督官に任命されたのは、帝国支配層の第一位である元老院議員、およびそれに次ぐ第二位の騎士身分といった高位の者であったため、その政治的・社会的な影響力は強大なものであった。③碑文にしばしばみられる「皇帝陛下により派遣された」(datus ab imperatore)という字句から明らかなように、都市監督官は皇帝が一方的に任命・派遣していた。それゆえ都市監督官の権力は皇帝権力に由来し、任地において皇帝権力を代執行していた。④任期に関して、都市監督官はローマの政務官職に特有の一年任期制という原則に縛られなかったため、任務遂行のために長期間任地に滞在することが可能であった。そして、⑤都市監督官はその強大な影響力を背景に、財政以外の行政方面にも干渉し、任地の都市参事会や都市公職者の権限を奪って都市の事実上の支配者となり、都市自治を圧殺するにいたった。

これに対し一九七〇年代末から、このような「強制国家」論的な研究に対する批判が次々と提出された。代表的な論者は、G・P・バートン、G・カモーデカ、R・デュトワ、W・エック、F・ジャック、F・フィッティングホフなどである(5)。彼らは、碑文史料から都市監督官を網羅的に検出してそれらを統計的に処理し、また個々の都市監督官に関するプロソポグラフィー的な研究を行って、それまでの「強制国家」論的な研究が抱える問題点を実証的に批判し、都市監督官像を刷新した。これらの研究は、それまで「強制国家」論が主張してきた上述の論点を次のように批判した。①統計的なデータからすれば、すべての都市が都市監督官を受け入れていたわけではない。②都市監督官の担い手は、旧説が考えたように、元老院議員や騎士身分といった高位の者ではなく、地方名望家が大半を占めていた。③都市監督官は必ずしも皇帝政府から一方的かつ強制的に派遣されたのではない。都市監督官の派遣に際しては、少なくとも都市の側の同意があり、場合によっては派遣要請すらあったと考えられる。④任期に関して伝える史料はないが、任務の性格や元老院議員の昇進などを考えれば、任期は決して長くはなく、任地の財政問題の解決とともに任務は終了する。⑤都市監督官の活動が伝えられる碑文と法史料とを照らし合わせて分析すると、監督官の活動は財政に関するものに限定されており、都市参事会や都市公職者の活動範囲を侵すものではなかったことがわかる。それゆえ都市監督官は、強大な影響力を背景に都市の事実上の支配者となることはなかった。

彼らの研究に代表されるこのような新たな理解は、現在通説の地位を獲得している(以下、通説というときにはこの学説を指す)(6)。またこのような研究は、「強制国家」という全体的なイメージによりかかりがちであったかつての理解に比べ、その実証性という点で都市監督官に関する研究の水準を格段に進展させたといえよう。しかし、かつての「強制国家」論的な研究も、この新たな通説も、都市監督官の果たした役割を評価するに際し、彼らに与えられていた任務、つまりその任期中の活動のみに注目しているという点では一致しているが、このような限定的な視野のもとでは都市監督官の果たした役割を正当に評価することはできないだろう。

この点に関して、通説批判のための手がかりを提出したのが一九八九年のM・サルトーリの研究である。(7) 彼は、史料を丹念に読み直し、ⓐ都市監督官の活動期間は通説が考えるよりも長く、都市監督官は都市財政を日常的に監督していたこと、ⓑしばしば都市監督官職が任地の市民に委嘱されていたように、都市監督官と任地の都市参事会員は支配層として同質的であったこと、ⓒ都市監督官の活動がしばしば彼らに与えられた任務、すなわち都市財政の監督という範囲を越え出て、都市自治の正常な機能を担保する都市パトロン的な活動にまで及んでいたことを明らかにした。こうして彼は、通説によって提示された都市監督官像を書き換えたのである。また一九九四年に公にされたD・ウィッタカーの論考は、都市監督官を直接の研究対象としたものではないものの、都市監督官派遣の社会的背景を明らかにし、サルトーリの説を補強している。(8)

都市監督官をめぐる以上のような研究状況のなか、本章は、都市監督官と都市パトロンとの関わりという点でサルトーリの研究に多くを負っているが、後に詳述するように、その両者の結びつけ方に関してはサルトーリとやや見解を異にしている。よって以下、サルトーリの説を批判的に受け入れつつ、まず第二節で都市監督官の任務とその性格について、次いで第三節で法史料から知ることのできない都市監督官の都市パトロン的な活動について、さらに第四節でその種の都市パトロン的な活動の背景について、それぞれ関連する碑文史料および法史料を検討し、通説を批判・修正していきたい。

第二節　都市監督官の任務

都市監督官の任務は、法史料と碑文史料の両方から窺い知ることができる。都市監督官の任務に関する法文は、パピリウス・ユストゥス、パウルス、ウルピアヌスといった法学者によるものが『学説彙集』(Digesta)に収載されている。(9) しかしながら、都市監督官に関する法史料には大きな問題がひとつある。『学説彙集』には、ウルピアヌスによる『都市監督官の職務に関する単巻書』(Liber singularis de officio curatoris rei publicae)から六つの法文が伝えられているが、これらのうち三つの法文では、タイトルには典拠として『都市監督官の職務に関する単巻書』とあるものの、法文中の主語は都市監督官ではなく属州総督(praeses provinciae)になっている。つまり、これら三つの法文には都市監督官の任務が直接述べられておらず、一見すると属州総督の果たすべき任務が説明されているかのようにみえるのである。

この一見したところ矛盾した記述から、これら三つの法文においてインテルポラティオ(修正・加筆)が行われているという点は一般的に認められている。(10) だが他方で、タイトルに『都市監督官の職務に関する単巻書』とあることからして、ウルピアヌスによるこれらの法文が都市監督官の職務に関係しているという点も確実視されており、(11) それが後にどの程度のインテルポラティオが行われているのか、どの範囲までを本来の都市監督官の職務と理解してよいのかに関して、研究者により大きく意見が分かれているのである。つまり、法文中の主語が属州総督とはなっていても、これらの法文から都市監督官の任務の概略が把握できるという点では共通の理解が得られているといえよう。(12)

そこで本章では、このような法史料から都市監督官の任務を確定するにあたって、碑文史料から得られる知見を援用することにしたい。都市監督官に関する碑文史料は、その大部分が顕彰碑文であるが、なかには都市監督官の任務遂行について簡潔に言及しているものもある。これらの碑文史料と法史料を比較検討することにより、都市監督官の任務をより正確に確定することができるだろう。

以下、法史料と碑文史料を突き合わせながら検討していくが、その際、あらかじめ都市監督官の任務を、(1)公金の管理・運用に関するもの、(2)都市所有地および公共建築物の管理に関するもの、(3)穀物輸入のための公金の管理に関するもの、の三つに分けて考察を進めていくことにする。

(1) 公金の管理・運用

都市監督官が派遣されて間もない二世紀初頭のイタリア地方都市の様子を伝える貴重な史料に、小プリニウスの『書簡集』(Epistulae)がある。このなかの一書簡において小プリニウスは、彼の出身市であるトランスパダナ地方のコムム(現コモ)の都市当局による公金管理のずさんさを指摘している。(13) したがって、都市財政のなかでも、都市監督官による監督業務がまず公金の管理・運営を対象としたものであるのも理解できる。

都市監督官のこの種の監督業務に関係するのは、ウルピアヌスによる五つの法文である。まず『学説彙集』第二二巻第一章第三三法文は、都市に対する債務者が正しく利息を支払っている場合には元金の返済が強要されてはならず、また利息が支払われていない場合にも属州総督による過酷な取り立てがなされるべきではないとし、さらに属州総督の側でも都市の公金が適切な担保のもとに貸し付けられるよう注意すべきであるとしている。この法文では、利子が支払われている場合には貸し付けられた公金の返済は強要されないが、利子が支払われていない場合には公金の返済に対する都市監督官の介入が認められているように思われる。[14] さらに、法文の最後の部分も、都市監督官に対して都市の公金の貸付に慎重になるように注意していると思われる。

他方、『学説彙集』第五〇巻第九章第四法文には、特定の人物に金銭や土地などを贈るような都市参事会決議(decretum decurionum)は無効とされるべきである、とある。この法文は、個人の利益を都市のそれに優先させるような都市参事会決議に対する介入を都市監督官に認めたものと思われる。この法文に関連して、公金に関する都市参事会決議への都市監督官による介入を伝えているように思われる碑文がある。

『碑文学年報』一九七四年三四五番(メディオラヌム)
「クラリッシムス級の人物である都市監督官サブキウス・マイオルの承認のもと、メディオラヌムの最も光輝ある都市参事会から無償で顕職を与えられた、神聖なる皇帝家の祭祀を司る皇帝礼拝六人委員であるルキウス・カルティリウス・クレスケンスへ。ルキウス・ウァレリウス・プリミティウスとカティア・セウェラが息子のガイウス・アンケリウス・ティンティリオとともに、彼の善行のゆえに(献呈する)。至高の友人へ。ゲニウスへ。[15]」

この碑文には、元老院議員身分の都市監督官サブキウス・マイオル(Jacques, *Curateurs*, no. 72)が、おそらく二世紀末ないし三世紀に、トランスパダナ地方のメディオラヌム(現ミラノ)で行った活動が言及されている。この碑文によれば、ルキウス・カルティリウス・クレスケンスが公職法定金(summa honoraria)を支払わずに皇帝礼拝六人委員(VIvir Augustalis)に就任することを都市監督官サブキウス・マイオルが承認したという。当時、ローマ帝国支配下の地方都市では、都市公職就任に際して有産者が都市に納める公職法定金が、主要な財源のひとつとなっていた。[16] このため、クレスケンスの公職法定金の支払いに関してもメディオラヌムの都市参事会で議論が起こり、都市監督官サブキウス・マイオルの介入を招いたものと思われるが、ここでは上記の法文の意図とは逆に個人の利益を優先させるようなかたちで都市参事会決議に都市監督官が介入しているように思われる。[17]

さらに、都市監督官の重要な任務として、都市への贈与に関する任務を挙げることができる。『学説彙集』第五〇巻第一〇章第五節前文には、遺言によって遺産が公共建築物の建設のために都市に寄付されるよう指示された場合に、その遺贈の実行の期日が定められていなかったなら属州総督によって期日が定められるべきこと、さらに、相続人がその遺贈の実行に遅れて取りかかったなら利息を都市に支払うべきことが述べられている。次の碑文が、このような遺贈に対する都市監督官の介入を示唆する。

『ラテン碑文集成』第一一巻五九三九番＝『ラテン碑文選集』五六七八番（ティフェルヌム・ティベリヌム）

「（前略）その人物（アッルンティウス・グラニアヌス）は、ティフェルヌム・ティベリヌムの浴場の細工のために、一五万セステルティウスを遺贈したが、この金額はクラリッシムス級の人物であるアエミリウス・フロントと、次いでクラリッシムス級の人物であるアッリウス・アントニヌスの意見にもとづいて、アッルンティウス・グラニアヌスの相続人であるキペッルス・プロフトゥルス、キペッルス・ピケンティヌス、アッルンティア・アンピアナによってティフェルヌム・ティベリヌムに支払われた。相続人が、（この碑を）建立した。場所は都市参事会決議によって与えられた。[18]」

二世紀後半にウンブリア地方のティフェルヌム・ティベリヌム（現チッタ・ディ・カステッロ）で設置されたこの碑文によれば、アッルンティウス・グラニアヌスの遺贈に際して相続人の間で係争が起こり、アエミリウス・フロントとアッリウス・アントニヌスという二名の元老院議員が調停を行っている。このときの二名の元老院議員の立場は不明であるが、彼らがティフェルヌム・ティベリヌムに相次いで派遣された都市監督官であったとする説がある。[19]

さらに、『学説彙集』第五〇巻第一二章第一節前文には、都市に対して金銭や公共建築物の寄贈が約束された場合に、その約束の履行が遅れたなら都市に利息を支払うべきである、とある。また『学説彙集』第五〇巻第一二章第一五法文は、そのような約束を都市に対して行った者の相続人に関する規定である。この『学説彙集』第五〇巻第一二章は「寄付申込について」(De pollicitationibus)と題されており、ゆえにこれらの法文も寄付申込(pollicitatio)に関するものである。ここで「寄付申込」と訳したポッリキタティオは「片約」とも訳され、ローマ法では一般的に一方が他方に対して約束することを意味するが、碑文史料では都市に対する公共建築物の建設などの約束を意味する場合が多い。[20] これらの法文では具体的に述べられていないが、都市監督官の任務は、都市に対する寄付の約束が履行されるように尽力することであったと思われる。

(2)　都市所有地および公共建築物の管理

都市が所有する土地や公共建築物も、都市財政の監督を任務とする都市監督官の管理業務の対象となった。まず、パピリウス・ユストゥスによる『学説彙集』第五〇巻第八章第一一節第二法文は、都市監督官に都市所有地を取り戻す権限を認めている。また、ウルピアヌスの手になる『学説彙集』第五〇巻第一〇章第五節第一法文では、都市所有地が私人の使用に任せられている場合、属州総督は都市所有地として回収すべきか、それとも税を課すほうがよいのかを判断し、都市にとってよりよいと判断したほうの施策を実施すべきである、とされている。

この都市監督官による都市所有地の回収に関して、次のような碑文がある。

『ラテン碑文集成』第一一巻五一八二番(ウェットナ)

「[……]私人に占有されていた都市の農地と[牧草地]を、都市監督官[……]キウス[……]を通じて、都市に回復した。(21)」

この碑は、ウンブリア地方のウェットナ(現ベットーナ)で設置されたものであるが、欠損が甚だしく、この都市監督官の氏素性や碑が設置された時期などはわからない。しかし、都市監督官による都市所有地の回収を伝える唯一の碑文であり、史料としての価値は高い。ところで、エックによれば、各都市の公職者はもともと都市所有地の回収に携わっていなかったと考えられるという。というのも、ウェスパシアヌス帝(位六九〜七九年)治下のポンペイには、都市所有地の回収のために、皇帝から特別な権限を委託された軍団副官(tribunus militum)が派遣されていることが知られているからである。(22) このエックの考えが正しいとすれば、確かに都市監督官は、都市公職者の本来の職務領域を侵したのではないという意味で任地の自治を制限しなかったかもしれない。しかしながら、都市所有地の回収が当該都市の公職者ではなく、皇帝の代理権者によって行われていたのであれば、そもそも皇帝政府が地方都市に認めた自治には限界があったといえよう。

さらに、都市所有地の回収に関する都市監督官の権限にも一定の留保が置かれている。パウルスの作と伝えられている『学説彙集』第三九巻第四章第一一法文には、長期の賃貸に出されている都市所有地は、皇帝の裁可がなければ、都市監督官によって回収されえない、とある。そのような場合には、さらに上位の権力である皇帝の直接的な介入が求められていたのである。

また、都市財政の監督者として、都市監督官が都市所有地の譲渡(datio)に関与する事例がカエレやボウィッラエ、プテオリ(現ポッツォーリ)から知られている[23]。特にボウィッラエでは、都市監督官の監督業務が碑の設置用地といった都市所有地の最も小さな区画の譲渡にも及んでいたのである(カエレとボウィッラエの事例については後述)。さらにいくつかの碑文は、後述のクレス・サビニの事例のように[24]、都市当局が皇帝ないしは皇帝家の成員を顕彰する碑文の設置に都市監督官が関与していたことを伝えるが[25]、このような都市監督官の活動は、顕彰碑の設置のための都市所有地の譲渡という任務の延長線上にあるものと理解されている。

最後に、パウルスの作と伝えられているもう一つの法文(『学説彙集』第三九巻第二章第四六法文)には、都市監督官は倒壊した家屋がその所有者によって再建されるよう注意すべきこと、ならびに都市が出資して再建された家屋を所有しながら、所有者がその再建の費用を都市に支払わない場合には、都市がその家屋を売却しうること、が述べられている。このような建築物の監督業務との関連で、公共建築物の建設の監督を伝える碑文がいくつかある。ここでは代表的な一例を挙げておきたい。

『碑文学年報』一九〇一年八四番＝『ラテン碑文選集』九三五九番(コシリヌム)

「コシリヌムの都市監督官マルクス・ウェヒリウス・プリムスは、彼の熱意によって、ヘラクレスの柱廊が基礎から都市の公金で建設されるよう監督した[26]。」

これは、ルカニア地方のコシリヌム(現パドゥーラ)の都市監督官に言及している碑文で、三世紀頃のものと考えられている。この碑文の他にも、三つの碑文が都市監督官による公共建築物の建設の監督を伝えるが[27]、このような活動は次節で詳しく論ずる都市パトロン的な活動との関連で注目に値する。

(3) 穀物輸入のための公金の管理

『学説彙集』所収の一法文から、都市監督官は都市が穀物を輸入するための公金の管理にも責任を負っていたと考えられる。ウルピアヌスによるものとされている『学説彙集』第五〇巻第八章第二節第四法文は、穀物の輸入にあてられるべき公金が、公共浴場の建設などに投じられた場合に、都市監督官は返還を命じるべし、とする。[28]この種の都市監督官の任務を示唆する碑文として、イタリアの都市監督官(氏名・任地ともに不明)に関する『ラテン碑文集成』第一〇巻四五三番(Jacques, *Curateurs*, no. LI)と、アフリカのスフェトゥラ(現スベイトラ(チュニジア))の都市監督官に関する『ラテン碑文集成』第八巻一一三三二番(Jacques, *Curateurs*, no. 90)を挙げることができる。[29]

以上が法史料と碑文史料から知ることができる都市監督官の任務である。通説によれば、このような都市監督官の任務は都市財政に限定されており、しかもその財政への干渉も限定的なものであったため、都市公職者や都市参事会の権限までも奪って都市の自治を圧殺するものではなかったという。[30]特にジャックによれば、都市監督官の派遣には任地の都市参事会員の財政上の不正や無能力が背景にあり、むしろ都市監督官による規制的な介入は都市の自治を強化ないし円滑化させるものであったという。[31]

筆者も都市監督官の活動にそのような一面はあったと考える。公金の貸付や都市所有地の占有に関する問題を解決したり、寄付申込の約束が履行されるよう注意を払うことは、都市の財政を助けることにつながったであろうし、また都市所有地の回収に関していえば、もともとこれは都市公職者の職務領域に含まれていなかったために、都市の自治を補完することになったであろう。しかし、たとえ都市監督官の活動が結果的に都市自治の強化ないしは円滑化につながったとしても、都市監督官の任務それ自体が皇帝政府による都市自治への介入という側面をもっていたことは見逃されるべきではない。確かに、都市監督官の活動を伝える碑文では、都市参事会が財政に関する最終的な決定を行っていることから、かつて「強制国家」論的研究が主張したように、都市参事会の権限が完全に奪われるということはなかったと思われる。しかし、いまや都市監督官が派遣された都市では、公金の貸付や財政に関する都市参事会決議、都市所有地の譲渡、公共建築物の建設、穀物輸入のための公金の使途といった都市財政の重要な部分が都市監督官のコントロールのもとに置かれるようになったのである。よって、都市監督官の活動が結果的に都市の自治行政にとってプラスになったとしても、その活動の性格自体は都市自治への介入という側面をもっていたといえるだろう。

第三節　都市パトロンとしての都市監督官

法史料をもとに都市監督官の任務とその性格を検討していくならば、第二節での考察のようになる。他方で、第一節でも紹介したサルトーリが着目したように、その都市監督官が本来の業務とは別に、一見したところ都市パトロン的な活動を行っているように思われる顕彰碑文が存在する。しかし従来の研究は、碑文史料から知られる都市監督官の活動を法史料と照らし合わせ、それと符合しない活動を都市監督官の任務とは無関係な活動と見なし、問題とすることはなかった。そこで本節では、この種の都市監督官の都市パトロン的な活動を記したものと思われる碑文を検討していきたい。

①『ラテン碑文集成』第一四巻二〇七〇番＝『ラテン碑文選集』六一八三番（ラウィニウム）

「神君アントニヌス・アウグストゥス（アントニヌス・ピウス帝）へ。ラウレントゥムの都市参事会と民衆が（献呈する）。（ピウス帝が）クラリッシムス級の人物である監督官マルクス・アンニウス・サビヌス・リボを通じて、ラウレントゥム・ラウィニウムの再任五年目プラエトルのティベリウス・ユリウス・ネポティアヌスとプブリウス・アエミリウス・エグナティアヌスの配慮のもと、ラウレントゥム・ラウィニウムの諸特権を保護したのみならず拡大もさせた、という理由から。」(32)

②『ラテン碑文集成』第一〇巻四八六〇番（ウェナフルム）

「ルキウスの息子で、テレティナ区所属の［ルキウス・ガビ］ニウス・［コスミアヌ］スへ。第六軍団副官、騎士級将校歴任者、植民市の神官、神祇官、パトロン（を歴任）。（彼は）クラリッシムス級の人物でアフリカ州総督を務めたクラウディウス・［ウィンデクス・ヘル］モゲニアヌスの舅、神祇官と鳥占官を務めた［ガビニウス］・アスペルと、我らがアウグストゥス（セプティミウス・セウェルス帝とカラカッラ帝）のプロコンスルを務めた［ガビニウス・バルバルス］、三植民市のパトロンである［ガビニウス・］グラフ［---］ヌスの父、そして、［ガイウス・ガ］ビニウス・ウィンデクス・ポンペ［イアヌス］の［祖父］である。（コスミアヌスは）［---］と［アレト］リウム、インテラムナ・［リレナス］の都市監督官にして、最も光輝ある植民市［ウェナフルム？］とカシヌムの弁護人である。彼は、公共［建築物］の［維持］のみならず、その増加にも［あらゆる］配慮を［注ぎ］、またその並はずれて高潔な［人物］は、［長きにわたる］怠慢から［崩壊していた］水［道］の状態を、［苦難にさらされていた］市の住民のために復旧させた、という［理由］から。［インテラムナ］・リレナスの住民が、［パトロンにして］都市監督官へ。自らの［負担］で（彫像を献呈する）。」[33]

①は、ラティウム地方のラウィニウム（現ポメッツィア近郊）の都市参事会と市民が、アントニヌス・ピウス帝（位一三八〜一六一年）の死後、彼を顕彰するために設置した碑である。設置の時期は、ピウス帝が死去した一六一年かあるいはその直後であると考えられている。[34] 顕彰の理由は、文面から明らかなように、同帝がラウィニウムの「諸特権」（privilegia）を保護・拡大したことである。ジャックやサルトーリも指摘するように、元老院議員身分の都市監督官マルクス・アンニウス・サビヌス・リボは、任地であるラウィニウムのために皇帝政府との仲介役を果たし、「諸特権」の保護・拡大に貢献したと思われる。[35] ただし、この「諸特権」がラウィニウムの財政に関わるものなのかどうか、その具体的な内容となると不明である。

他方、②はラティウム地方のインテラムナ・リレナス（現ピニャータロ・インテラムナ）の住民が都市監督官を顕彰した碑文で、ジャックによればセプティミウス・セウェルス帝（位一九三〜二一一年）とその子カラカッラ帝（位二一一〜二一七年）が正帝（Augustus）であった一九八年から二〇九年の間のものであるという。[36] この碑文において騎士身分の都市監督官ルキウス・ガビニウス・コスミアヌスは、公共建築物を増設し水道を復旧させたという理由で顕彰されている。この碑文からは、これらの活動のための資金の出所は明らかではないが、ジャックやサルトーリが指摘するように、水道の復旧という事業の重要さのゆえに皇帝政府が資金を出した可能性が高い。[37] したがって、ここでも都市監督官コスミアヌスは、皇帝政府と任地であるインテラムナ・リレナスとの仲介役を果たしたと思われる。

サルトーリも注目したように、これらの都市監督官による活動は、都市パトロンのそれと比較することができる。[38] 都市パトロンとは、都市参事会決議により選任された都市の保護者である。都市は、元老院議員や地方名望家などの有力者のなかから都市パトロンを選任し、彼らと保護・被護関係を結んでいたのである。一般に、都市パトロンがクリエンテスたる都市に対して行ったサービスは、大きく二種類に分けて考えることができる。そのひとつは、帝国の司法・行政に関するものである。なかでもここで注目すべきは、都市と皇帝政府との仲介役として、都市に特別な措置を施してもらうよう皇帝政府に働きかけるという行政的な活動である。帝国治下の諸都市はしばしば、おもに経済的な動機から、特別な政治的措置をうけるべく、皇帝政府に使節(legatus)を派遣していたことが碑文から知られている。この都市による使節の派遣に関して、属州の都市の事例が比較的多く知られているのに対し、イタリア都市の事例は少なく、ここからイタリアでは、皇帝政府と都市の仲介役として、元老院議員や騎士身分の都市パトロンが一定の役割を果たしていたと考えられている。[39] 碑文①と②の都市監督官は、まさにこのような仲介役を果たしている。

他方、都市パトロンがクリエンテスたる都市に対して行うもう一種類のサービスとして、都市に対する恩恵施与行為、すなわちエヴェルジェティスムを挙げることができる。そこで次に、都市監督官が任地でエヴェルジェティスムを展開したようにみえる碑文を検討していきたい。

③『ラテン碑文集成』第五巻三三四二番=『ラテン碑文選集』一一四八番(ウェロナ)

「マルクスの[息子]で、ポブリリア区所属のマルクス・ノニウス・アッリウス・ムキアヌスへ。執政官、法務官、祭儀を司る十五人[役](を歴任した)、ウェロナの都市監督官にしてパトロンへ。ユウェントゥス浴場を完成させるために都市に[---]セステルティウスを寄贈したという[彼の]気前のよさのゆえに。都市参事会[---]。[40]」

④『ラテン碑文集成』第一一巻三三六七番＝『ラテン碑文選集』一一八〇番(タルクイニィ)
「クイントゥス・ペトロニウス・メリオルへ。執政官級の人物で、タルクイニィおよびグラウィスカエの都市監督官、穀物供与長官、第三〇「ウルピウス」軍団司令官、ピュルギおよびカエレの監督官、第八「アウグストゥス」軍団司令官、法務官、皇帝推薦の護民官、ナルボネンシス州総督付き財務官、財務官、アウグストゥス・クラウディウス祭祀同僚団員、第一騎兵分隊を指揮する六人役、第一「ミネルウァ」軍団の元老院議員身分の副官、訴訟担当十人委員(を歴任)。タルクイニィの都市参事会と市民が至高のパトロンへ(献呈する)。都市を繁栄させ浴場を修復したという理由から。[41]」

⑤『ラテン碑文集成』第九巻一五八八番＝『ラテン碑文選集』五四八〇番(ベネウェントゥム)
「クラリッシムス級の人物である、ベネウェントゥムの都市監督官サッティイウス・クレスケンスは、遠く離れた地から(資材を取り寄せ?)、浴場の利便と装飾のために寄贈した[----]。[42]」

都市パトロンによるエヴェルジェティスムとしては、金銭や不動産の贈与、宴会や各種競技会・演劇の主催、公共建築物の建設などが碑文史料や文献史料から知られるが、一般にエヴェルジェティスム研究では、帝政前期において、とりわけ公共建築物の建設が都市の財政に多大なる貢献をしたと考えられている[43]。そして、碑文③〜⑤の都市監督官は一見したところ、この種の都市パトロン的な活動を行っている。

③は、執政官級の元老院議員である都市監督官マルクス・ノニウス・アッリウス・ムキアヌスがウェネティア地方のウェロナ(現ヴェローナ)で行った活動を伝える碑文である。この碑文ではムキアヌスがいつ都市監督官職を遂行したのかは不明であるが、彼が二〇一年の正規執政官であることから、彼の都市監督官就任はおそらくコン

モドゥス帝(位一八〇～一九二年)の治世の末期かセプティミウス・セウェルス帝の治世であろうとされている。[44] ムキアヌスはウェロナのために公共浴場を建設し、寄贈している。

④の碑文に関して、執政官級の元老院議員である都市監督官クイントゥス・ペトロニウス・メリオルがエトルリア地方のタルクイニィ(現タルクィーニア)の監督官に就任したのは、昇進階梯の分析からおよそ二四二年から二四五年の間のことであると考えられている。[45] 彼は、都市に繁栄をもたらし浴場を修復したことで、タルクイニィの都市参事会と市民から顕彰されている。

⑤は、同じく元老院議員身分の都市監督官サッティウス・クレスケンスが、アプリア地方のベネウェントゥム(現ベネヴェント)で行った活動を伝える碑文である。この碑文についても詳しい年代は不明であるが、個人名(praenomen)が記されていないことから、三世紀以降のものと考えられる。[46] このクレスケンスも公共浴場に関わる贈与を行っている。

管見の限りでは、これら五つの碑文の他にも三つの碑文が都市監督官による何らかの都市パトロン的活動を伝えている。[47]

⑥『ラテン碑文集成』第一一巻六〇六一番＝『ラテン碑文選集』六六四八番(ウルビヌム・マタウレンセ)
「ガイウスの息子で、ステッラティナ区所属のガイウス・クロディィエヌス・セレヌス・ウェスニウス・デクステルへ。ローマ騎士で、ウルビヌム・マタウレンセのパトロンにして神祇官、フォルム・コルネリィのパトロンにして都市監督官(を歴任)。至高の、公明正大な人物へ、フォルム・コルネリィの光輝ある都市参事会が(献呈する)。その尽力によって、(市民)一人一人のために、また同じく都市全体のために、都市の地位を高めたという彼の功績のゆえに。[48]」

⑦『碑文学年報』一九六二年一五三番(ウィセンティウム)
「ガイウスの息子で、サバティナ区所属、[[---]]の親書により任命された都市監督官ガイウス・リグリウス・サルタリス・アウルス・ガウィウス・フォルトゥナトゥスへ。サトゥルニアの都市参事会員たちが私費で(献呈する)。生得の慎み深さによって都市に繁栄をもたらし、すべての住民に配慮を示したという理由から。[49]」

⑥はウルビヌム・マタウレンセ(現ウルビーノ)出身のローマ騎士ガイウス・クロディエヌス・セレヌス・ウェスニウス・デクステルが、アエミリア地方のフォルム・コルネリィ(現イーモラ)で行った活動を、⑦はエトルリア地方の名望家ガイウス・リグリウス・サルタリス・アウルス・ガウィウス・フォルトゥナトゥスが、同じエトルリア地方のサトゥルニア(現マンチャーノ近郊)で行った活動をそれぞれ伝える碑文である。碑文の年代は両者ともに不明であるが、前者はデクステルによる施し(sportula)を記したもう一枚の碑文と、所属トリブス(区)への言及を根拠に、一七〇年から二五〇年の間に設置されたものと考えられ、後者は、「記憶の断罪」(damnatio memoriae)の痕跡と所属トリブスへの言及から、二世紀、おそらくはコンモドゥス帝治世のものと考えられている。[50] この二名の都市監督官が行った活動を具体的に知ることはできないが、都市監督官によるエヴェルジェティスムが示唆されているように思われる。

　さらに、欠損がひどく訳出が困難な⑧『ラテン碑文集成』第一〇巻四五三番[51]も、都市監督官[---]イウスが任地[52]で行ったエヴェルジェティスムを示唆している。三世紀に年代比定されているこの碑文では、都市監督官が神殿を修復し、また穀物の不作に際して、穀物輸入のための義援金を贈っていると考えられる。

先にも述べたが、通説は、都市監督官の派遣が任地の自治に与えた影響を評価する際に、法史料から知られる都市監督官の活動のみに注目し、以上のような都市パトロン的活動はまさに都市監督官が任地の都市パトロンとして行っていたと考え、重要視してはこなかったのである。

これに対し、都市監督官の都市パトロン的な活動(特に皇帝政府と都市との仲介役としての活動)に注目したサルトーリは、都市監督官による都市パトロン的な活動を都市監督官の任務の拡大・伸張の結果ととらえ、都市監督官職と都市パトロンの地位との緊密な結びつきを主張した。そして、そのような活動が都市監督官と都市パトロンのどちらの資格によるものかは問題にならなかったとしている。[53] この主張の根拠として彼は、「監督官にしてパトロンへ」(curatori et patrono)という都市監督官と都市パトロンを結びつける表現が顕彰碑文においてしばしばみられることを挙げている。しかし、彼が主張するように、先にみた都市パトロン的な活動が都市監督官の任務の拡大の結果であるならば、なぜ碑文においてわざわざ「パトロンへ」という表現が付加されたのか疑問であるし、そもそも帝国レベルの官職である都市監督官と都市レベルの制度である都市パトロンを結びつける彼の主張はやや強引であるように思われる。実際、先の碑文③の事例では、被顕彰者が都市監督官職を務め上げた後に執政官に就任した可能性もあることから、ここで顕彰されているエヴェルジェティスムは被顕彰者が都市監督官の任期終了後に行ったものと解釈することもできる。[54] つまり、都市監督官と都市パトロンが併記された碑文には、通説が説くように、当該人物がまさに都市監督官ではなく都市パトロンの資格でそれらの活動を行っていた可能性も残されているのである。

しかしながら他方で、都市パトロン的な活動を伝える八枚の碑文のうち三枚には、都市パトロンへの言及がみられない。そのうちのふたつ(碑文⑤・碑文⑦)には欠損部分があり、その箇所に都市パトロンに関する情報が記されていた可能性はある。しかし、残りひとつの事例(碑文①)では、都市監督官が任地の都市パトロンであったことは確認できず、サルトーリが主張するように、都市監督官がその任務の拡大・伸張の結果として都市パトロン的な活動を行っているようにみえるのである。

こうしてみてくるならば、確かに都市パトロン的な活動を行っている都市監督官はいるものの、他の碑文に記された都市パトロン的な活動も、都市監督官がまさにその資格でそのような活動を行っていたのか、あるいは都市パトロンとしての資格でそれを行っていたのかは、碑文上確定できない。しかしながら、少なくとも上の諸例の検討からここで確認できる重要な点は、都市監督官に就任していた人物が、当該都市において都市パトロン的な活動を行っているという点である。

ところで、その都市パトロン的な活動の内容が何らかのかたちで伝えられている都市監督官の数は以上の八名にすぎないが、任地の都市パトロンに選任されていることだけが碑文からわかる者の数はもう少し多くなる。すなわち本章で具体的に検討した監督官も含めて、元老院議員では八六名中一五名(一七%)[55]、地方名望家では六八名中二六名(三八%)[56]の都市監督官が任地からパトロンに選任されたと考えられるのである。

しかし、元老院議員の都市監督官に関するパーセンテージは、実際にはもう少し高くなる可能性がある。というのも、元老院議員と地方名望家とでは、碑文における都市パトロン選任への言及の仕方が異なっているからである。すなわち、地方名望家の場合、ある人物が都市からパトロンに選任されたという情報は、別の都市で設置された碑からも確認できるのに対し、元老院議員に関してはほとんどの場合、その人物をパトロンに選んだ都市で設置された碑でなければ、彼が都市パトロンに選任されたことを確認できないのである[57]。実際、上記の一五名の元老院議員の都市監督官のうち、任地以外の都市で設置された碑から任地の都市パトロンであったことが判明するのは一名(Jacques, *Curateurs*, no. 70 = CIL, IX, 688. 任地はカヌシウムで、碑が設置されたのはヘルドニア)にすぎない。つまり、碑が任地以外の都市で設置されている元老院議員の都市監督官は六二名いるが、ここから右の一例を差し引いた六一名に、任地の都市パトロンであった可能性が残されている。もちろん、この六一名すべてが任地の都市パトロンに選任されていたとは到底考えられないが、任地の都市パトロンになっていた元老院議員の都市監督官のパーセンテージは、地方名望家の都市監督官のそれに近づくのではないかと筆者は考えている。

このように、その具体的な活動内容が不明な者も含めるならば、碑文から、大きく見積もって約三分の一の都市監督官が任地のパトロンであったことがわかる。すなわち、一部の都市監督官は本来の任務に加えて当該任地の都市パトロンでもあり、都市監督官と都市パトロンのどちらの資格にもとづいていたのかを確定することはできないが、しばしば皇帝政府との仲介役やエヴェルジェティスムといった都市パトロン的な活動を通して都市財政に貢献していたのである。

第四節　都市パトロン選任の背景

前節でみたように、都市監督官の一部（最大で三分の一）は任地のパトロンであったのだが、ここでひとつ問題が生じてくる。それは都市監督官が任地の都市パトロンに選任されている場合、その選任がすでに着任前に行われていたのか、あるいは在任中に行われたのか、それとも任期終了後に行われたのかという問題である。この問題は都市監督官派遣の意義を考えるうえで重要な意味を帯びてくる。というのも、もしも都市監督官が着任前に任地のパトロンに選任されていたとするならば、その着任は都市パトロン選任のきっかけとならなかったことになるからである。都市パトロンに関する研究でも有名なデュトワは、都市監督官に関する論考で、都市監督官がいつの時点で任地からパトロンに選任されたのかを碑文史料から知ることはできないとしている(58)。しかし、碑文史料から状況証拠を集めるなら、デュトワが明らかにできなかった問題に関して、一定程度の見通しをつけることが可能である。そこで本節では、都市監督官が任地からパトロンに選任されている場合、その選任がいつの時点で行われたのか、またさらに、そのような選任にはどのような背景があったのかについて検討していきたい。

（1）都市監督官と任地の関係

都市監督官がいつの時点で都市パトロンに選任されたのかを考える際にまず問題となるのは、都市監督官は任命される前から任地と関係をもっていたのか否かという点である。

この都市監督官と任地の関係に関しては、エックとジャックがそれぞれ分析を行っている。エックは、都市監督官任命のイニシアティヴについて論じた箇所で、都市監督官就任者の身分とその任地が属するレギオ（regio）との関係に着目し、元老院議員の所領が集中するレギオの都市には元老院議員の都市監督官が、そして皇帝領の多いレギオの都市には騎士の称号をもつ地方名望家の都市監督官が多く任命されていることから、都市監督官の任命は、皇帝政府により一方的に行われたのではなく、所領を介して都市監督官と任地との間にすでに存在していた何らかの関係を前提にしていたのではないか、と考えた。[59]一方、ジャックは地方名望家層に属する都市監督官の出身市を知りうる限りで調べ上げ、その出身市と任地との間の距離を測定した。そして、その結果得られたデータから次のように述べる。すなわち、地方名望家の都市監督官の出身市と任地との間の距離は四〇～七〇キロメートル、旅程にして二日程度の距離であるケースが大半を占めており、これは継続的に任地の財政を監督するには決して短い距離ではない。しかし、同時にレギオの枠組みでみてみると、地方名望家の都市監督官の約七割は、任地と同じレギオの出身であることが判明する。つまり、地方名望家の都市監督官に関して、任命される人物は、任地と全く関係のない人物ではなかった、というのである。[60] これらの研究成果から考えると、都市監督官は任命される前からすでに任地と何らかの関係をもち、場合によっては都市パトロンに選任されていた場合も少なくなかったのではないかと予想することができる。

しかしながら、エックの分析はあくまでレギオという大きな枠組みでとらえた大雑把なものでしかなく、都市監督官と任地との間に所領を介した関係が派遣前から成立していたことを実証的に示したわけではない。また、都市監督官が任地の近隣の都市の出身であったというジャックの指摘に関しても、確かにその事実は都市監督官と任地の間にすでに何らかの関係があったことを示唆するが、都市監督官就任者がそれら近隣の都市においてすでにパトロンであったことまでも積極的に証明するものではない。

むしろ筆者には、任命前からすでに都市監督官と任地との間に何らかの関係があったとしても、それは都市監督官就任者が都市パトロンに選任されるような関係ではなかったように思われる。というのも、財政監督という任務が中立的な立場からの都市財政への介入を求められる性格のものであったことを考えると、まず任地とそれほど深い関係になかった者が任用されたであろうことは容易に想像できるし、実際、ジャックが都市監督官に関する詳細な研究で明らかにしたように、出身市の監督官に任命されていると考えられる者は、元老院議員で五名(六％)[61]、地方名望家で五名(七％)[62]にすぎず、都市監督官の大部分は出身市ではない都市を任地としているのである。さらにいえば、このうち任地＝出身市からパトロンに選任されていることが判明する監督官は、元老院議員で五名中三名、地方名望家で五名中三名である。つまり、任地が出身市でありながらも、その任地の都市パトロンに選任されていない都市監督官すらいるのである。以上から、都市監督官は、すでに任命前から任地と何らかの関係を有していたとしても、それは都市パトロンへの選任にいたるものではなく、むしろ都市監督官職を通じて任地との関係を深め、在任中あるいは任期終了後に都市パトロンに選任されることのほうが多かったのではないかと思われる。

では、着任前にはまだ任地の都市パトロンになっていなかった都市監督官が、在任中あるいは任期終了後に任地から都市パトロンに選任されて都市財政に貢献した(あるいは都市財政に貢献して都市パトロンに選任された)背景はどのようなものであったのだろうか。以下ではこの点について、都市監督官と任地の接触期間に焦点をあてて考察していきたい。

(2)　都市監督官の任務と接触期間

都市監督官の任期を直接伝える史料はない。エックやジャックに代表される通説では、都市監督官の活動期間の短さが強調される。この主張の論拠として論者たちが指摘するのは、第二節で詳しく論じたような都市監督官の任務そのものが、長い期間を必要としなかった、などということである。(63) しかしながら碑文史料に現れる都市監督官のなかには、その活動期間が決して短くなかったと考えられる者や、在任中に複数の財政問題を処理したと考えられる者もいる。以下、カエレ、ボウィッラエ、クレス・サビニの各都市の監督官の事例について検討を加えたい。

まずはエトルリア地方のカエレ(現チェルヴェーテリ)の都市監督官クリアティウス・コサヌスの事例についてみていきたい。ここで取り上げるカエレの碑文は、イタリア地方都市の公文書がそのまま碑文として残されているという貴重な史料でもあるので、冗長ではあるが以下に全文を引用しよう。

『ラテン碑文集成』第一一巻三六一四番＝『ラテン碑文選集』五九一八ａ番(カエレ)

「皇帝の解放奴隷であるウェスビヌスは、都市から土地を譲り受け、費用のすべてを負担してフェトリウム（集会所）に装飾を施すと、それを自治市カエレの皇帝礼拝委員に寄贈した。クペリウス・ホスティリアヌスが書記のティトゥス・ルスティウス・リュシポヌスを通して提出されるよう命じた記録から、マルス神殿の前廊で転写と確認が行われたのであるが、この記録には、以下に述べられているようなことが書かれていた。ルキウス・プブリリウス・ケルススが二回目の、そしてガイウス・クロディウス・クリスピヌスが執政官の年（一一三年）の四月一三日、マルクス・ポンティウス・ケルススが（カエレの）ディクタトルで、ガイウス・スエトニウス・クラウディアヌスが司法担当アエディリスにして公庫担当委員であった年。自治市カエレの日誌の二七ページの第六章から。《ディクタトルであったマルクス・ポンティウス・ケルススとガイウス・スエトニウス・クラウディアヌスは、都市参事会員たちを神君たちの神殿に招集した。皇帝の解放奴隷であるウェスビヌスが、スルピキウスのバシリカの柱廊の近くの土地を、その土地に皇帝礼拝委員のためにフェトリウムを建てる目的から、公式に自分に譲渡されることを請願したときのことであった。都市参事会員の同意によって、彼に、彼の望んだ土地が譲渡された。そして、このことに関して監督官であるクリアティウス・コサヌスのところへ書簡が送られることが満場一致で決定された。このとき、議事堂にいたのは、ディクタトルのポンティウス・ケルスス、司法担当アエディリスのスエトニウス・クラウディアヌス、食糧供給担当アエディリスのマルクス・レピディウス・ネポス、ポッリウス・ブランドゥス、ペスケンニウス・フラウィアヌス、ペスケンニウス・ナタリス、ポッリウス・カッリムス、ペトロニウス・インノケンス、セルギウス・プロクルスであった。》

次のページの第一章。《都市公職者と都市参事会員がクリアティウス・コサヌスへ、ご挨拶申し上げる。八月一三日。ウルピウス・ウェスビヌスが我々に要望したため、我々は都市参事会員の会議を招集した。彼は、バシリカの柱廊の隅にある土地が自分に公式に譲渡されることを我々に請願した。というのも、彼は、彼自身が皇帝礼拝委員のために、自治市の威信に沿うようにフェトリウムに公式に装飾を施すよう誓約していたのである。感謝の気持ちは、全員によって、この人物(ウェスビヌス)に対して表明されたが、それにもかかわらず、この一件に関しても、あなたも同意するのかどうかについて、あなたに書簡が送られることが決定された。この都市所有地は現在使われておらず、何らかの収入をもたらしうるものではない。》

八ページの第一章から。《クリアティウス・コサヌスからカエレの都市公職者と都市参事会員へ、ご挨拶申し上げる。彼が我らの都市を飾り立てるのであれば、私はあなたがたに同意するのみならず、祝福もしなければならない。それゆえ私は、あなたがたの見解に、監督官としてではなく、都市参事会員身分の一人として同意する。というのも、そのような名誉ある先例は、非常に栄えある装飾によって呼び起こされるべきなのだから。九月一二日に、アメリアから送付する。》

クイントゥス・ニンニウス・ハスタとプブリウス・マニリウス・ウォピスクスが執政官の年(一一四年)の六月一三日に竣工され、同人が執政官の年(同年)の八月一日に奉献された。(64)」

この碑文には、次のような事実が述べられている。一一三年四月一三日、トラヤヌス帝(位九八～一一七年)の解放奴隷ウェスビヌスは、皇帝礼拝委員(Augustales)のためのフェトリウム(集会所)を建設するために都市所有地を譲渡してほしいとカエレの都市参事会に申し出た。そして、このウェスビヌスの請願をうけて都市参事会は会議を開き、都市所有地の譲渡を決議する。同年八月一三日、カエレの都市参事会および都市公職者は、都市所有地の譲渡に際して都市監督官コサヌスの同意を得るため、彼が滞在しているウンブリア地方のアメリア(現アメリャ)に書簡を送った。そしてコサヌスは、同年九月一二日にカエレの都市参事会および都市公職者に書簡を送り、都市参事会決議に快く同意する旨を伝える。

通説によれば、この都市監督官は少なくとも五ケ月間、任地であるカエレには滞在していなかったため、監督業務は書簡を通して行われ、またその業務もすでに出された都市参事会決議に対する事後承諾という性格のものであったため、この碑文は都市財政に対する都市監督官のコントロールの弱さを示す史料であるという[65]。

これに対しサルトーリは、一一三年八月一三日にカエレの都市参事会および都市公職者がカエレの都市監督官コサヌスに宛てた書簡のなかの「この一件に関しても、あなたも同意するのかどうか」(an in hoc quoque et tu consensurus esses)という一文の解釈を問題にする。問題の部分はこのなかの“quoque et”という部分である。この“quoque”と“et”という一見不自然な単語の並びは、どちらも「〜も」という意味で、従来は両者ともに冗語法によって後続の「あなた」(tu)にかかり、「この一件に関して、あなたも同意するのかどうか」という意味になるものと考えられてきた。しかし、この箇所はサルトーリが指摘するように、“quoque et”を冗語法と解釈するのではなく、“quoque”はその前の「この一件」(hoc)に、“et”は後続の「あなた」にそれぞれかかるものと考えることもできる。するとこの箇所の意味は、「この一件に関しても、あなたも同意するのかどうか」という意味になる[66]。

そして、この一文の解釈を改めることによって、コサヌスがどのようにカエレの財政を監督したのかに関して、通説に修正が迫られることになる。つまり、コサヌスは都市監督官として「この一件」のみに関与したのではなく、「この一件」以外の都市財政の案件に関しても監督業務を行っていたことがこの一文から読み取れることになるのである。このように実際には都市監督官は、少なくとも通説が考える以上の一定期間は任地の財政を監督していたのではないかとの推測が成り立つ。

次に、ラティウム地方のボウィッラエ(現マリーノ近郊)の都市監督官の事例について検討したい。ボウィッラエからは、地方名望家の都市監督官ガイウス・ディッセニウス・フスクスに関する碑文が三枚伝えられている。以下にその三碑文を引用する。

『碑文学年報』一九二七年一一五番（ボウィッラエ）

「インペラトル・カエサル・ティトゥス・アエリウス・ハドリアヌス・アントニヌス・アウグストゥス・ピウスとマルクス・アエリウス・アウレリウス・カエサル、および神聖なる皇帝家の皆様の息災のために、デンドロフォリ息災組合が、大地母神の聖地が造成されるよう取りはからった。聖木を捧げるための場所は、ボウィッラエの都市参事会決議にもとづき、皇帝アントニヌス（・ピウス）の親書によって任命された自治市ボウィッラエの監督官ガイウス・ディッセニウス・フスクスにより割り当てられ、ガイウス・タティニウス・ゲメッリヌスと[---]ソテリアヌスが造営委員のときに、ガイウス・アルビウス・ケプ[---]が責任者となり、四月五日に譲渡が執行された。

（碑文の周縁部）：ルキウス・アンニウス・ラルグスと[ガイウス・プラスティナ・メッサリヌスが執政官の年（一四七年）に]。[67]」

『ラテン碑文集成』第一四巻二四一〇番＝『ラテン碑文選集』六一九〇番（ボウィッラエ）

「ガイウスの息子で、[クイリナ区所属の、]ボウィッラエの都市監督官ガイウス・ディッセニウス[・フスクス]によって場所が割り当てられ、セクストゥス・スルピキウス・テルトゥッルスとクイントゥス・ティネイウス・[サケル]ドスが執政官の年（一五八年）の一二月二四日に（この碑が）奉献された。この奉献に際して、彼（被顕彰者）は、[都市参事会の]各会員に九セステルティウスを、皇帝礼拝委員団の各団員に[---]セステルティウスを寄贈した。というのも、彼らは、彼らが新しい神殿の［前に］設置した円盾に、彼（被顕彰者）の［姉妹］で、アルバの筆頭ウェスタ神官であるマ［ンリア］・セウェリナの肖像を、その死後に描くことを許可したからである。［この人物］（被顕彰者）ははじめて、マルクス・キウィカ・バルバルスと［マルクス・メティッリウス・］レグルスが執政官であった、ローマ建国以来［九一〇年目？］の年（一五七年）に、監督官ガイウス・ディッセニウス・フスクスの同意の後に、公職者［選出］のための民会を開催した。[68]」

『ラテン碑文集成』第一四巻二四〇九番＝『ラテン碑文選集』六一八九番（ボウィッラエ）

「（碑の左側）：ガイウスの息子で、クイリナ区所属のガイウス・ディッセニウス・フスクス・ハドリアヌスへ。公的に彫像を与えられた名誉に満足する父ガイウス・ディッセニウス・フスクスが、自らの支出で（この碑を）建立した。

（碑の中央部）：クイリナ区所属で、工兵隊長を務めた監督官にしてパトロンであるガイウス・ディッセニウス・フスクスへ、アルバ・ロンガ人であるボウィッラエ市民が、彼の名誉に由来する善行のゆえに（この碑を献呈する）。

（碑の右側）：ガイウスの息子で、クイリナ区所属のガイウス・ディッセニウス・フスクス・サビニアヌスへ。公的に彫像を与えられた名誉に満足する父ガイウス・ディッセニウス・フスクスが、自らの支出で（この碑を）建立した。[69]」

都市監督官フスクスは、『碑文学年報』一九二七年一一五番によれば、一四七年にデンドロフォリ組合が聖木を捧げるため（ad pinus ponendas）の都市所有地の割り当て（adsignatio）に関する業務を行っている。また彼は

『ラテン碑文集成』第一四巻二四一〇番によれば、一五七／一五八年に文の後段で登場する「この(はじめての)人物」(hic primus)の彫像を設置する場所の割り当てと、都市公職者選挙のための都市民会の開催への同意を表明している。[70]

これまでの研究でも、この都市監督官フスクスの活動期間は大きな問題とされ、一四七年から一五七／一五八年の間、彼がこの都市の監督官に就任し続けていたのか否かをめぐって議論が行われてきた。この問題に関して、通説では、彼が一四七年にボウィッラエの都市監督官を務め上げた後、一五七年にふたたび同市の監督官に任命されたとされる。[71] しかし、通説的な見解を表明する論者たちのなかには、このフスクスが少なくとも一四七年から一五七／一五八年までのおよそ一〇年間にわたりボウィッラエの都市監督官に就任していたとする者もおり、[72] このことはボウィッラエの二枚の碑文の解釈の難しさを示しているといえよう。

都市監督官フスクスの活動期間について、サルトーリは次のような議論を展開する。フスクスの活動期間の問題を解決する手がかりとなるのは、彼の出身市をめぐる問題である。[73] まず彼はボウィッラエで自分の子供たちのために『ラテン碑文集成』第一四巻二四〇九番の碑を設置していることから、少なくとも彼がボウィッラエに一時的に滞在している行政官であるとは考えにくい。また、彼は土地の指定というかたちで都市所有地の譲渡に関与しているが、これは彼がボウィッラエの社会的な事情をよく認識していなければ不可能な任務ではないかと思われる。また、都市参事会決議に事後的に介入した、先のカエレの監督官の場合とは異なり、土地の譲渡に関する一連の手続きを都市参事会と共同で行っていることも考えあわせると、彼はボウィッラエ市民であると考えてよいだろう。地方名望家として地方政治に携わっていた彼は、ボウィッラエに居住し、そこを政治活動の舞台とし続けていた。とすれば、一〇年の間に二度都市監督官職を委嘱されたとするより、少なくとも一〇年間都市監督官として活動し続け、都市財政を日常的に監督していたとするほうがより妥当ではないだろうか、と。[74]

このサルトーリ説は『ラテン碑文集成』第一四巻二四〇九番の碑文の解釈については納得できるが、都市参事会との共同作業という点がフスクスの出身市を確定する手がかりになるようには思われない。それゆえボウィッラエの監督官の活動期間について、それが一〇年間続いていたのか、それとも一〇年の間に二度任務を遂行しただけなのか、彼の出身市を根拠に結論を下すことはできない。しかし、このボウィッラエの監督官の事例から都市監督官と任地の関係を考えるとき、活動期間が一〇年間続いていたのか否かという問題はそれほど重要ではないように思われる。というのも、都市監督官フスクスが一〇年間活動していたのであれば任地との関係が深まるのはもちろんのこと、たとえ彼に与えられた任務そのものは短期間のうちに終了したとしても、そのような任務が複数回与えられたのであれば、それらの任務の遂行を通して任地との接触を重ねるうちに任地との間に何らかの関係が醸成されていったのではないかと思われるからである。都市監督官フスクスが任地において自分の子供たちのために碑を設置しているのも、このような一〇年間連続ないしは複数回の任務遂行を通して醸成された関係を如実に物語るものではないだろうか。

さらに、サムニウム地方のクレス・サビニ(現ファーラ・イン・サビナ近郊)の監督官マルクス・ウルピウス・[ティ?・]ティアヌスの事例についても、ボウィッラエの事例と同様のことがいえる。この人物に関しては、二〇一／二〇二年の活動と二一一年の活動が碑文から伝えられているが[75]、やはりここでも彼が一〇年間活動し続けたのか否かという問題より、むしろ彼がクレス・サビニの監督官として少なくとも二度活動しているという事実が注目されるべきだと思われる。つまり、都市監督官は一〇年間連続ないしは複数回の任務遂行を経験することがあり、そこから任地との間に何らかの関係が醸成されることもあったと推測されるのである[76]。

（３）都市監督官の身分と接触期間

ここでは都市監督官の身分に注目し、都市監督官と任地の接触期間の問題について検討していきたい。

都市監督官職は、元老院議員、騎士身分、地方名望家という支配層に委嘱された。このうち騎士身分は、中央政界で皇帝直轄の騎士級官職に就く騎士と、名目上は「ローマ騎士」等の称号を保持しながら依然として地方都市の政治に携わる騎士とに二分される。それゆえ、都市監督官の担い手は、元老院議員と中央政界で活躍する騎士とからなる中央レベルの政治家と、地方政治に携わる騎士身分と各都市の名望家とからなる地方レベルの政治家に大別できる。さらに中央政界で活躍する騎士身分に関していえば、皇帝直轄の騎士級官職に就くプロクラトルが都市監督官に就任している事例は五例しか知られていない(77)。それゆえ、都市監督官に就任した人物の身分は、元老院議員と(名目上の騎士を含む)地方名望家とにほぼ二分できる。

碑文から知られる人数としては、ジャックの研究によれば、前者の元老院議員が八六名、後者の地方名望家は六八名である。したがって、元老院議員と地方名望家の史料上の比率はほぼ四対三となる。しかし、碑文という史料の性格を考えれば、この比率は、実際に派遣された都市監督官の身分上の比率を正確に反映しているものとはいえないだろう。というのも、プロソポグラフィー研究の成果から、碑文は元老院議員に関するもののほうがより伝存しやすいということがわかっているからである(78)。したがって、史料上の数字とは逆に、都市監督官に任命されたのは地方名望家層に属する者のほうが多かった可能性が高いといえる(79)。

ここから次のことがいえる。後一世紀末ないしは二世紀初頭に派遣がはじまって以来、都市監督官の多くは地方名望家であったが、彼らは昇進にともなって職場を移動するようなことは少なかったし、またたとえジャックが主張するように居住地と任地との間の距離が遠かったとしても、カエレの監督官のように書簡のやりとりで任務を遂行することができたため、都市監督官に任命されれば、任地との継続的な接触が可能であったに違いない。

一方、三世紀末にいたるまで都市監督官の少なからぬ部分を占めている元老院議員に関していえば[80]、確かに彼らが昇進にともなって様々な帝国官職に就任しなければならなかったことは、継続的な都市監督官職の遂行に支障をきたしただろう。しかし、任地との継続的な接触が可能ではなかったかと思わせる状況もある。そのひとつは、都市監督官と他の帝国官職との兼任が可能であったことである[81]。例えば、モデストゥス・パウリヌスは、ティブルティナ・ウァレリウス街道監督官と、サムニウム地方のマッルウィウム(現サン・ベネデット・デイ・マルシ)の都市監督官を兼任している[82]。ティブルティナ・ウァレリウス街道とマッルウィウムは近かったため、両官職の同時遂行は比較的容易であったと思われる。

またエックも指摘するように、たとえ他の帝国官職との兼任が可能であったとしても、就任した官職の任地が属州の場合には、イタリア都市の財政監督は難しかったと思われる[83]。しかし、都市監督官に就任した元老院議員の昇進階梯(cursus honorum)を統計的に分析すれば、次のことが判明する。都市監督官職は法務官級の元老院議員に委嘱されるケースが最も多いが、その場合には、都市監督官職の後に街道監督官(curator viarum)や地方裁判官(iuridicus)などのイタリアを任地とする官職に任じられているケースが比較的多い[84]。つまり元老院議員には、都市監督官終了後も、ある程度の期間は任地との接触を維持できる状況が整えられていたといえる。さらにまた昇進階梯の分析からは、執政官級の元老院議員が、その昇進階梯のほぼ最後の段階で都市監督官職を委嘱されるケースが多いことも判明している[85]。つまり、もはやローマあるいはイタリアを離れることがほとんどないような元老院議員に都市監督官職が委嘱されているのである。さらに、上述のカエレの事例から知られるように、書簡のやりとりを通して財政監督を行うことが可能であり、したがって任地に直接赴くことが必要とされないのであれば、継続的な任地との接触は可能だったと思われる。以上から、都市監督官職を委嘱された元老院議員の少なからぬ部分にも、ある程度の期間は任地との接触を維持できるような条件は整っていたといえるのである。

以上、財政監督という任務の性格や、大部分の都市監督官が出身市ではない都市に派遣されているという事実を考慮に入れるなら、都市監督官として派遣されたのは、派遣前から任地とそれほど深い関係をもっておらず、したがって都市パトロンに選任されていないような人物であったと考えられる。さらに、都市監督官は通説が考えるよりも長い間、任地の財政を監督したり、あるいは複数回の任務遂行を通して都市と接触をもったりする場合もあった。このような比較的長期に及ぶ任期や複数回の任務遂行を通して都市監督官は任地との関係を醸成させ、そこから在任中あるいは任期終了後に都市パトロンに選任されるケースが多かったのではないかと考えられるのである。(86)

小括

小括として、本章で検討してきたことをまとめたい。都市監督官は財政上の問題を抱えていた地方都市に派遣され、都市財政に関する諸権限を与えられて財政問題の解決にあたった。都市監督官の監督業務は、確かに行政全般ではなく都市財政に限定されており、しかも都市公職者や都市参事会の財政上の権限を奪うものではなかった。しかし、彼らがそれまで自由に行ってきた都市財政関連の活動は、いまや都市監督官のコントロールのもとに置かれるようになったのである。したがって、都市監督官は財政の面で都市自治に介入していたといえるだろう。

しかしながら、都市監督官の果たした役割は、そのような任務にもとづく任期中の活動のみをもって評価されるべきではない。碑文史料から読み取れるところによれば、都市監督官が在任中ないしは任期終了後に行った活動は、皇帝政府と都市との間の仲介役やエヴェルジェティスムによって都市の財政を助ける都市パトロン的なものであった。実際、都市監督官の一部(最大で三分の一)は任地のパトロンであったが、彼ら(元)都市監督官は、あるいは比較的長期にわたる任期を通じ、あるいは複数回の任務遂行を通して任地との接触を繰り返して任地との間の関係を深め、しばしば在任中あるいは任期終了後に都市パトロンに選任されたと考えられるのである。

では、冒頭で述べた「強制国家」による都市自治への介入政策の嚆矢という都市監督官の派遣の意義は、本章における再検討によってどのように修正されるべきであろうか。第四節で検討したように、都市監督官は、派遣以前は任地とそれほど深い関係になく、任務遂行を通してはじめて任地と関係を深めるようになり、彼らに与えられた任務とは別に都市パトロン的な活動をも行うようになった。したがって都市監督官の派遣は、皇帝権力による都市自治への介入という側面をもっていたと同時に、結果的には都市財政に貢献する都市パトロンの派遣ないしは紹介という側面ももっていたと考えられるのである。

都市監督官職の性格は、帝政後期に大きく変化する。コンスタンティヌス帝治世(三〇六〜三三七年)以降、都市監督官は、あらゆる都市公職に就任し、負担義務(munera)をすべて果たし終えた都市参事会員のなかから、都市参事会によって選出されるようになった。そして都市監督官は、都市参事会名簿において、伝統的な都市の最高公職者である二人委員(duoviri)の上位に位置づけられた。都市監督官選出の際に皇帝の承認が必要とされたかどうかは不明であるが、いずれにせよいまや都市監督官職は帝国官職としての性格を失い、地方都市の公職体系の頂点に位置づけられるにいたったのである。このような変化が、本章によって示された都市監督官の都市パトロン的な性格の延長線上に位置するものなのかそうでないのかは、別途に検討すべき課題である。

(1)　史料上、最初に確認できる都市監督官は、ドミティアヌス帝治世(八一〜九六年)ないしトラヤヌス帝治世に任命されたルキウス・カエセンニウス・ソスペスである(CIL, III, 6818 = ILS, 1017)。ただし、碑文には「植民市および自治市の監督官」(curator coloniorum (*sic*) et municipiorum)とのみ記されており、ソスペスがイタリア都市の監督官であったかどうかは定かではない。

イタリアに派遣された都市監督官で、史料から確認できる最初の人物は、ガイウス・コルネリウス・ミニキアヌスである(CIL, V, 5126 = ILS, 2722)。碑文から、ミニキアヌスがアエミリア地方のオテシア(所在地不明。Cf. Plin. *HN* 3, 15, 116)の都市監督官に就任していることが確認できるが、彼は小プリニウスの『書簡集』にも言及されており(Plin. *Ep.* VII, 22)、ミニキアヌスの昇進階梯とこの書簡から、彼の都市監督官就任は、トラヤヌス帝治世の一〇〇年から一〇五／一〇七年の間のことと考えられる。F. Jacques, *Les curateurs des cités dans l'Occident romain de Trajan à Gallien. Études prosopographiques*, Paris 1983 (= Jacques, *Curateurs*), 251-254.

(2)　現在、帝政前期にイタリア各地に派遣された都市監督官で碑文史料から知られているのは、人数にして一五八名、監督の件数にして二二六件で、帝国のなかでも最大規模である。帝国全体に関していえば、イタリアに次いで都市監督官が多く確認されている地域はアフリカで、ジャックは四三名の都市監督官をリストアップしている。都市監督官派遣の規模で、イタリア、アフリカに次ぐのは属州アシアである。この属州の都市監督官(ギリシア語圏ではロギステース(*λογιστής*)と呼ばれた)に関する研究を行ったG・P・バートンは、三八名の都市監督官を挙げている。ジャックの研究によれば、その他にも属州シキリアおよびサルディニア、ガリアの諸属州、ヒスパニアの諸属州に、合わせて二二名が派遣されている。本章は、Jacques, *Curateurs* が収集したイタリアの一五八名の都市監督官(トラヤヌス帝治世からガリエヌス帝治世(二五三〜二六八年)まで)を分析の対象とする。同書では、元老院議員はアラビア数字、地方名望家はローマ数字、プロクラトル就任者はアルファベットで整理されており、本章における表記もこれにしたがっている。なお、アフリカの都市監督官に関しては、C. Lucas, Notes on the Curatores Rei Publicae of Roman North Africa, *JRS* 30, 1940, 56-74; F. Jacques, Les curateurs des cités africaines au IIIe siècle, in: *ANRW* II-10, 1982, 62-135；大清水裕「ディオクレティアヌス、コンスタンティヌス帝治世における都市・総督関係——北アフリカにおける都市監督官 curator rei publicae の活動をめぐって」『史学雑誌』一一五-一、二〇〇六年、一

～三二頁がある。

(3) W. Liebenam, Curator rei publicae, *Philologus* 66, 1897, 290-325; E. Kornemann, Curatores reipublicae, in: *RE* IV 2, 1901, 1806-1811; W. Langhammer, *Die rechtliche und soziale Stellung der* Magistratus Municipales *und der* Decuriones *in der Übergangsphase der Städte von sich selbstverwaltenden Gemeinden zu Vollzugsorganen des spätantiken Zwangsstaates (2.-4. Jahrhundert der römischen Kaiserzeit)*, Wiesbaden 1973, 165-175.

(4) 弓削達「後期ローマ帝国における都市の構造的変質」『古代史講座』一〇、学生社、一九六四年、二七一～三一七頁、吉田興宣「ローマ帝国の都市に関する一考察」『紀要』〈新潟大学教育学部〉一三-一、一九七一年、八四～九二頁。

(5) G. P. Burton, The Curator Rei Publicae: Towards a Reappraisal, *Chiron* 9, 1979, 465-487; G. Camodeca, Ricerche sui *curatores rei publicae*, in: *ANRW* II-13, 1980, 453-534 (= Camodeca, *ANRW*); R. Duthoy, Curatores rei publicae en Occident durant le Principat. Recherches prêliminaires sur l'apport des sources épigraphiques, *AncSoc* 10, 1979, 171-236 (= Duthoy, *AncSoc* 10); W. Eck, *Die staatliche Organisation Italiens in der hohen Kaiserzeit*, München 1979 (= Eck, *Italien*), 190-246; F. Jacques, *Curateurs*; id., *Le privilège de liberté. Politique impériale et autonomie municipale dans les cités de l'Occident romain (161-244)*, Roma 1984 (= Jacques, *Privilège*), 7-317; F. Vittinghoff, Epilog: Zur Entwicklung der städtischen Selbstverwaltung - einige kritische Anmerkungen, *HZ* Beiheft 7, 1982, 107-146; id., Gesellschaft, in: id. (hrsg.), *Europäische Wirtschafts- und Sozialgeschichte in der römischen Kaiserzeit* (*Handbuch der europäischen Wirtschafts- und Sozialgeschichte*, Band 1), Stuttgart 1990, 161-369, esp. 196-214.

(6) e.g. P. Garnsey / R. P. Saller, *The Roman Empire. Economy, Society and Culture*, London / New York 1987, 34; F. M. Ausbüttel, *Die Verwaltung des römischen Kaiserreiches. Von der Herrschaft des Augustus bis zum Niedergang des weströmischen Reiches*, Darmstadt 1998, 71f.

(7) M. Sartori, Osservazioni sul ruolo del Curator Rei Publicae, *Athenaeum* 77, 1989, 5-20 (= Sartori, *Athenaeum*).

(8) D. Whittaker, The Politics of Power: The Cities of Italy, in: *L'Italie d'Auguste à Dioclétien*, Roma 1994, 127-143.

(9) 都市監督官に関連する法文として『ユスティニアヌス法典』にも三つの勅令(CJ 7, 46, 6, 2; 11, 37, 1; 1, 54, 3)が収載されているが、これらの勅令は都市監督官の権限について詳しく述べておらず、よって本章では検討の対象としない。Cf. Eck, *Italien*, 225f. また、パピニアヌスによる『学説彙集』第五〇巻第八章第五節前文および同節第二法文は、後古典期のインテルポラティオにより帝政前期の都市監督官に関する史料として用いることはできない。Jacques, *Privilège*, 273; Eck, *Italien*, 220f.; Camodeca, *ANRW*, 462-464. また、『学説彙集』第二巻第一四章第三七法文、および第五〇巻第八章第一一節〜第一二節に収められているマルクス・アウレリウス帝(位一六一〜一八〇年)とルキウス・ウェルス帝(位一六一〜一六九年)の勅令も、一法文(Dig. 50, 8, 11, 2)を除いた他の法文は curator rei publicae / civitatis と明確に記しておらず、帝政前期の都市監督官に関する史料として引用すべきではないだろう。Eck, *Italien*, 219; Jacques, *Privilège*, 311.

(10) Kornemann, *op. cit.*, 1808.

(11) Liebenam, *op. cit.*, 297; Camodeca, *ANRW*, 457. なお、デッローロのように、これらの法文にインテルポラティオを認める必要はないとする研究者もいる。A. Dell'Oro, *I* Libri de officio *nella giurisprudenza romana*, Milano 1960, 222-224.

(12) Eck, *Italien*, 205f. et 222f.

(13) Plin. *Ep*. VII, 18.

(14) Eck, *Italien*, 223. 他方ジャックは、利息が支払われていない場合には、都市と債務者の間で生じた公金の貸付に関する問題を所轄の法廷に訴えることが都市監督官の任務であると解釈している。Jacques, *Privilège*, 291 et 301-303.

(15) Jacques, *Curateurs*, no. 72 = AE, 1974, 345 (Mediolanum): L(ucio) Cartilio / Crescenti, / VIvir(o) Aug(ustali) c(ultori) d(omus) d(ivinae) / gratuit(o) honor(ato) / ab splendidissim(o) / ordine Mediol(aniensium), / confirmant(e) Sabucio / Maiore c(larissimo) v(iro) cura(tore) rei p(ublicae), / L(ucius) Valer(ius) Primitius / et Catia Severa / cum fil(io) C(aio) Ancerio / Tintirione, ob mer(ita) eius, / amic(o) optim(o), // Genio.

(16) 都市公職就任時および参事会入会時の法定金(summa honoraria / honorarium decurionatus)に関しては、R. P. Duncan-Jones, *The Economy of the Roman Empire. Quantitative Studies*, Cambridge 1982^2, 147-155; P. Garnsey, Honorarium decurionatus, *Historia* 20, 1971, 309-325.

(17) Camodeca, *ANRW*, 470f.; Eck, *Italien*, 223, n. 119.

(18) Jacques, *Curateurs*, no. 9 = CIL, XI, 5939 = ILS, 5678 (Tifernum Tiberinum): ... s]ibi et fil(io) suo Ne/[p]o[t]i ex (sestertium sexaginta milibus) n(ummum) poni iussit / et ob dedicatione(m) earum / dec(urionibus denarios quinos), VIvir(is denarios ternos), pleb(eis denarios binos) / dari iussit; item reliquit / ad balinei fabrica(m) rei p(ublicae) / Tif(ernatium) Tib(erinorum) (sestertium centum quinquaginta milia) n(ummum), quae ex sen/tentia Aemili Frontonis /

cl(arissimi) v(iri), postea deinde Arri / Antonini cl(arissimi) vir(i) rei p(ublicae) Tif(ernatium) Tib(erinorum) / ab Cipellis Profuturo et Pi/centino her(edibus) et ab Arruntia / Ampiana her(ede) Arrunti Grania/ni numerata sunt. Her(edes) posuer(unt). / L(ocus) d(atus) d(ecreto) d(ecurionum).

(19) Camodeca, *ANRW*, 460f; Eck, *Italien*, 223, n. 120.

(20) 寄付申込(pollicitatio)については、林信夫「都市に対する「片約 pollicitatio」の法的保護」片岡輝夫他『古代ローマ法研究と歴史諸科学』創文社、一九八六年、一八五〜二二七頁を参照。

(21) Jacques, *Curateurs*, no. LXIIIc = CIL, XI, 5182 (Vettona): [--- re]i publi/[cae a]gros / [et pascua q]uae oc/[cupata a priv]atis fu/[erant muni]cipio / [--- ---]m resti/[tuit per ---]cium / [--- cu]rato/[rem rei pub]licae.

(22) CIL, X, 1018 = ILS, 5942. Cf. Eck, *Italien*, 215；岩井経男『ローマ時代イタリア都市の研究』ミネルヴァ書房、二〇〇〇年、二三七〜二三八頁。

(23) Caere: Jacques, *Curateurs*, no. II (CIL, XI, 3614 = ILS, 5918a); Bovillae: Jacques, *Curateurs*, no. VII (AE, 1927, 115; CIL, XIV, 2410 = ILS, 6190); Puteori: Jacques, *Curateurs*, no. 8 (CIL, X, 1814). このうちカエレとボウィッラエの事例については、本章第四節(2)を参照。

(24) Jacques, *Curateurs*, no. XVII (CIL, IX, 4958 et 4959). 本章第四節(2)を参照。

(25) Jacques, *Curateurs*, no. 44 (CIL, XI, 2633 = ILS, 6597); no. D (CIL, XI, 3089. 3090. 3091. 3092); no. XX (CIL, IX, 4972); no. XXV (CIL, IX, 4961).

(26) Jacques, *Curateurs*, no. L = AE, 1901, 84 = ILS, 9359 (Cosilinum): M(arcus) Vehilius Primus, / cur(ator) r(ei) p(ublicae) Cosilinatium, / porticum Herculis / a solo inpensa r(ei) p(ublicae) ins/tantia sua f(aciendum) c(uravit).

(27) Jacques, *Curateurs*, no. 45a (AE, 1956, 144); no. XIII (AE, 1974, 347); no. LXIIIa (CIL, XIV, 2071).

(28) パピリウス・ユストゥスによる『学説彙集』第五〇巻第八章第一二節第二項も、“curator”による穀物輸入のための公金の管理を伝えるが、この法文が“curator rei publicae”の任務を伝えているのかどうかについては議論が分かれている。ジャック(Jacques, *Privilège*, 311)はこの法文が都市監督官の任務に関連すると考えるのに対し、エック(Eck, *Italien*, 219f.)とカモーデカ(Camodeca, *ANRW*, 473, n. 88)はこれを否定する。というのも、この法文では都市監督官(curator rei publicae)と明記されていないからである。本章註(9)を参照。

(29) なお、都市監督官によるこの種の業務に関しては、藤澤明寛「帝政初期におけるイタリア自治都市の食糧供給事情」『古代文化』四九‐一〇、一九九七年、一三〜二五頁も参照。

(30) 都市参事会員の財政上の不正・無能力に関する史料としては、Plin. *Ep.* IV, 13; VII, 18 等があるが、その実態についてはなお不明な部分が多い。

(31) Jacques, *Privilège*, 290-298.

(32) Jacques, *Curateurs*, no. 5 = CIL, XIV, 2070 = ILS, 6183 (Lavinium): Divo Antonino Aug(usto) / senatus populusque Laurens, / quod privilegia eorum non / modo custodierit sed etiam / ampliaverit, curatore / M(arco) Annio Sabino Libone c(larissimo) v(iro), / curantibus Ti(berio) Iulio Nepotiano / et P(ublio) Aemilio Egnatiano praet(oribus) / II q(uin)q(uennalibus) Laurentium / Lavinatium.

(33) Jacques, *Curateurs*, no. XVIII = CIL, X, 4860 (Venafrum): [L(ucio) Gab]inio L(ucii) f(ilio) Ter(etina tribu) / [Cosmian]o trib(uno) leg(ionis) VI / [-- a mi]l(itiis) flam(ini) pont(ifici) p(atrono) c(oloniae), Cl(audi) / [Vindicis Her]mogeniani c(larissimi) v(iri) pro/[consulis] Afric(ae) consocero, pa/[tri Gabinio]r(um) Aspri pont(ificis) augur(is) / [et Barbari pr]oc(uratoris) Augg(ustorum) nn(ostrorum) et Graph/[-----]ni patronor(um) col(oniae) tri/[um, avo C(aii) G]abini Vindicis Pompe/[iani ---] et cur(atori) rerum publ(icarum) / [--- Alet]rinat(ium) et Interamn(atium) / [Lirenat(ium) ad]vok(ato) splendid(issimarum) colon(iarum) / [Venafra?]nor(um) et Casinatium, / [quod operib(us)] pub(licis) non solum / [servandi]s verum et augen/[dis omne]m sollicitudinem / [intenderit f]ormamq(ue) aquae / [ductus pere]nni incuria con/[lapsam vir sin]gularis innocen/[tiae afflicti]s rei p(ublicae) viribus res/[ti]tuerit, / [Interamna]tes Lirenates / [patr(ono) e]t cur(atori) r(ei) p(ublicae) [p(ecunia) s]ua.

(34) Jacques, *Curateurs*, 31.

(35) Jacques, *Curateurs*, 31; id., *Privilège*, 298; Sartori, *Athenaeum*, 15.

(36) Jacques, *Curateurs*, 292.

(37) Jacques, *Privilège*, 297; Sartori, *Athenaeum*, 19f.

(38) 都市パトロンに関しては、島田誠「帝政期イタリアにおける都市パトロン」『西洋古典学研究』三八、一九九〇年、七三〜八二頁、同「元首政期のパトロキニウム」長谷川博隆編『古典古代とパトロネジ』名古屋大学出版会、一九九二年、二一九

〜二三六頁、同「ローマ都市におけるパトロネジとエウエルジェティズム」『紀要』〈東洋大・教養課程〉三二、一九九三年、一〜一五頁、F. Engesser, Der Stadtpatronat in Italien und den Westprovinzen des römischen Reiches bis Diokletian, Diss., Freiburg i. Br. 1957 などを参照。

(39) Eck, *Italien*, 15, n. 27.

(40) Jacques, *Curateurs*, no. 39 = CIL, V, 3342 = ILS, 1148 (Verona): M(arci) Nonio M(arci) [f(ilio)] / Pob(lilia tribu) Arrio / Mucian[o] / co(n)s(uli), pr(aetori), XV[viro] / sac(ris) f(aciundis), curat[ori] / et patrono r(ei) [p(ublicae)] / Veronens(ium), / ob largitionem [eius] / quod at ther[mas] / Iuventia[nas] perficiend(as) H[S ---] / rei public(ae) d[edit], / ordo [---].

(41) Jacques, *Curateurs*, no. 59 = CIL, XI, 3367 = ILS, 1180 (Tarquinii): Q(uinto) Petronio Meliori viro / co(n)s(ulari), cur(atori) r(erum) p(ublicarum) Tarquiniens(ium) / et Graviscanor(um), praefec/to frum(enti) dandi, legat(o) leg(ionis) / XXX Ulpiae, cur(atori) Pyrgens(ium) / et Ceretanor(um), leg(ato) leg(ionis) / VIII Aug(ustae), praet(ori), trib(uno) pleb(is) / kandid(ato), quaest(ori) prov(inciae) Nar/bon(ensis), quaest(ori), sodali Aug(ustali) / Claudiali, sexvir(o) turm(ae) / pr(imae), trib(uno) laticl(avio) leg(ionis) pr(imae) Min(erviae), / Xviro stlitib(us) iudicand(is), / ordo et cives Tarqui/niensium, patrono op/timo, quod rem p(ublicam) fove/rit et thermas restituerit.

(42) Jacques, *Curateurs*, no. 70a = CIL, IX, 1588 = ILS, 5480 (Beneventum): Sattius Crescens / v(ir) c(larissimus), cur(ator) r(ei) p(ublicae) B(e)n(eventanorum), ex / locis abditis / usui adque splen/dori thermarum / dedit / [---].

(43) e.g. H. Jouffroy, Le financement des constructions publiques en Italie: Initiative municipale, initiative impériale, évergétisme privé, *Ktèma* 2, 1977, 329-337.

(44) Jacques, *Curateurs*, 102f.

(45) Jacques, *Curateurs*, 141.

(46) Jacques, *Curateurs*, 159.

(47) Jacques, *Curateurs*, no. XL (CIL, XI, 6061 = ILS, 6648); no. XLII (AE, 1962, 153); no. LI (CIL, X, 453).

(48) Jacques, *Curateurs*, no. XL = CIL, XI, 6061 = ILS, 6648 (Urbinum Mataurense): C(aio) Clodieno / C(aii) fil(io) Stell(atina tribu) Sereno / Vesnio Dextro / equiti Romano, patron(o) / et pontif(ici) Urvinat(ium) Mat(aurensium), /

patrono et curatori / rei p(ublicae) Forocornel(iensium), / optimo iustissimo, / splendidissimus ordo / Forocornel(iensium) ob merita eius, / quod industria sua / statum rei p(ublicae) auxerit, / (tam) sing(ulis) quam civi(tati) univ(ersae).

(49) Jacques, *Curateurs*, no. XLII = AE, 1962, 153 (Visentium): C(aio) Ligurio C(aii) f(ilio) Sab(atina tribu) / Salutari A(ulo) Gavio / Fortunato cur(atori) / rei publ(icae) ex epistula / [[--- / --- de]]/curiones Saturni/enses, pecunia pri/vata, quod adhibi/ta moderatione et r(ei) p(ublicae) / statum foverit et uni/versis consuluerit.

(50) Jacques, *Curateurs*, 327 et 329.

(51) Jacques, *Curateurs*, no. LI = CIL, X, 453 = Inscr. Ital., III, I, 1 (Olevano sul Tusciano): [---]IO spl(endidissimo) eq(uiti) Rom(ano) p(atrono) c(oloniae?) / [---]R. II dato ex indulgentia / [--- Bu]xentinorum Veliensium / [quod aedem? ---]entibus suis a solo ex[tructam / privata s(ua)? p]ecunia restituit et / [---] cum sterilitas anno[nae / --- pecuniae? an]nonariae adiuvit / [--- d]istribuit ob quam / [--- perm]issionum?....

(52) この碑文はそもそもどこで建立されたのかが不明である。ジャックによれば、カンパニア地方のサレルヌム(現サレールノ)かルカニア地方のエブルム(現エーボリ)であるという。Jacques, *Curateurs*, 342.

(53) Sartori, *Athenaeum*, 19f.

(54) ジャックも、ここで顕彰されている恩恵施与行為は都市監督官が在任中に行ったものではないとしている。Jacques, *Curateurs*, 102.

(55) Jacques, *Curateurs*, no. 3 (AE, 1972, 153); no. 4 (CIL, XIV, 3610 = ILS, 1071); no. 11 (CIL, X, 1259); no. 12 (CIL, X, 4750); no. 24 (CIL, X, 6764); no. 25 (CIL, V, 1812 = ILS, 1122); no. 27 (AE, 1916, 118); no. 39 (CIL, V, 3342 = ILS, 1148); no. 40 (CIL, X, 4860); no. 46 (AE, 1933, 155 = AE, 1976, 153); no. 59 (CIL, XI, 3367 = ILS, 1180); no. 63 (CIL, XI, 6338 = ILS, 1187); no. 69 (CIL, IX, 1571); no. 70 (CIL, IX, 688); no. 77(CIL, IX, 3667).

(56) Jacques, *Curateurs*, no. V (CIL, VI, 32933 = ILS, 2723); no. VI (CIL, XI, 5646 = ILS, 2081); no. VII (CIL, XIV, 2409 = ILS, 6189); no. IX (CIL, IX, 5832 = ILS, 6573); no. X (CIL, X, 4590 = ILS, 5014); no. XII? (CIL, XI, 5635 = ILS, 6640); no. XV (CIL, X, 5796 = ILS, 6268); no. XVI (CIL, XI, 1926 = ILS, 6616); no. XVIII (CIL, X, 4860); no. XXI bis (AE, 1979, 216); no. XXIII (CIL, V, 4484); no. XXIV (AE, 1908, 206 = ILS, 9014); no. XXXII? (CIL, IX, 1006 = ILS, 6484); no. XXXIII (CIL,

IX, 1151); no. XL (CIL, XI, 6061 = ILS, 6648); no. XLIII (CIL, X, 5197 = ILS, 4093); no. XLVI? (CIL, X, 482 = ILS, 6449); no. XLVIII (CIL, IX, 2565 = ILS, 5017); no. LI? (CIL, X, 453); no. LII (CIL, X, 338); no. LIII (AE, 1926, 142); no. LIV (CIL, XIV, 2806); no. LV (CIL, XI, 5404); no. LVI (CIL, X, 5421); no. LIX (CIL, XI, 6015); no. LXIII (CIL, X, 6440 = ILS, 6277).

(57) R. Duthoy, Quelques observations concernant la mention d'un patronat municipal dans les inscriptions, *AC* 50, 1981, 295-305; 300f.

(58) Duthoy, *AncSoc* 10, 230f.

(59) Eck, *Italien*, 201f.

(60) Jacques, *Privilège*, 116-127.

(61) Jacques, *Curateurs*, no. 3 (AE, 1972, 153); no. 46 (AE, 1933, 155 = AE, 1976, 153); no. 65 (CIL, VI, 1531 et 1532 = ILS, 1190 et 1191); no. 69 (CIL, IX, 1571); no. 70a (CIL, IX, 1588 = ILS, 5480).

(62) Jacques, *Curateurs*, no. VI (CIL, XI, 5646 = ILS, 2081); no. XXVIII (CIL, V, 8782); no. XXXIII (CIL, IX, 1151); no. XXXVII (CIL, X, 131 = ILS, 4027); no. LI? (CIL, X, 453).

(63) Eck, *Italien*, 203-205; Jacques, *Privilège*, 283-289.

(64) Jacques, *Curateurs*, no. II = CIL, XI, 3614 = ILS, 5918a (Caere): Vesbinus Aug(usti) l(ibertus) phetrium Augustalibus / municipi Caeritum loco accepto a re p(ublica) / sua inpensa omni exornatum donum dedit. / Descriptum et recognitum factum in pronao aedis Martis / ex commentario, quem iussit proferri Cuperius Hostilianus per T(itus) Rustium Lysiponum / scribam, in quo scriptum erat id quod infra scriptum est: / L(ucio) Publilio Celso II C(aio) Clodio Crispino co(n)s(ulibus) idibus Aprilib(us), / M(arco) Pontio Celso dictatore, C(aius) Suetonio Claudiano aedile iuri dicundo, praef(ecto) aerari. Commentarium cottidianum municipi / Caeritum, inde pagina XXVII kapite VI: «M(arcus) Pontius Celsus dictator et C(aio) Suetonius Claudianus decuriones in templo Divor(um) corrogaverunt, ubi Vesbinus Aug(usti) lib(ertus) petit, / ut sibi locus publice daretur sub porticu basilicae Sulpicianae, uti Augustalib(us) in eum locum phetrium faceret; ubi ex / consensu decurionum locus ei quem desideraverat datus est; placuitq(ue) universis Curiato Cosano curatori ob eam rem / epistulam mitti. In curiam fuerunt Pontius Celsus dictat(or), Suetonius Claudianus aed(ilis) iuri dic(undo), M(arcus) Lepidius Nepos / aedil(is) annon(ae), Pollius Blandus, Pescennius Flavianus, Pescennius Natalis,

Pollius Callimus, Petronius Innocens, Sergius Proculus.» / Inde pagina altera capite primo: «Magistratus et decurion(es) Curiatio Cosano sal(utem). Idib(us) Aug(ustis). Desideranti a nobis / Ulpio Vesbino consilium decurion(um) coegimus, a quib(us) petit, ut sibi locus publice in angulo porticus basilic(ae) daretur, quod se Augustalib(us) / phetrium publice exornaturum secundum dignitat(em) municipi polliceretur. Gratiae huic actae sunt ab universis, placuit tamen tibi / scribi, an in hoc quoque et tu consensurus esses. Qui locus rei p(ublicae) in usu non est nec ullo reditu esse potest.» Inde pagina VIII kapite primo: / «Curiatius Cosanus mag(istratibus) et dec(urionibus) Caeretanor(um) sal(utem). Ego non tantum consentire voluntati vestrae, set et gratulari debeo, si qui rem p(ublicam) n(ostram) / exsornat. Accedo itaq(ue) sententiae vestrae non tanquam curator, sed tanquam unus exs ordine, cum tam honesta exssempla / etiam provocari honorifica exornatione debea[n]t. Data prid(ie) idus Septembr(es) Ameriae.» / Act(um) idib(us) Iunis Q(uintus) Ninnio Hasta P(ublius) Manilio Vopisco co(n)s(ulibus). / Dedicatum kal(endis) Aug(ustis) isdem co(n)s(ulibus).

(65) Camodeca, *ANRW*, 488f.; Eck, *Italien*, 209f.; Jacques, *Privilège*, 287f.

(66) Sartori, *Athenaeum*, 11f.

(67) Jacques, *Curateurs*, no. VII = AE, 1927, 115 (Bovillae): L(ucio) Annio Largo. // Pro salute Im[p(eratoris) Caes(aris) T(iti) Aeli(i) Ha]/driani Antonin[i Aug(usti) Pii et M(arci) Ae]/li Aureli Caes(aris) totius[q(ue) domus divinae,] / collegium salutar(e) den[drophorum] / sanctum Matri Deum M[agnae Ideae] / faciend(um) curaverunt, locus adsign[atus est ad] / pinus ponendas / ab C(aio) Dissenio Fusco curatore munici[pii Bov(illensium)] / secus epistula(m) Imp(eratoris) Antonini Aug(usti) a d[ecurio]/nibus decreto eorum C(aio) Tatinio Gemellino [---] / Soteriano aed(ilibus), cur(a) agent(e) C(aio) Albio Cep[---], / act(o) nonis Aprilib(us). // [C(aio) Prastina Messalino co(n)s(ulibus)].

(68) CIL, XIV, 2410 = ILS, 6190 (Bovillae): Locus adsignatus ab C(aio) Dissinio C(aii) f(ilio) Qui[r(ina tribu) Fusco] / curatore rei publicae Bovillensium, dedi[catum] / VIIII k(alendas) Ianuar(ias) Sex(to) Sulpicio Tertullo Q(uinto) Tinei[o Sacer]/dote co(n)s(ulibus), cuius ob dedicationem dedit ordin[i decuri]/onum sin(gulis) HS VIIII item ordini Augustalium si[ng(ulis) ---], / quod permiserunt in clupeo quod ei posuerun[t ante] / templum noum (*sic*) pingere effigiem Ma[nliae] / Severinae virginis Albanae maxi[mae soro]/ris suae post excessum vitae eiu[s; hic] / primus comitia magistratuum [creandorum] / causa instituit, M(arco) Civica Barbar[o M(arco) Meti/lio] Regulo co(n)s(ulibus)

anno Vrbis conditae [DCCCCX?, / con]sentiente C(aio) Diss[in]io Fusco cur(atore).

(69) CIL, XIV, 2409 = ILS, 6189 (Bovillae): C(aio) Dissenio / C(aii) f(ilio) Quir(ina tribu) Fusco / Hadriano / C(aius) Dissenius Fuscus / pater honore / publice oblatae / statuae content(us) sua / pec(unia) fec(it). // C(aio) Dissenio Quir(ina tribu) Fusco praef(ecto) fabr(um) / curatori et patrono / Albani Longani / Bovillenses ob merita eius h(onoris) c(ausa). // C(aio) Dissenio / C(aii) f(ilio) Quir(ina tribu) Fusco / Sabiniano / C(aius) Dissenius Fuscus / pater honore / publice oblatae / statuae content(us) sua / pec(unia) fec(it).

(70) 「この(はじめての)人物」の名前は、碑文の五行目と六行目からマンリウス・セウェルスないしはマンリウス・セウェリヌスであると思われるが、CIL, XIV, 2413 に現れるガイウス・マンリウス・セウェルスと密接な関係があるとも考えられている。Jacques, *Curateurs*, 269, n. 14.

(71) Camodeca, *ANRW*, 484, n. 137; Jacques, *Privilège*, 284.

(72) Eck, *Italien*, 204f.

(73) ディッセニウス・フスクスの出身市に関して、カモーデカ(Camodeca, *ANRW*, 492f.)とエック(Eck, *Italien*, 204)はボウィッラエと考えている。これに対しジャック(Jacques, *Curateurs*, 267f.)は、彼の出身市を不明としながらも、少なくともボウィッラエではないと考えている。

(74) Sartori, *Athenaeum*, 12, n. 24.

(75) Jacques, *Curateurs*, no. XVII (CIL, IX, 4958 et 4959).

(76) 他にも、ラティウム地方のラヌウィウム(現ラヌーヴィオ)の都市監督官ガイウス・カエソニウス・マケル・ルフィニアヌス(Jacques, *Curateurs*, no. 26 = CIL, XIV, 3900 = ILS, 1182)や、アフリカのフルノス・ミヌス(現ハンシール・アル＝ムサーアディーン近郊(チュニジア))の都市監督官ルキウス・オクタウィウス・フェリクス・オクタウィアヌス(Jacques, *Curateurs*, no. LXVII = CIL, VIII, 25808b = ILS, 9403)も二度同じ都市の監督官職を委嘱されている。

(77) 都市監督官に任命されているプロクラトルとして、ジャックは次の五名をリストアップしている。Jacques, *Curateurs*, no. A (CIL, VIII, 1439 (= 15255) = ILS, 1430); no. B (CIL, III, 1456 = ILS, 1371); no. B' = XXIV (AE, 1908, 206); no. C (CIL, X, 1795 = ILS, 1401); no. D (CIL, XI, 3089. 3090. 3091. 3092).

(78) Eck, *Italien*, 195.

(79)　*ibid.*
(80)　史料上、都市監督官はトラヤヌス帝治世以降、イタリア各地に派遣されるが、トラヤヌス帝、ハドリアヌス帝(位一一七～一三八年)、アントニヌス・ピウス帝の各治世に派遣された都市監督官の数はそれほど多くはない。それに対し、マルクス・アウレリウス帝の治世以降、派遣される都市監督官の数は、特に元老院議員のそれに関して増加する。『ローマ皇帝群像』の「マルクス伝」一一、二によれば、「マルクスはまた、元老院議員の威厳をさらに広めるために、数多くの都市に元老院から監督官を派遣した。」(南川高志訳)という(SHA *Marc.* 11, 2)。実際、都市監督官に関するジャックのプロソポグラフィー研究(Jacques, *Privilège*, 7-12 et 117-120)にもとづいて筆者が算出したデータによれば、トラヤヌス帝治世からガリエヌス帝治世までの間に、八六名の元老院議員と六八名の地方名望家がイタリア都市に派遣されているが、そのうち、アントニヌス・ピウス帝の治世以前に派遣されたと思われる者は、元老院議員では八名、地方名望家では一〇名にすぎない。残りの元老院議員七八名と地方名望家五八名はマルクス・アウレリウス帝の治世以降に派遣されたとみることができる。このように、都市監督官に関する碑文史料は『ローマ皇帝群像』「マルクス伝」の証言を裏付けており、マルクス・アウレリウス帝は都市監督官の派遣人数を増やしたということが確認できるのである。
(81)　Camodeca, *ANRW*, 487; Eck, *Italien*, 203.
(82)　Jacques, *Curateurs*, no. 78 (CIL, IX, 3667).
(83)　Eck, *Italien*, 204.
(84)　Sartori, *Athenaeum*, 7.　本書一二一～一二二頁も参照。
(85)　Duthoy, *AncSoc* 10, 210.
(86)　なお、島田誠「ローマ市民にとっての「国家」――プテオリにおける「国家」と諸集団」『西洋史研究』新輯一八、一九八九年、一五〇～一五一頁、同『西洋古典学研究』所収論文(註38参照)、七六頁、R. Duthoy, Scenarios de cooption des patrons municipaux en Italie, *Epigraphica* 46, 1984, 23-48は、しばしば都市監督官などの帝国官僚が、官職就任を契機として任地と関わりをもち、都市パトロンに選任されていたことをすでに指摘している。

第三章　地方裁判官(iuridicus)とイタリア都市

地方裁判官(iuridicus)は、マルクス・アウレリウス帝治世(一六一～一八〇年)以降、イタリア各地に派遣された司法担当の帝国官僚である。後に詳しく述べるように、このときイタリアがいくつかの管轄区域に分けられたうえに、地方裁判官が司法だけでなく行政をも担当したようにみえることから、従来の研究において、地方裁判官の派遣は、三世紀後半のイタリアの「属州化」(provincialization)につながる施策とされてきた。[1] 本章は、この地方裁判官とイタリア都市の関係について分析することを課題とする。まずは地方裁判官に関する研究史を整理し、本章の課題をより明確にしてゆきたい。

第一節　研究史

従来の地方裁判官研究では、主に次のふたつの点が問題とされてきた。

そのひとつめは、地方裁判官の派遣にともないイタリアはどのような管轄区域に分けられたのか、という問題である。この問題に関しては、一九世紀末以来、Th・モムゼンやC・ジュリアン、A・ローゼンベルク、R・トムセン、M・コルビエといった研究者により活発な議論が行われてきた。(2) なかでも一九七三年に発表されたコルビエの論考は、その後G・カモーデカやW・エック、M・クリストルによる批判をうけてはいるものの、(3) プロソポグラフィーの手法を駆使して、地方裁判官の管轄区域の変遷を緻密に再構成したものであり、研究史上画期をなした重要な研究といえる。後に述べるように、この問題に関して筆者はエックらの説が最も妥当な見解であり、現段階で再検討する必要はないと考えている。

ふたつめに、地方裁判官は皇帝政府からどのような権限を与えられていたのか、という問題がある。地方裁判官の権限に関しては、法史料が司法関連の権限を伝える一方、碑文史料が地方裁判官の司法以外の活動を伝えている。このため、従来の研究では、地方裁判官には司法だけではなく行政に関する権限も与えられていた、とする見方が主流を占めていた。(4) こうした見解を代表するのは、一九七三年に発表されたW・ジムスホイザーの研究である。彼は、地方裁判官の権限と属州総督の権限の間に大きな差異はなかったとした。(5) これに対し、一九七九年のエックの研究は、地方裁判官の権限は司法に限定されており、碑文史料にみられる司法以外の活動はあくまでアド・ホックに行われたものであったとした。(6) したがって、彼によれば、地方裁判官は属州総督と比較できるような帝国官僚ではなく、イタリア都市の自治を取り巻く条件は地方裁判官の派遣によって大きな変化を被ることはなかった、というのである。

こうしてみると、確かにこれら一連の研究は、地方裁判官の司法に関する権限をより明確に再現した点で大きな成果をあげているが、司法以外の活動をどう理解し、地方裁判官派遣の意義をどう評価するかについては、いまだ検討の余地が残されているように思われる。そこで本章では、地方裁判官の司法に関する活動と司法以外の活動の両方について、それぞれどのような資格にもとづいて行われ、都市の自治行政にどのような影響を及ぼしたのかを検討することで、地方裁判官の歴史的意義を考えていきたいと思う。

第二節　ハドリアヌス帝期のコンスラレス(consulares)と地方裁判官職の創設

地方裁判官の帝国官僚としての性格を把握するためには、この官職の設置にまつわる事情をおさえておく必要がある。そこで、本節では地方裁判官職の設置状況について概観していきたい。

マルクス・アウレリウス帝による地方裁判官の派遣にいたるまでの経緯に関しては、『ローマ皇帝群像』(ヒストリア・アウグスタ)に一連の記述がある。まず関連箇所を列挙してみよう。

『ローマ皇帝群像』「ハドリアヌス伝」第二二章第一三節
「(ハドリアヌス帝は)四名のコンスラレスを全イタリアの裁判官に任じた。(7)」

同「ピウス伝」第二章第一一節
「ハドリアヌス帝によって、(後のアントニヌス・ピウス帝は)イタリアを担当する四名のコンスラレスの一人に選ばれ、そのなかでも自分の所領の最も多くが存在するところを担当したが、それは、ハドリアヌス帝が、このアントニヌスという人物の名誉と人柄の平静さを考慮したからであった。(8)」

同「マルクス伝」第一一章第六節

「マルクス・アウレリウス帝は、イタリアを担当する地方裁判官を任命したが、それは司法行政のためにコンスラレスを任じたハドリアヌス帝の先例に倣ったものであった。[9]」

まず、最後に挙げた「マルクス伝」から、次のような事実が読み取れる。すなわち、かつてハドリアヌス帝(位一一七〜一三八年)はコンスラレス(consulares)という執政官級の元老院議員にイタリアの司法行政を担当させたことがあり、マルクス・アウレリウス帝はその政策に範をとって地方裁判官を任命したというのである。そこで同じ『ローマ皇帝群像』の「ハドリアヌス伝」にあたると、やはりそこには「マルクス伝」で述べられている事実に符合する記述がみられる。またさらに「ピウス伝」にもコンスラレスに関する記述があり、そこからコンスラレスとして派遣された元老院議員の一人は後のアントニヌス・ピウス帝(ティトゥス・アウレリウス・フルウス・ボイオニウス・アッリウス・アントニヌス)(位一三八〜一六一年)であったことがわかる。[10]

このコンスラレスに関する直接的な史料は、従来『ローマ皇帝群像』におけるこれらの記述のみだと考えられてきたため、[11]その具体的な任務など詳しいことは長らく不明とされてきた。[12]しかしながらその後、カモーデカによるプロソポグラフィーとその成果をうけたエックの研究とにより、このコンスラレスが帯びていた性格に関してより詳しいことが明らかになった。

いま述べたように、それまでコンスラレス就任者として史料から知られていたのは、後のアントニヌス・ピウス帝のみであった。ところが、カモーデカの研究によりコンスラレスに任命された人物が新たに一名判明したのである。『ラテン碑文集成』第一〇巻三八七〇番[13]はルキウス・ウィトラシウス・フラミニヌスを顕彰した碑文であるが、設置者の名が刻まれた後半部が失われていたこともあって、被顕彰者がどの時期の人物なのかをめぐって諸説が入り乱れていた。具体的には、フラミニヌスを一二二年(ハドリアヌス帝治世)の補充執政官とする説、この補充執政官の父(トラヤヌス帝治世(九八～一一七年))とする説、この補充執政官の孫(マルクス・アウレリウス帝治世)とする説に分かれていたのである。このような研究状況のなか、カモーデカは、実はこの碑文の後半部が『ラテン碑文集成』第一〇巻四四一四番としてすでに公にされていたことを確認し、両碑文を接合して本来の碑文を復元することに成功したのである。(14) この結果、この碑の設置者はフラミニヌスの息子ルキウス・ウィトラシウス・エンニウス・アエクウスで、一一七年のアルウァル兄弟団の記録のなかに現れる人物であることが判明した。そして、ここからフラミニヌスは一二二年の補充執政官(ハドリアヌス帝期)であることが確定したのである。(15)

エックは、このカモーデカの研究成果をうけて、さらに次のように説明する。フラミニヌスの経歴のなかには「イタリア・トランスパダナおよび上部モエシア州の総督および軍隊司令官にしてダルマティア州の総督」(legatus pro praetore Italiae Transpadanae et provinciae Moesiae Superioris et exercitus et provinciae Dalmatiae)という職名がみられるが、イタリアのトランスパダナ地方と属州上部モエシアおよび属州ダルマティアを合わせた広大な地域を一人の総督に委ねるという措置は、危機的状況下でなければ考えられない。おそらくフラミニヌスは、総督としてそれぞれの地域ないし属州を同時にではなく、それぞれ個別に統治した。したがって、トランスパダナ地方の総督職は、上部モエシアおよびダルマティアの属州総督職とは別個のものと考えられる。(16) 彼が補充執政官となったのは一二二年、アフリカ州総督に就任したのはおそらく一三七／一三八年であり、イタリア・トランスパダナ地方の総督に就任したのはその間のことで、いずれにせよハドリアヌス帝期のことである。以上から、フラミニヌスは執政官級の元老院議員でトランスパダナ地方の総督であり、ゆえにコンスラレスの一人であったと考えることができる。

こうして、コンスラレスの正式名称がレガティ(・アウグスティ)・プロ・プラエトレ(legati (Augusti) pro praetore)であったことが判明すると、[17] さらに、その任命権者や任期、権限などに関してより詳しいことがわかるようになる。つまり、コンスラレスの任命権者は皇帝で、任期は複数年に及び、権限は司法に限定されず国家の統治業務全般に及んでいたと考えられる。したがって、イタリア各地に派遣されたコンスラレスは属州総督と何ら変わるところはなく、後の地方裁判官のようにその権限が非訟事件に関する裁判権に限定されてはいなかったのである(後述)。このように、コンスラレスの派遣という措置は、イタリアの「属州化」と呼ぶにふさわしいものであった。[18] そのため、このハドリアヌス帝の施策は元老院およびイタリア諸都市の名望家のネガティヴな反応を招き、アントニヌス・ピウス帝のときに廃止に追い込まれた。[19] そして、四半世紀後にはマルクス・アウレリウス帝により地方裁判官職が設置されたが、その際、地方裁判官の権限は非訟事件に関する裁判権に限定され、就任者のランクは法務官級とされたのだ、というのである。

このようにエックは、コンスラレスと地方裁判官がそれぞれ帯びていた性格を対照的に描き出すが、その前提には地方裁判官の権限は属州総督のそれとは比較できないとする判断がある。地方裁判官の権限は司法に限定されていたのか、あるいは司法権に加えて行政に関するものにまで及んでいたのか、この点に関しては次節以降で詳しく検討していくが、いずれにせよ、以上のようなコンスラレスの性格は、地方裁判官の性格と意義を考えるうえでも非常に重要な意味をもってこよう。

マルクス・アウレリウス帝による地方裁判官職の設置にいたるまでの経緯は、おおむね以上のとおりである。では、地方裁判官職は、マルクス・アウレリウス帝治世のどの時期に設置されたのか。実は、幸いにも地方裁判官に任命された最初の人物の経歴が碑文史料として残されており、その碑文を分析することでこの問いに答えを出すことができる。

その碑文は『ラテン碑文集成』第五巻一八七四番（＝『ラテン碑文選集』一一一八番）である。この碑文はガイウス・アッリウス・アントニヌスという元老院議員を顕彰したものであるが、そこに記された昇進階梯（cursus honorum）のなかに「トランスパダナ地方のイタリアを担当した最初の地方裁判官」（iuridicus per Italiam regionis Transpadanae primus）という官職名がみられる。したがって、アントニヌスの昇進階梯を分析することで、地方裁判官職の創設年代を突き止めることができるのである。数名の研究者が彼の経歴を分析しているが、「最初の地方裁判官」就任を一六五／一六六年とするのが最も有力な説と思われる。[20] この年代が、マルクス・アウレリウス帝による地方裁判官職の創設時期だと考えてよいだろう。

こうして二世紀後半以降派遣された地方裁判官は、三世紀後半に史料から姿を消す。三世紀後半、イタリアには「州」が設置され、各州にはイタリア総督（corrector Italiae）が派遣された（州の設置時期に関しては、次章で詳しく論ずる）。そして、地方裁判官はこのイタリア総督の派遣にともなって廃止されたと考えられている。[21]

このように、地方裁判官は二世紀半ば頃から少なくとも三世紀半ばまで、約一〇〇年強の間任命され続けた。[22] この間に少なくとも二〇〇名程度の地方裁判官が派遣されたと考えられているが、[23] 実際に碑文史料から確認できる地方裁判官の人数は五〇名で、しかも、そのうち我々が分析の対象としうるのは、碑文の欠損が甚だしく分析がほとんど不可能な五名[24]を除いた四五名である。[25]

第三節　地方裁判官の裁判権

次に、地方裁判官の裁判権について検討していきたい。地方裁判官の権限がどの範囲にまで及んでいたのかを史料から再構成することは非常に難しいが、地方裁判官の中心的な任務が司法にあったことは確実であろう。というのも、そもそもユリディクス(iuridicus)という官職名自体が司法に従事する帝国官僚であることを指し示しており、[26]実際、碑文史料のなかには地方裁判官を司法担当プラエフェクトゥス(praefectus iuris dicundi)と表記しているものもあるからである。[27]さらに、マクリヌス帝(位二一七〜二一八年)に関するカッシウス・ディオの記事には「イタリア担当の地方裁判官は、マルクス・アウレリウス帝によって認められた範囲を超えて判決を下すことをやめた。」(*δικαιονόμοι οἱ τὴν Ἰταλίαν διοικοῦντες ἐπαύσαντο ὑπὲρ τὰ νομισθέντα ὑπὸ τοῦ Μάρκου δικάζοντες*)[28]と記されており、ここからも地方裁判官が司法担当の帝国官僚であったことがわかる。[29]

したがって、地方裁判官の本来的な任務は司法にあったと考えられる。以下、本節では地方裁判官の裁判権について、おもに法史料に依拠しながら考察を進めていくが、具体的な論証にはいる前に、あらかじめローマの民事訴訟の形式について整理しておきたい。ローマの民事訴訟の形式は、法律訴訟手続(legis actiones)、方式書訴訟手続(per formulas)、特別訴訟手続(cognitio extra ordinem)の三つに大別される。法律訴訟手続および方式書訴訟手続は、法廷手続(in iure)と審判人手続(apud iudicem)の二段階に分かれていた点を共通の特徴とする訴訟形式で、訴訟当事者は法務官の指揮監督のもとで両者の間に何が問題となっているかを明らかにした後、その争点について私人の審判人が事実を審理し判決を下すという形式をとっていた。歴史的にはまず法律訴訟手続が登場したが、これは厳格な口頭の要式行為を必要としたため、前二世紀以降は、より柔軟な方式書という文書を用いた方式書訴訟手続が発達することとなった。これらの訴訟形式は通常訴訟手続(ordo iudiciorum privatorum)と呼ばれるが、これに対し、帝政期にはいると、特別訴訟手続という形式が徐々に発達してくる。特別訴訟手続では手続の二分制は放棄され、皇帝またはその官吏が裁判官として訴えの受理から事実の審理と判決の言い渡しまでのすべてを扱うという訴訟形式がとられた。なおアウグストゥス(位前二七〜後一四年)は、法律訴訟手続をほぼ完全に廃止し、あらゆる種類の請求について方式書訴訟手続の利用を承認したため、帝政前期には方式書訴訟手続と特別訴訟手続のふたつが並行して存続した。

では、地方裁判官の裁判権について検討していきたい。法史料を眺めると、まず非訟事件に関する裁判権(iurisdictio voluntaria)を伝える史料が多いことに気づく。父権免除(emancipatio)や養子縁組(adoptio)、杖による奴隷解放(manumissio vindicta)のような行為においては、形式上は争いがあるかのようにみえる当事者(家長と家子、主人と奴隷など)が、訴訟と同様の法廷手続を踏むことによって行為の成立を求めたが、非訟事件に関する裁判権とはそのような行為の成立に協力する権限を指す。[30]

地方裁判官のこの種の裁判権として、法史料が最も詳しく伝えるのは後見人の選任(tutoris datio)に関するものである。古代ローマでは、未成熟の男子または女子が自権者(sui iuris)となった場合、前者には一四歳まで、後者には終生、後見人がつけられた。[31] 地方裁判官による後見人の選任に関して、四世紀初頭の『ヴァティカン断片』は次のように伝える。

『ヴァティカン断片』第二三二法文(ウルピアヌス『後見掛法務官の職務について』)
「しかしながら、我らが皇帝陛下(カラカッラ帝)が後見掛法務官であるクラウディウス・ポンペイアヌスに回答したように、後見掛法務官が、地方裁判官の管轄下にある地域に財産を所有する未成熟者の後見人を選任しないように注意されるべきである。さらに特に、被後見人は首都にとどまっているが、その財産が属州にある場合には、その後見人を選任しないように注意されるべきである。[32]」

この法文では、後見掛法務官(praetor tutelaris)は、地方裁判官の管轄下の地域に財産を所有する未成熟者の後見人を選任できない、ということが強調されている。逆に、地方裁判官が後見掛法務官の管轄区域である首都管区(urbica dioecesis)内で職権を行使したならば、今度は地方裁判官が後見掛法務官の職権を侵害することになる。なお首都ローマから半径一〇〇マイル以内の首都管区では、後見掛法務官とならんで、執政官もまた後見人の選任に関する権限を有していた。

後見掛法務官もまたマルクス・アウレリウス帝によって導入された官職である。[33] したがって、同帝が四名の地方裁判官を派遣したことによって、後見掛法務官の権限が制限されたということはないだろう。むしろ、地方裁判官の派遣によって制限されたのは、都市公職者の裁判権であったと思われる。というのも、イタリアの地方都市では、彼ら都市公職者がそれまで後見人の選任を担当していたと考えられるからである。ジムスホイザーは、民事訴訟上一定の制限をうけていた都市公職者の裁判権が、非訟事件の裁判権に関してはやや状況が異なる点を指摘し、特に後見人の選任に関して、それが地方都市でも行われていたことを明らかにした。[34] 他方、エックは、マルクス・アウレリウス帝が後見掛法務官と四名の地方裁判官を任命したのは、当時後見人の選任に関する案件が多かったからであり、それだけ多くの案件をそれまで二名の執政官のみで処理していたとは考えられないから、やはり都市公職者も後見人の選任に携わっていたのだろう、と説明する。[35]

地方裁判官が後見人の選任に介入するのは、特にそれが複数の都市に関係する場合、すなわち、被後見人が籍を置いていない都市から後見人を選ぶ場合、あるいは被後見人の財産(patrimonium)が複数の都市に存在している場合である。この場合、都市公職者は地方裁判官を補佐しなければならなかった。というのも、都市公職者は近隣の都市から適切な後見人を見つけ出し、その名前を当該の帝国官僚に伝えることを義務づけられていたからである。[36] また、後見人が都市公職者による選任に対してそれを拒絶する根拠をもちながらも、都市公職者にそれが受け入れられない場合には、地方裁判官が上訴(appellatio)を受け付けたものと思われる。

後見人の選任に関する地方裁判官の権限は以上のようなものであったと思われるが、おそらく保佐人(curator)の選任に際しても同様の権限が地方裁判官に与えられていたと考えられている。(37)
法史料はさらに、養子縁組に関する裁判権を伝える。

『学説彙集』第一巻第二〇章第一法文(ウルピアヌス『サビヌス註解』第二六巻)
「何人も地方裁判官の面前で養子縁組を行うことができる。というのも、地方裁判官には法律訴訟手続の権限が与えられているからである。(38)」

この法文は、養子縁組に関する権限が地方裁判官に与えられている理由として、法律訴訟手続の権限が地方裁判官にあることを指摘している。前述のように、法律訴訟手続は、おそらく前二世紀に方式書訴訟手続に取って代わられ、前一世紀にほぼ消滅したが、ここで述べられている養子縁組といった行為に関しては法律訴訟手続が残存した。それゆえ、非訟事件を指すために、法律訴訟手続という用語を用いることがあったのである。(39)つまり、この法文は、地方裁判官には非訟事件に関する裁判権があるため、彼の面前で養子縁組を行うことができると述べているのである。

なお、この法文は養子縁組に関する権限のみを伝えているが、ジムスホイザーやエックによれば、養子縁組と同じく法律訴訟手続に属する案件として、奴隷解放(manumissio)も地方裁判官の面前で行うことができたという。(40)というのも、都市公職者のなかには、奴隷解放に関する権限を認められた者とそうでない者がいたと思われるからである。(41)

次に、信託遺贈(fideicommissum)に関する権限を伝える法史料をみてゆこう。信託遺贈とは、遺言人が相手方(受託者)に、自分の死後に特定の第三者に財産を与えることを依頼して、財産を信託処分する遺贈の方法である。その際、信託条項そのものに強制力はなく、受託者が死者の信託を実行するかどうかは受託者の信義(fides)にかかっていたが、アウグストゥスは、この信託遺贈に法的な強制力を付与しようとして執政官に監督業務を命じ、クラウディウス帝(位四一～五四年)は、この信託遺贈に関する業務に従事させるために二名の信託遺贈掛法務官(praetor fideicommissarius)を任命した。[42] 信託遺贈に関する案件の処理に関しては、後見人の選任の場合よりも、首都ローマの司法機構の負担が大きくなっていたものと思われる。というのも、都市公職者は信託遺贈に関する権限をもっていなかったと考えられるからである。[43]『学説彙集』には次のようにある。

『学説彙集』第四〇巻第五章第四一節第五法文(スカエウォラ『解答録』第四巻)

「ルキア・ティティアは、セイアの女奴隷パンフィラを彼女の子供たちとともに購入して解放するよう、相続人に信託処分した。そして地方裁判官は、それぞれいくらで購入されるべきかを算定した。[44]」

この史料から、地方裁判官が信託遺贈による奴隷解放に関与していたことは明らかである。ただし、現在の研究では、地方裁判官は信託遺贈による奴隷解放のみならず、信託遺贈に関する事柄全般について権限を有していたと考えられている。[45]

最後に、地方裁判官が地方都市の参事会員資格をめぐる訴訟に関与したことを伝える、コルネリウス・フロントの書簡を取り上げたい。[46] この書簡は失われた箇所が多いが、事件の経緯を要約するなら次のようになる。ウェネティア地方のコンコルディア(現コンコルディア・サジッターリア)の市民ウォルムニウス・セレヌスは、同市で書記(scriba)と都市参事会員を長きにわたり務めていたが、アントニヌス・ピウス帝の治世に——ことの経緯は詳しく述べられていないが――プロクルスなる人物によって五年の追放刑を宣告された。セレヌスは三年(五年から減刑された)の追放刑を終え、コンコルディアへの帰還を果たすが、その後も彼は都市参事会への入会を禁じられた。このセレヌスの都市参事会員としての資格をめぐる訴訟は、当時の首都長官(praefectus urbi)ロッリウス・ウルビクスのところに持ち込まれたが、彼はこの訴訟に対する判決を下すことなく、結局、当時、トランスパダナ地方担当の地方裁判官であったガイウス・アッリウス・アントニヌスのところに持ち込まれたのである。(47)

この書簡を根拠として、地方裁判官には都市参事会員の資格をめぐる訴訟に関する権限が与えられていたとしばしば主張されるが、(48)他方で、地方裁判官はこの種の訴訟に関する権限は有しておらず、都市の要請をうけたか、あるいは皇帝から特別な権限を与えられたかして、この事件に対処したのだとする見解もある。(49)筆者は後者の見解が妥当であると考えている。

以上が、史料から再構成できる地方裁判官の裁判権である。特別訴訟手続における他の裁判権については推測の域を出ないが、ジムスホイザーによれば、都市への寄付申込(pollicitatio)や、親族間の扶養(alimentum)、教師や医師などによる謝礼金(honorarium)の請求、自由身分に関する訴訟(causa liberalis)について地方裁判官は裁判権を有していた可能性があるという。また特別訴訟手続の出現により帝政前期には上訴が認められるようになったが、地方裁判官は、都市公職者によって下された判決に対する上訴を受け付けていたと考えられる。(50)

それ以外の、通常訴訟手続や刑事訴訟における地方裁判官の権限についても、やはり推測の域を出ない。ジムスホイザーによれば、地方裁判官は基本的に刑事訴訟に関する権限をもっていなかったが、嫌疑をうけた後見人の訴追(accusatio suspecti tutoris)に関しては、権限を有していた可能性があるという。(51)

通常訴訟手続における地方裁判官の裁判権に関しては、それを示唆するとされてきた史料があるので、ここでやや詳しく検討したい。『ラテン碑文集成』第一一巻三七六番(＝『ラテン碑文選集』一一九二番)によれば、マルクス・アエリウス・アウレリウス・テオ(Corbier, *MEFRA*, no. 17)は「無制限の地方裁判官」(iuridicus de infinito)であった。そこで、この「無制限の」(de infinito)という追加の肩書きを根拠に、通常訴訟手続の範囲において地方裁判官が扱う訴訟物の価格に制限があったか否かという点が問題とされてきた。つまり、元来、地方裁判官の扱いうる訴訟物の価格には制限が設けられていたが、この場合の「無制限の」はそのような価格制限が適用されなかったことを意味するのではないかというのである。[52]

しかし、エックによれば、この「無制限の」という肩書きは訴訟物の価格の制限の撤廃を意味しないという。その理由として第一に、地方裁判官の扱う訴訟物に価格の制限があったとすれば、訴訟物の価格がその制限を超えた場合には、その訴訟は首都ローマの法務官が担当することになるはずだが、そもそも地方裁判官は法務官を務めた後に就任する官職であるのだから、訴訟制度において地方裁判官が法務官に従属するというのは奇異な感じをうけるし、実際に地方裁判官と法務官の間の審級順序は知られていない。そして第二に、「無制限の地方裁判官」は『碑文学年報』一九三一年六一番の「無制限の法務官」(praetor infinitarius)ガイウス・ファブリキウス・フェリクス・サルウィアヌスとの比較が可能である。官職名に「無制限の」を意味する“de infinito”あるいは“infinitarius”という肩書きが追加されているのは、地方裁判官テオとこの法務官サルウィアヌスの二名のみしか知られていない。法務官の扱う訴訟物の価格に制限がなかったことは明らかであるから、「無制限の地方裁判官」の場合も「無制限の」という肩書きは扱う訴訟物の価格の制限の撤廃を意味しなかったのではないか、というのである。したがって、エックの説明にしたがえば、地方裁判官の扱う訴訟物の価格に制限はなかったということになろう。

なお、この地方裁判官の扱う訴訟物の価格の制限の問題に関して、先のマクリヌス帝に関するカッシウス・ディオの記事が援用されることがある。つまり、その記事は、マクリヌス帝が地方裁判官に訴訟物の価格制限を守るよう指令したものだ、というのである。[53] しかし、右にみたように、地方裁判官に訴訟物の価格制限が適用されたということは考えにくい。この指令は、首都ローマや地方都市の司法担当の公職者の職務領域を侵犯しないよう地方裁判官に指示したものであると考えられる。[54]

テオに立ち戻るなら、エックはテオを三世紀半ばの地方裁判官と考え、[55] 次のように主張する。すなわち、テオは、いま述べた、他の公職者の裁判権を侵害することを戒めるマクリヌス帝の指令が出された後に任命された地方裁判官であり、その職名に付された「無制限の」という肩書きは、テオに権限の拡大を認めたものではないかというのである。[56] 筆者もこれが妥当な解釈と考える。

以上、史料をもとに地方裁判官の裁判権について検討してきたが、ここで地方裁判官の裁判権と、その管轄下にある地方都市の裁判権との関係について整理したい。

これまで分析してきた史料から、地方裁判官の裁判権に関する特徴がひとつ浮かび上がってくる。それは、地方裁判官の裁判権が、法律訴訟手続に関する権限を除けば、後見人の選任や信託遺贈といった特別訴訟手続に限定されているという点である。これに対し、司法権をもつ都市公職者は、方式書訴訟手続の対象となる案件を扱い、基本的に特別訴訟手続および法律訴訟手続に関する権限を有していなかった。[57] ここからすれば、地方裁判官は基本的に都市公職者の裁判権を侵害しなかったように思われる。しかしながら、地方裁判官の活動が都市の裁判権を制限した可能性がなかったのかといえば、必ずしもそうとは言い切れないだろう。というのも、先ほど説明した非訟事件は民事訴訟のなかでも特殊な分野で、例えば、後見人の選任は都市公職者によっても行われており、[58] この領域では、地方裁判官は都市公職者の裁判権を制限した可能性がある。また民事訴訟に関していえば、アレクサンデル・セウェルス帝(位二二二～二三五年)の死後、特別訴訟手続の発達にともなって方式書訴訟手続が衰退し、両者の区別がなくなると、地方裁判官も後者に関する権限を帯びるようになったと考えられている。[59] 先のカッシウス・ディオの記事も、地方裁判官が本来の権限である特別訴訟手続の範囲を越え出て、方式書訴訟手続の範囲にまで進出した、ということを述べている可能性がある。以上から、地方裁判官は、少なくとも設置直後は、権限の点で都市の裁判権を大きく制限することはなかったが、実際には時代を追うごとに都市の裁判権を制限していった可能性はあるということができる。

第四節　地方裁判官の司法以外の活動

続いて、地方裁判官の歴史的意義を考えるうえで重要な意味を帯びてくる司法以外の活動について、おもに碑文史料をもとに分析していきたい。

（1）都市の穀物供給に関する活動

まず、都市の穀物供給に関する活動について考察する。次の二枚の碑文から、地方裁判官が管轄下の都市の穀物輸入に関与したことが知られている。

『ラテン碑文集成』第五巻一八七四番＝『ラテン碑文選集』一一一八番（コンコルディア）

「［ガイウスの息子で、］クイリナ区所属のガイウス・アッリウス・アントニヌスへ。サトゥルヌス金庫長官、トランスパダナ地方のイタリアを担当する最初の地方裁判官、アルウァル兄弟団員、至聖なる皇帝（マルクス・アウレリウス帝とルキウス・ウェルス帝)から後見に関する裁判を委任された最初の法務官、高等造営官、元老院文書局長、ローマ騎士六人役、第四「スキュティア」軍団副官、道路管理担当四人官(を歴任)。最も偉大なる皇帝陛下(マルクス・アウレリウス帝とルキウス・ウェルス帝)の先慮により派遣された彼は、穀物輸入の差し迫った困難を解決し、都市の資金の確保に尽力したのである。コンコルディアの都市参事会が至高のパトロンへ(献呈する)。(彼の)高潔さと尽力のゆえに。[60]」

『ラテン碑文集成』第一一巻三七七番(アリミヌム)

「ガイウスの息子で、クイリナ区所属のガイウス・コルネリウス・フェリクス・イタルスへ。フラミニアおよびウンブリア担当の地方裁判官、アカイア州総督職代行、法務官、護民官、シキリア州総督付き財務官(を歴任した)、植民市(アリミヌム)のパトロンへ。彼の裁判管区の都市(アリミヌム)の七つの街区の住民と建築職人・寄せ布作り・デンドロフォリの組合が(この碑を献呈する)。その見事な指揮、穀物輸入の不足の時の我々に対する厚い信義、そして、穀物が市民の間で有り余るほどにし、また近隣諸都市にも行き渡るようにしたその精励のゆえに。(碑を設置するための)場所は都市参事会決議により与えられた。[61]」

一枚目の碑文は、ウェネティア地方のコンコルディアが、「穀物輸入の差し迫った困難を解決」した地方裁判官ガイウス・アッリウス・アントニヌスの功績を讃えて設置した顕彰碑文である。この人物は、前節で扱ったフロントの書簡に出てくる地方裁判官と同一人物である。他方、二枚目の碑文は、アエミリア地方のアリミヌム(現リーミニ)の住民と同職組合が、「穀物輸入の不足の時」における地方裁判官ガイウス・コルネリウス・フェリクス・イタルスの功績を讃えて設置した顕彰碑文である。

従来の研究は、これら二枚の碑文から、地方裁判官は管轄下の都市の穀物輸入に関する任務を帯びていたと考えてきた[62]。なかには、このときのイタリアにおける食糧難が、マルクス・アウレリウス帝による地方裁判官派遣の動機のひとつだったとまで考える研究者もいる[63]。

このような従来説に対し、エックは異議を唱える。すなわち、地方裁判官は管轄下の都市の穀物輸入に関する権限を与えられておらず、この種の問題が発生した際に、これにアド・ホックに対処したのだというのである。この二枚の碑文史料が語るところに関して、エックは次のように考えている。これらふたつの碑文はマルクス・アウレリウス帝とルキウス・ウェルス帝(位一六一～一六九年)が共同統治を行っていた一六一年から一六九年の間に設置されたもので、この時期にイタリアは飢饉に見舞われ、都市は穀物輸入担当の都市公職者の力では対処し切れないような非常事態に陥った。このため、マルクス・アウレリウス帝は国家が備蓄していた穀物をイタリア都市に配給したが[64]、その際に皇帝政府は、地方都市の危機的状況を、都市が派遣した使節や皇帝政府が派遣した帝国官僚を通じて把握した。都市の側からすれば、一定の地域を任された帝国官僚に非常事態の解決を依頼するのが確実な手段であったのだ、と[65]。

筆者も、穀物輸入に関する活動は必ずしも地方裁判官の権限に帰することはできないと考えている。まず、最初の碑文に関していえば、ここで顕彰されているアントニヌスは、地方裁判官在任時にコンコルディアの穀物輸入に関与したとは必ずしもいえない。というのも、この碑文では、彼が地方裁判官の後に就任したサトゥルヌス金庫長官(praefectus aerarii Saturni)職が言及されているからである。つまり、この碑文はおそらく穀物輸入の困難が解決されて間もない時期に設置されたと思われるのだが、アントニヌスはそのときにはすでにサトゥルヌス金庫長官に就任している。したがって、彼がサトゥルヌス金庫長官在任中にコンコルディアの穀物輸入に携わったという可能性もわずかながら残されており、この種の活動が地方裁判官の立場で行われたものと断定することはできないのである。

次に、この二名の地方裁判官がともに、管轄下の都市のパトロンに選任されている点にも注意すべきである。前章第三節でも述べたが、都市パトロンとは都市参事会決議によって選任された都市の保護者であり[66]、この二名の地方裁判官は都市パトロンの資格で都市の穀物輸入に携わった可能性がある。アントニヌスは北アフリカのキルタ（現コンスタンティーヌ（アルジェリア））、イタルスは北アフリカのシミットゥ（現シムトゥ（チュニジア））の出身であり、昇進階梯から判断すれば、両者とも地方裁判官に任命される前に、コンコルディアやアリミヌムと接触をもっていたとは考えられない。つまり、両者とも地方裁判官就任以前に、すでにコンコルディアやアリミヌムから都市パトロンに選任されていたとは考えられないのである。したがって、彼らが地方裁判官として任地に赴任した際に、コンコルディアとアリミヌムは、彼らに何らかの善行を期待して、あるいは彼らの善行に報いるために、都市パトロンに選任したのであろう。そして、もし前者の場合であれば、つまり、彼らが都市パトロン就任後に両市の穀物輸入を支援したのであれば、それは地方裁判官ではなく、都市パトロンの資格で行われたということもできるのである。

このように、アントニヌスとイタルスが都市パトロンとして都市の穀物輸入を支援した可能性が残されているため、彼らが地方裁判官の権限にもとづいてこの種の業務に携わったとは言い切れない。したがって、かつて従来説が説いたような、地方裁判官に穀物輸入関連の任務が与えられていたという事実は、これら二枚の碑文からは確認できないのである[67]。他方、地方裁判官が帝国官僚としてであれ都市パトロンとしてであれ、都市の穀物輸入を支援したのであれば、皇帝政府による地方裁判官の派遣が結果として都市が抱える自治行政上の問題を解決する人物の派遣を意味したということも、これら二枚の碑文から確認できよう。

(2) 剣闘士の価格制限の監督

次に、マルクス・アウレリウス帝治世末期の一七六年に出された「剣闘士競技開催費用減免に関する元老院決議[68]」に関して検討していこう。当時、帝国各地の諸都市では、祝祭の際に上層市民が剣闘士競技の開催を引き受けていたが、剣闘士を養成して競技に提供する興行師(lanista)に支払う費用が高額であったため、地方都市の上層市民が経済的に苦しんでいた。そこで、全帝国において剣闘士の費用の上限を定め、競技を催す地方都市の上層市民の負担を軽減するために、この元老院決議が出されたのである。

この元老院決議の四二行目から四四行目のところには、次のような一文がある。

「(前略)しかし、ポー川の向こう側とイタリアの全地域では、(剣闘士試合の興行師が価格制限を守るように監督する)権限は、もし駐在しているなら、アリメンタ長官か街道監督官に付与されるべきであり、あるいは街道監督官がいなければ、地方裁判官かさらには艦隊司令官に付与されるべきである。(後略)[69]」

この史料では、イタリアで剣闘士の価格制限を監督する機関として、イタリアを任地とする他の帝国官僚とともに地方裁判官が挙げられている。ここから、従来の研究では、地方裁判官に剣闘士の価格制限を監督する権限が与えられていたとされてきた。

しかしながら、この史料を読み解くうえで重要なのは、地方裁判官が他の帝国官僚とともに挙げられているという点にある。つまり、この元老院決議では、確かに剣闘士の価格制限を監督する権限が地方裁判官に与えられているが、地方裁判官よりも先にアリメンタ長官(praefectus alimentorum)と街道監督官(curator viarum)が挙げられており、これらの官僚に優先的に監督権が付与されていたようにみえるのである。したがって、アリメンタ長官かあるいは街道監督官が任地にいる場合には、まず彼らが剣闘士の価格制限に関する元老院決議の適用を行い、彼らが任地に不在の場合にはじめて、地方裁判官か艦隊司令官(praefectus classis)が都市に対し元老院決議を適用することができたのではないかと思われる。しかも、エックによれば、実際に剣闘士の競技が催される際には、彼ら帝国官僚が価格制限をチェックしたのではなく、都市の側が元老院決議の適用を帝国官僚に求めたのだという。つまり、元老院決議の適用に関して、都市の側にある程度の裁量があったのだというのである。[70] これらの点を考慮するならば、地方裁判官のこの種の権限は過大評価できないだろう。

剣闘士の競技を催す都市の名望家が経済的に圧迫されたなら、彼らによって担われる都市の政治・経済も大きな影響をうける。この点を念頭に置きながら元老院決議にあたると、二三行目から二四行目の「(マルクス・アウレリウス帝とコンモドゥス帝は)下降しつつある諸都市の財政状態と、すでに破滅の道に転落しつつある指導的人物たちの財産を再建した」(弓削達訳)[71]という一文は、この元老院決議の効果を端的に述べているように思われる。アリメンタ長官や街道監督官が任地に不在の場合、都市の上層市民は、地方裁判官による元老院決議の適用に大きな期待を抱いただろう。おそらくこのとき、都市の上層市民には、地方裁判官は彼らの利益を守る「保護者」と映ったに違いない。この元老院決議の適用という措置は、都市社会にふたたび活力をもたらす効果をもったということも指摘しておきたい。

（3）アリメンタ制度との関係

次に、碑文史料からアリメンタ制度に関与したかにみえる地方裁判官が一名知られているので、これについて検討したい。問題の碑文は、欠損により被顕彰者の名前が刻まれた部分は失われているが、被顕彰者の昇進階梯のなかに「ピケヌムおよびアプリア地方担当の、アリメンタおよび街道を監督する地方裁判官」(*ἰουρίδικος Πεικήνου καὶ Ἀπουλίας ἀλιμέντων καὶ ὁδῶν*)という官職名がみえる。[72] この一枚の碑文を根拠に、従来、地方裁判官にはアリメンタ制度を監督する任務が与えられていたと考えられてきた。[73] 第一章第一節(4)でも取り上げたが、アリメンタ制度とは、おもに皇帝が一定の基金を設定して、そこから上がる収益によって貧しい少年・少女たちを扶養するという制度である。

O・ヒルシュフェルトによれば、マルクス・アウレリウス帝の治世に、イタリアの各地域のアリメンタ制度を監督していたアリメンタ長官のポストは撤廃され、アリメンタ行政は、首都ローマにいながらイタリア全土のアリメンタ制度を監督するアリメンタ長官(一名)に一元化された。そしてこのときに、各地域レベルでのアリメンタ制度は地方裁判官に委ねられたという。そして、このことを先のマクリヌス帝に関するカッシウス・ディオの記事が傍証する。つまりマクリヌス帝は、マルクス・アウレリウス帝により与えられたアリメンタ制度に関する権限を地方裁判官から取り上げたというのである。[74]

地方裁判官によるアリメンタ制度の監督業務についてヒルシュフェルトはこのように考え、また近年ではコルビエも地方裁判官がアリメンタ制度に関する任務を帯びていたと考えているが、[75] ジムスホイザーやエックはこのような説を否定している。ジムスホイザーによれば、先にみた「剣闘士競技開催費用減免に関する元老院決議」

ではアリメンタ長官が多数いることが前提とされているのであるから、マルクス・アウレリウス帝の治世にアリメンタ制度の監督が首都ローマのアリメンタ長官に一元化されたとは考えられない。またマクリヌス帝に関するディオの記事もあくまで、同帝が地方裁判官に、マルクス・アウレリウス帝から与えられた権限にもとづいた行動のみをとり、その範囲を超えるような司法活動を行わないように指示したものなのだから、この史料はむしろ反証になるとする。[76] 他方、エックは、この碑文における地方裁判官とアリメンタ制度および街道の監督業務との結びつきが不自然であることを指摘する。この「ピケヌムおよびアプリア地方担当の、アリメンタおよび街道を監督する地方裁判官」(*ἰουρίδικος* Πεικήνου καὶ Ἀπουλησίας ἀλιμέντων καὶ ὁδῶν = iuridicus Piceni et Apuliae alimentorum et viarum)という箇所は、おそらく本来は「ピケヌムおよびアプリア地方担当の地方裁判官、街道およびアリメンタ監督官」(iuridicus Piceni et Apuliae, curator viarum et alimentorum)であったところを碑文の作成者が誤って記したものと思われるため、地方裁判官にアリメンタ制度に関する権限は与えられていなかったという。[77] 筆者も、地方裁判官にアリメンタ制度に関する権限は与えられていなかったと考えている。

(4)　都市の組合との関係

最後に、管轄下の都市の組合に関する活動を伝える史料が残されているので、それについて検討していきたい。[78]

セプティミウス・セウェルス帝治世(一九三～二一一年)にウェネティア地方のブリクシア(現ブレシャ)で設置された碑文は、地方裁判官が同市のデンドロフォリ組合のために尽力して、負担義務(munera)の免除特権を確認したことを伝えている。

『ラテン碑文集成』第五巻四三四一番(ブリクシア)

「マルクスの息子で、ファビア区所属のマルクス・ノニウス・アッリウス・パウリヌス・アペルへ。クラリッシムス級の人物で、祭儀を司る十五人役、皇帝推薦の財務官、首都法務官、ニコメディアおよびニカエアの都市監督官、アッピウス街道監督官、トランスパダナ担当の地方裁判官(を歴任)。デンドロフォリ組合が(この碑を献呈する)。彼の精励によって我々の組合の(負担義務の)免除が認められたという理由から。(我々の組合の)パトロンへ。(碑を設置するための)場所は都市参事会決議により与えられた。[79]」

この碑文は従来、都市参事会とデンドロフォリ組合の間で負担義務の免除をめぐる係争が起こったため、地方裁判官が介入し、彼の権限にもとづいて免除特権を確認したのだと解釈されてきた。[80]問題はデンドロフォリ組合に対する負担義務の免除特権の確認が、地方裁判官の権限にもとづいて行われたのか否かという点である。この点に関してエックは、右の従来的な見方とは異なる解釈を提示する。すなわち、この碑文には、あくまで「彼の精励によって」(eius industria)負担義務の免除特権が認められたと記されているから、負担義務の免除特権は、マルクス・ノニウス・アッリウス・アペルが地方裁判官の権限にもとづいて確認したのではなく、彼の仲介により皇帝政府が確認したと考えるべきだ、というのである。[81]

しかし、J‐M・サラミトはいわゆる「三つの組合」(tria collegia)に関する論文のなかで、この碑文をノリクムのソルウァ(現ヴァグナ近郊(オーストリア))の組合に対して出されたセプティミウス・セウェルス帝およびカラカッラ帝(位二一一～二一七年)の勅令[82]と比較して分析し、免除特権の確認者に関して次のように述べる。すなわち、もしブリクシアのデンドロフォリ組合に対する免除特権が皇帝政府によって確認されたのであれば、勅令の存在を示唆する文言が碑文中にみられるはずである。しかしながら、そのような文言はこの碑文にはみられないので、負担義務の免除特権の確認申請は皇帝政府のところには持ち込まれなかったと思われる。したがって、デンドロフォリ組合に対し負担義務の免除特権を認めるかどうかは、トランスパダナ裁判管区の地方裁判官であったアペルの裁量にかかっていたのだ、というのである。[83]

筆者は、「彼の精励によって」という文言を重要視するエックの解釈のほうが妥当であると考える。というのも、彼はブリクシア出身と考えられており、[84]ゆえに地方裁判官就任以前からブリクシアのデンドロフォリ組合のパトロンであった可能性が高いからである。つまり、アペルがパトロンの資格で組合のために奔走し、皇帝政府から免除特権の確認を取り付けたようにもみえるのである。このアペルの活動は、第二章第三節でみたように、都市と皇帝政府の仲介役として、皇帝政府に働きかけて都市のために特別措置を取り付けるという都市パトロン的な活動とのアナロジーで理解することができる。このように、アペルが組合のパトロンの資格で活動した可能性は十分に残されており、彼が地方裁判官の職権にもとづいてブリクシアのデンドロフォリ組合の免除特権を確認したとは言い切れないのである。

ここで、地方裁判官の司法以外の活動の性格について、筆者の見解をまとめておきたい。先にも述べたが、ジムスホイザーに収斂する従来の研究は、地方裁判官によるこれらの活動を、皇帝政府が彼らに与えた任務・権限に帰し、地方裁判官に属州総督のプロトタイプを見いだしたのであった。しかしながら、本節における検討を通して得られた像は、そのような従来説とは異なるものである。穀物輸入に関する活動は、地方裁判官の資格で行われたとは言い切れない。また「剣闘士競技開催費用減免に関する元老院決議」の適用も、確かに法的な権限は地方裁判官に認められていたが、他の帝国官僚も同等の権限を有していた点を考慮するならば、地方裁判官の任務として過大評価できない。さらにアリメンタ制度に関しては、そもそも地方裁判官にその種の権限は与えられていなかったと思われる。最後に、管轄下の都市の組合に対する負担義務の免除特権の付与も、地方裁判官の権限にもとづいて行われたとは確言できない。

このように、地方裁判官による司法以外の活動は、必ずしも地方裁判官の権限にもとづくものではなかった。また、そのような活動は、都市の自治行政上の問題を解決したり、都市上層部の利益を保護することで、都市の行政・財政に貢献し、あるいは都市の活力を担保する性格のものであった。本節における検討からこのようにいうことができよう。

本節で検討した司法以外の活動は必ずしも地方裁判官の権限に帰することはできない。この点に限っては、筆者はエックと同意見である。しかしながら、地方裁判官と都市との関係は司法の分野に限定されており、司法以外の活動はおそらく都市の側の要請によりアド・ホックに行われたものであるから、地方裁判官の活動として過大評価できない、とするエックの見解には、筆者は同意できない。確かに、本節でみた地方裁判官の活動はアド・ホックな性格のものであろう(85)。しかし、それにしては、司法担当の帝国官僚にすぎないはずの地方裁判官が司法以外の業務に従事していたことを伝える史料が多いとはいえないだろうか。

筆者には、本節で検討した碑文史料は、地方裁判官の司法以外の領域における問題処理能力の高さと、それに対する都市の期待を示しているように思われる。では、なぜ地方裁判官には、そのような都市の問題の解決が可能であったのだろうか。また、なぜ司法担当の帝国官僚に司法以外の問題解決が依頼されたのだろうか。次節では、地方裁判官の任用上の特徴について分析し、この問いに対する筆者なりの解答を提示したい。

第五節　地方裁判官の任用上の特徴

(1)　地方裁判官の裁判管区

筆者は、地方裁判官に都市の自治行政上の問題の処理が依頼された理由として、彼らの任用上の特徴、とりわけ昇進階梯と任務遂行上の特徴を指摘できるのではないかと考えているのだが、この点について詳しく論じる前に、本項では地方裁判官の活動の枠組みとなる裁判管区制度について、先行研究に依拠しながら概観していきたい。

実は、地方裁判官研究においては、この裁判管区制度が最も大きな問題とされてきた。まずモムゼンは、地方裁判官の担当区域は定まっておらず、地方裁判官がどの地域を担当するかは任用の際にその都度決められたと考えた(86)。他方、ジュリアンは、ハドリアヌス帝が派遣したコンスラレスが四名であったことから、マルクス・アウレリウス帝がこの政策にならって派遣した地方裁判官も常に四名であったと考え、首都ローマとそこから半径一〇〇マイル以内の首都管区を除いたイタリア半島もまた四つに分けられ、その際、四つの各裁判管区がどの地域を守備範囲としていたかは、トランスパダナ裁判管区以外は決められていなかったと考えた(87)。またローゼンベルクは、首都管区を除いたイタリアは、①トランスパダナ、②アエミリア・リグリア・トゥスキア、③フラミニア・ウンブリア・ピケヌム、④アプリア・カラブリア・ルカニア・ブルッティウムの四つに分けられており、碑文史料にこのパターン以外の組み合わせがみられる場合には、それらは例外的なものか、あるいは本来記されるべき地域名が省略されていると考えた(88)。

これらの主張に対し、トムセンは、地方裁判官の裁判管区は設立当初から三世紀後半に廃止されるまで固定されていたのではなく、三つの段階をへて変化したと考えた。彼によれば、首都管区を除いたイタリアは次のような裁判管区に分けられたという。(89)

第一段階（マルクス・アウレリウス帝治世～）

①トランスパダナ、②アエミリア・フラミニア・リグリア、③トゥスキア・ウンブリア・ピケヌム、④アプリア・カラブリア・ルカニア・ブルッティウム

第二段階（セプティミウス・セウェルス帝治世後半～）

①トランスパダナ、②アエミリア・リグリア・トゥスキア、③フラミニア・ウンブリア、④アプリア・ピケヌム、⑤カラブリア・ルカニア・ブルッティウム

第三段階（三世紀半ば（早くとも二四二年）～）

①トランスパダナ、②アエミリア・リグリア・トゥスキア、③フラミニア・ウンブリア・ピケヌム、④アプリア・カラブリア、⑤ルカニア・ブルッティウム

このトムセン説を批判的に継承・発展させたのがコルビエの説である。彼女は、地方裁判官の裁判管区の制度には五つ（厳密にいえば六つ）の段階があったと考えた。(90)彼女によれば、首都管区を除くイタリアは次のような裁判管区に分けられたという。

第一段階（マルクス・アウレリウス帝治世）

①トランスパダナ、②リグリア・アエミリア・トゥスキア、③フラミニア・ウンブリア・ピケヌム、④アプリア・カラブリア・ルカニア・ブルッティウム

第一段階から第二段階への移行期（マルクス・アウレリウス帝治世末期）

①トランスパダナ・フラミニア、②リグリア・アエミリア、③トゥスキア・ウンブリア・ピケヌム、④アプリア・カラブリア・ルカニア・ブルッティウム

第二段階（コンモドゥス帝治世～）

①トランスパダナ、②リグリア・アエミリア・フラミニア、③トゥスキア・ウンブリア・ピケヌム、④アプリア・カラブリア・ルカニア・ブルッティウム

第三段階（セプティミウス・セウェルス帝治世～）

①トランスパダナ、②リグリア・アエミリア・トゥスキア、③フラミニア・ウンブリア・ピケヌム、④アプリア・カラブリア・ルカニア・ブルッティウム

第四段階（カラカッラ帝治世～）

①トランスパダナ、②リグリア・アエミリア・トゥスキア、③フラミニア・ウンブリア、④ピケヌム・アプリア、⑤カラブリア・ルカニア・ブルッティウム

第五段階（二四〇／二五〇年頃～）

①トランスパダナ、②リグリア・アエミリア、③トゥスキア・ウンブリア、④フラミニア・ピケヌム、⑤アプリア・カラブリア、⑥ルカニア・ブルッティウム

コルビエの説について若干補足しておきたい。マルクス・アウレリウス帝の治世に創設された裁判管区制度は、

同帝の治世末期にトランスパダナとフラミニアを結び合わせるという若干の変更が加えられながら、[91] コンモドゥス帝治世（一八〇〜一九二年）に最初の改変、セプティミウス・セウェルス帝治世に二度目の改変が行われる。なお、この第三段階の裁判管区制度は第一段階のそれと同一のものである。次いで、カラカッラ帝治世に裁判管区制度は三度目の改変が行われ、裁判管区は五つに増加する。コルビエは、このとき同時に地方裁判官の職権に関しても改革が行われたと考えている。そして、三世紀半ば（二四〇／二五〇年頃）に裁判管区制度は四度目の改変が行われ、裁判管区の数は六つにまで増加した。この第五段階では、南イタリアの裁判管区がアプリア・カラブリアとルカニア・ブルッティウムのふたつに分割されているのが大きな特徴である。

いま紹介したコルビエ説は、地方裁判官の裁判管区の変遷を緻密に再現しようとした画期的な研究である。しかしながら、彼女の論考が発表された直後に、カモーデカとエックから反論が提出されている。カモーデカはアプリア・カラブリア・ルカニア・ブルッティウムという南イタリアを包括する裁判管区がアレクサンデル・セウェルス帝治世まで存続していたことを示した。[92] 他方、エックは、カモーデカと同様の論点に加えて、コルビエの方法的な問題点や、地方裁判官の年代特定の他の可能性、第二の段階（コンモドゥス帝治世）の史料的根拠の弱さを指摘し、地方裁判官の裁判管区は、五度にわたる改革によって変化していったというよりも、むしろ随時暫定的な改革が行われながら、全体としてほとんど変化しなかったのではないかとの見解を示した。[93] さらに近年では、クリストルの研究がマルクス・アウレリウス帝治世末期からコンモドゥス帝治世初期にかけての裁判管区の変遷を精査し、コルビエ説に修正を迫っている。[94] 筆者は、カモーデカやエックらの説が最も妥当だと考えている。

(2)　地方裁判官の昇進階梯(cursus honorum)と任務遂行上の特徴

地方裁判官の活動の枠組みとなる裁判管区に関しては、以上のとおりである。これをうけて本項では、地方裁判官に都市の自治行政上の問題の処理が依頼された背景について分析していきたい。筆者の考えでは、そのような背景として、地方裁判官の任用状況に関するふたつの特徴を指摘できるように思う。

そのひとつめは、地方裁判官の昇進階梯に関するものである。地方裁判官就任者に関する碑文史料を精査するならば、彼らが特徴的な昇進階梯を歩んでいる点が明らかとなる。

注目すべきは、地方裁判官職の前のふたつの官職である。地方裁判官職を委任された元老院議員は、その前に都市監督官(curator rei publicae)や街道監督官といったイタリアを任地とする官職に任じられている場合が多いのである。より具体的に述べると、①街道監督官→地方裁判官という経歴を歩んだ議員が四五名中一二名(約二七%)、②都市監督官→街道監督官→地方裁判官という経歴を歩んだ人物が五名(約一一%)、③都市監督官→地方裁判官という経歴を歩んだ人物が三名(約七%)となっている[95]。このように四五名中二〇名(約四四%)と半数近くの地方裁判官が、前職あるいはさらに前々職において、イタリア統治の経験を有しているのである。ここから、地方裁判官に任じられた元老院議員の多くは、イタリアを任地とする官職に連続して就任し、イタリア事情に精通した政治家であったといえるのではないか。

実際、都市自治に関する研究のなかでこのような昇進階梯の特徴に注目したF・ジャックは、これらの地方裁判官を「イタリア・スペシャリスト」と呼んでいる[96]。ただし、これらの地方裁判官の多くは、地方裁判官の後に属州を任地とする官職に就任している[97]。ここからすれば、これらの地方裁判官を「イタリア・スペシャリスト」

とまで呼べるかどうかは疑問ではあるが、少なくとも地方裁判官就任の時点でイタリア統治の経験を積み重ねた者たちであったということはできるだろう。

このような任用上の特徴は、従来の地方裁判官研究においてはほとんど注目されてこなかったが、地方裁判官の歴史的意義を考える際には見逃されるべきではないだろう。イタリアを任地とする官職に連続して就任し、イタリア統治の経験を積み重ねていた地方裁判官は、管轄下の都市で生じた問題に適切な処理を施し、都市の行政・財政を支援するパトロンないしは「保護者」としての資格を備えていたのである。

さらにもうひとつ、昇進階梯とならんで任用上の特徴として重要なのは、地方裁判官が、イタリアに派遣された皇帝勅任の帝国官僚としてははじめて首都ローマを離れ、担当管区内を巡回し、職務を遂行したということである。(98)

エックは任地における地方裁判官の職務遂行の仕方について、次のように考えている。おそらく地方裁判官は、担当管区内の中心都市に庁舎をもち、そこで職務を執り行っていたのではない。地方裁判官は、一カ所にとどまらずに、担当管区内を移動する巡回裁判のようなかたちで司法業務に携わっていたと思われる。地方裁判官は、任務を遂行するにあたってその管区内の各都市に布告を出し、法廷の開催期日などを知らせていたのではないか、というのである。(99)

エックは以上のような推論を展開するにあたり史料的な根拠をほとんど挙げていないが、地方裁判官が任務の遂行にあたって首都ローマを離れ担当地域に赴いていたというエックの説には筆者も同意している。その根拠として、前節で検討した「剣闘士競技開催費用減免に関する元老院決議」を挙げることができる。先に引用した箇所は、この元老院決議を適用する権限をもつ帝国官僚として、最初にアリメンタ長官や街道監督官を挙げ、次に彼らが任地に不在の場合を想定して、地方裁判官および艦隊司令官にも同様の権限を認めている。つまり、元老院決議のこの箇所からは、アリメンタ長官や街道監督官は任地に不在の場合があっても、地方裁判官はほぼ確実に担当地域で職務を遂行しているようにみえるのである。このように、地方裁判官が首都ローマを離れて担当地域に赴き、その地域内を巡回しながら職務を遂行していたのであれば、その管轄下にある都市は、地方裁判官が自身のところに来たときに直接問題の解決を依頼するか、あるいは地方裁判官が比較的近隣の都市に滞在しているときにはそこに使節を派遣すればよかったため、都市にとって地方裁判官に自治行政上の問題処理を依頼することは比較的容易であったに違いない(100)。

なお、筆者は前章において、都市監督官は必ずしも任地に赴くことがなかったが、書簡や使節を通じて、都市が抱える行政・財政上の問題に適切に対処しえたことを指摘した(101)。このことからすれば、地方裁判官が任地に赴いたことはさほど重要ではないかのように思えるかもしれない。しかし、都市監督官と地方裁判官では、管轄下の都市の数に大きな差があることを考慮しなければならない。すなわち、都市監督官はふつう一～二の都市を管轄下に置いていたのに対し、地方裁判官はその数十倍の数の都市を管轄下に置いていたのである。ここからすれば、地方裁判官の場合は、首都ローマを離れ任地を巡回することで、常に都市と近い距離にいることが重要な意味をもっていたように思われる。

以上、地方裁判官に都市のパトロンないしは「保護者」としての活動を可能にした、任用上のふたつの特徴を指摘した。実際、地方裁判官のなかには、管轄下の都市から顕彰されている者が多い。そのような顕彰の代表的なものは、都市パトロンの選任である。一例として次のような史料がある。

『ラテン碑文集成』第一一巻二一〇六番＝『ラテン碑文選集』一一三八番(クルシウム)

「マルクスの息子で、クイリナ区所属のマルクス・ファビウス・マグヌス・ウァレリアヌスへ。訴訟担当十人委員、第一一「クラウディウス・敬虔・忠実」軍団の元老院議員身分の副官、祭儀を司る十五人役、皇帝推薦の財務官、第五騎兵分隊を指揮する六人役、護民官、法務官、ルペルクス神官、ウェリトラエの都市監督官、ラティナ街道監督官、トゥスキアおよびピケヌム担当の地方裁判官、第一「イタリア」軍団司令官(を歴任)。最も光輝あるクルシウムの都市参事会が、至高のパトロンへ(献呈する)。彼が我々に対して示した善意のゆえに。[102]」

この碑文は、エトルリア(トゥスキア)地方のクルシウム(現キュージ)が、マルクス・ファビウス・マグヌス・ウァレリアヌスを顕彰したものである。クルシウムは、ウァレリアヌスが地方裁判官に就任しているときに、彼を都市パトロンに選任したと考えられている。[103]碑文の最後に「至高のパトロンへ(献呈する)。彼が我々に対して示した善意のゆえに」とあるように、この地方裁判官は都市パトロンとして都市に「善意を示した」のだが、彼が具体的にどのような功績を示したのか詳しいことはわからない。ただ、前章第三節でも述べたように、近年の都市パトロン研究の成果からすれば、その功績とは、皇帝政府に対する都市の利益の主張(法廷における弁護、種々の特権の獲得、大規模な公共事業の許可とそのための資金の調達など)か、あるいは都市に対する恩恵施与行為であったと思われる。このように管轄下の都市からパトロンに選任されている地方裁判官は五名いる(うち二名は前節で検討した)。[104]

さらに碑文史料を精査するならば、都市パトロンには選任されていないものの、何らかの功績を讃えられ、管轄下の都市から顕彰されている地方裁判官が二名おり、[105]組合から顕彰されている地方裁判官が二名いる(うち一名は前節で検討した)。[106]また、碑文の欠損などにより詳しいことは不明であるが、さらに五名の地方裁判官が管轄下の都市から顕彰された可能性を残している。[107]以上、都市パトロンへの選任など、何らかのかたちで管轄下の都市ないしは組合から顕彰された地方裁判官は四五名中一四名(三一%)もいるのである。

こうしてみるならば、地方裁判官による穀物輸入や元老院決議の適用などといった司法以外の活動は、おそらく都市の側の要請によってアド・ホックに行われたものであったと思われるのだが、地方裁判官にその種の活動の依頼が持ち込まれた背景は、本節における検討からよりよく理解できるだろう。すなわち、第一に、地方裁判官はイタリアを任地とする官職への連続的な就任を通じてイタリア統治の経験・知識を十分に蓄えていた元老院議員が就任していた。そして第二に、必ずしも任地で任務を遂行するとは限らなかった街道監督官や都市監督官とは異なり、地方裁判官はローマを離れて任地に赴き、担当地域内を移動しながら巡回裁判を行っていたと思われる。したがって、その管轄下の都市の側からみれば、地方裁判官は問題処理能力という点で適切な人物が就任していたうえに、自治行政上の問題処理を要請することが比較的容易な帝国官僚だったのである。あくまで国制上は司法担当の帝国官僚である地方裁判官が、司法以外の活動にも従事していることを伝える史料が少なからず伝存しているのは、地方裁判官が帯びていた以上のような性格に起因しているのではないだろうか。

小括

最後に、本章における検討をまとめておきたい。史料上、地方裁判官は本来の任務に加えて、穀物輸入や剣闘士の費用に関する監督業務など、司法以外の任務を与えられているようにみえるため、従来の研究において地方裁判官はイタリアにおける総督(corrector)の先駆的存在と見なされてきた。しかし、本章における検討からこのような従来説とは異なる像が得られた。すなわち、地方裁判官が行っていた司法以外の業務は必ずしも地方裁判官の地位ではなく、都市パトロンなど帝国官僚とは異なる立場にもとづいていた可能性もあるのである。したがって、その権限は司法の領域を越えていたとは必ずしもいえないため、地方裁判官を総督と比較することはできないであろう。

その際、地方裁判官が司法以外の領域で行う活動は、都市の要請があってはじめて行われるアド・ホックな性格のものとして過小評価されるかもしれない。しかしながら、この種の活動も、地方裁判官派遣の歴史的意義を考えるうえで非常に重要な意味を帯びてくる。というのも、彼らの本来の任務である司法の領域に関していえば、確かに地方裁判官の裁判権は、時代を追うごとに都市の裁判権を侵害したかもしれないが、司法以外の領域では、地方裁判官は帝国官僚という立場を利用して都市の利害を皇帝政府に代弁したり、あるいは都市の自治行政上の問題を取り除くなどしたりして、都市の行政・財政に貢献していたからである。しかも、地方裁判官が、あくまで司法担当の帝国官僚であったにもかかわらず、都市から自治行政上の問題処理を要請されたのには、しかるべき理由があった。すなわち、彼ら地方裁判官はイタリアを任地とする官職に連続して就任し、イタリア事情に精通していた元老院議員であったことに加え、他の帝国官僚とは異なり常に担当地域内を巡回していたため、都市にとっては自治行政上の問題の解決を要請するのに格好の帝国官僚だったのである。実際におよそ三割の地方裁判官が管轄下の都市ないしは組合から顕彰されていることが、地方裁判官と都市の関係のこのような側面を傍証しているように思われる。

したがって、地方裁判官と都市の関係を「自治」という観点から整理するなら、地方裁判官は司法に関しては都市の裁判権を侵害する可能性があったが、司法以外の領域では都市の要請をうけて自治行政上の問題を解決し、都市の行政・財政に貢献することもあった、ということになる。前章では、地方裁判官と同様イタリアの「属州化」の文脈で論じられる都市監督官とイタリア都市の関係について考察したが、やはりそこでも地方裁判官と比較可能な像が得られた。とすれば、イタリアの「属州化」という現象は、この地方裁判官の再評価を通して変更を余儀なくされるであろう。すなわち、イタリア行政における皇帝権力の進出が都市自治を圧迫し、都市の没落を招いたという見方は、もはや支持できなくなるのである。

(1) e.g. W. Simshäuser, Untersuchungen zur Entstehung der Provinzialverfassung Italiens, in: *ANRW* II-13, 1980, 401-452 (= Simshäuser, *ANRW*).

(2) Th. Mommsen, *Römisches Staatsrecht*, II-2, Basel 1952³ (= Mommsen, *Staatsrecht*), 1085f.; id., Die libri coloniarum, in: id., *Gesammelte Schriften*, V, Berlin 1908, 146-199 (= Mommsen, Libri coloniarum), 183; C. Jullian, *Les transformations politiques de l'Italie sous les empereurs romains, 43 av. J.-C.-330 ap. J.-C.*, Paris 1884 (= Jullian, *Transformations*); A. Rosenberg, Iuridicus, in: *RE* XIX, 1918, 1147-1154 (= Rosenberg, *RE*); R. Thomsen, *The Italic Regions from Augustus to the Lombard Invasion*, Copenhagen 1947 (= Thomsen, *Italic Regions*); M. Corbier, Les circonscriptions judiciaires de l'Italie de Marc Aurèle à Aurélien, *MEFRA* 85, 1973, 609-690 (= Corbier, *MEFRA*).

(3) G. Camodeca, Nota critica sulle "regiones iuridicorum" in Italia, *Labeo 22*, 1976, 86-95 (= Camodeca, *Labeo*); W. Eck, Die regionale Organisation der italischen Iuridikate, *ZPE* 18, 1975, 155-166 (= Eck, *ZPE* 18); M. Christol, P. Plotius Romanus, iuridicus per Aemiliam Liguriam: L'organisation des districts juridictionnels en Italie à la fin du règne de Marc Aurèle et au début du règne de Commode, *MEFRA* 115, 2003, 959-983 et 1069; id., Iuridicus per Aemiliam Liguriam, *ZPE* 151, 2005, 215-222.

(4) Jullian, *Transformations*, 123; Rosenberg, *RE*, 1149.

(5) W. Simshäuser, *Iuridici und Munizipalgerichtsbarkeit in Italien*, München 1973 (= Simshäuser, *Iuridici*).

(6) W. Eck, *Die staatliche Organisation Italiens in der hohen Kaiserzeit*, München 1979 (= Eck, *Italien*), 247-266.

(7) SHA *Hadr.* 22, 13. Quattuor consulares per omnem Italiam iudices constituit. 『ローマ皇帝群像』(ヒストリア・アウグスタ)の引用に際して、本章では、アエリウス・スパルティアヌス他、南川高志訳『ローマ皇帝群像1』京都大学学術出版会、二〇〇四年を参照したが、行論の都合上、南川訳を改めた箇所もある。

（8） SHA *Ant. Pius* 2, 11. Ab Hadriano inter quattuor consulares, quibus Italia committebatur, electus est ad eam partem Italiae regendum, in qua plurimum possidebat, ut Hadrianus viri talis et honori consuleret et quieti.

（9） SHA *Marc.* 11, 6. Datis iuridicis Italiae consuluit ad id exemplum, quo Hadrianus consulares viros reddere iura praeceperat.

（10） エックによれば、彼がコンスラレスに就任していたのは、一三五／一三六年以前のことであったという。W. Eck, Die italischen *legati Augusti pro praetore* unter Hadrian und Antoninus Pius, in: G. Bonamente / N. Duval (a cura di), *Historiae Augustae Colloquia, Colloquium Parisinum 1990*, Macerata 1991, 183-195 = W. Eck, *Die Verwaltung des römischen Reiches in der hohen Kaiserzeit. Ausgewählte und erweiterte Beiträge*, Bd. 1, Basel / Berlin 1995, 315-326 (= Eck, Legati Augusti); 319, n. 21.

（11） アッピアノス（App. B Civ. 1, 38, 172）もハドリアヌス帝のコンスラレス派遣に言及しているが、これに相当する措置がすでに同盟市戦争勃発後のイタリアでとられていたとする記述や、ハドリアヌス帝の派遣したコンスラレスをアンテュパトス（*ἀνθύπατος* = proconsul）としている点は、誤りだと思われる。Cf. Simshaüser, *Iuridici*, 236, n. 3. ただし、コンスラレスがすぐに廃止されたことを伝えている点では貴重な史料である。

（12） 一般的に、コンスラレスは地方裁判官と同様の裁判権を有していたのではないかと考えられてきた。Cf. Simshäuser, *Iuridici*, 235f.

（13） CIL, X, 3870 (Capua): L(ucio) Vitrasio L(ucii) f(ilio) Pob(lilia tribu) / Flaminino co(n)s(uli), pro/co(n)s(uli) provinciae Africae, / leg(ato) pr(o) pr(aetore) Italiae Trans/padanae et provinciae / Moesiae superioris et / exercitus et provinc(iae) / Dalmatiae, curatori / alvei Tiberis et ripa(rum) / et cl‹o›acarum urbis, / L(ucius) Vir[...]

（14） CIL, X, 4414 (Capua): L(ucius) Vi‹t›rasius Ennius / Aequus fil(ius) / patri optimo.

（15） G. Camodeca, Quattro carriere senatorie del II e III secolo, *Epigrafia e ordine Senatorio* I, Roma 1982, 529-545 (= Camodeca, Carriere senatorie); 529-536.

（16） Camodeca, Carriere senatorie, 532f.

（17） エックによれば、“Augusti” の欠落は、“leg. pr. pr. Italiae” の後に “et” で続く “provinciae Moesiae superioris et "exercitus et provinc. Dalmatiae" から説明されるという。つまり、上部モエシアおよびダルマティアの属州総督の肩書きは自明であり、実際に皇帝管轄属州の総督の肩書きを記した碑文のなかには "Augusti" を省略しているものがある(cf. ILS, 1019; ILS, 1034; ILS, 1042)というのである。Eck, Legati Augusti, 322.

(18) エックによれば、ハドリアヌス帝によるコンスラレスの派遣とは異なり、トラヤヌス帝がガイウス・ユリウス・プロクルスをレガトゥス・アウグスティ・プロ・プラエトレ・レギオニス・トランスパダナエ(legatus Augusti pro praetore regionis Transpadanae)としてトランスパダナ地方に派遣した(CIL, X, 6658 = ILS, 1040)のは暫定的な措置だったという。その理由としてエックは、プロクルスがポー川以北全体ではなく、あくまでレギオ・トランスパダナエ＝第XIレギオを統治したにすぎない点や、法務官級の元老院議員であった(つまりコンスラレスよりも格が低かった)という点、および、継続的にイタリアを広く覆う統治機構が設立された形跡がないことを指摘する(*ibid.*, 324f.)。

(19) App. B Civ. 1, 38, 172.（本章註11参照）

(20) Corbier, *MEFRA*, 618f.; Eck, *Italien*, 249f. なお、Camodeca, *Labeo*, 87f. はガイウス・アッリウス・アントニヌスの「最初の地方裁判官」就任を一六四／一六五年とする。また、M. G. Zoz, Sulla data di istituzione dei "iuridici" e del pretore tutelare, *Iura* 38, 1987, 175-178 は、本章第三節で扱うマルクス・コルネリウス・フロントのガイウス・アッリウス・アントニヌス宛書簡(Fronto *Amic.* ii, 7)の年代から、「最初の地方裁判官」就任を一六三／一六四年とする。

(21) Simshäuser, *Iuridici*, 268f. なお、イタリアの「属州化」に関する議論については、F. M. Ausbüttel, *Die Verwaltung der Städte und Provinzen im spätantiken Italien*, Frankfurt a. M. 1988, 85-107.

(22) 本文でも述べたように、三世紀後半のイタリア総督の派遣開始にともない、地方裁判官職が廃止されたと考えられている。Thomsen, *Italic Regions*, 201; Simshäuser, *ANRW*, 448; M. Christol, *Essai sur l'évolution des carrières sénatoriales dans la seconde moitié du IIIe siècle ap. J.-C.*, Paris 1986, 60; Ausbüttel, *op. cit.*, 89. イタリア総督の派遣については、本書第四章および第五章を参照。

(23) W. Eck, *ZPE* 18, 158. コルビエは地方裁判官の任期を三年程度と考えているようだが、おそらくエックも同様の見解をとっていると思われる。

(24) CIL, VI, 1471; CIL, VI, 1518; CIL, VI, 37074; CIL, X, 5397; CIL, XI, 7042. Cf. W. Eck, *L'Italia nell'impero romano: Stato e amministrazione in epoca imperiale*, Bari 1999, 258, n. 29.

(25) 本章は、Corbier, *MEFRA* が収集した四五人の地方裁判官を分析の対象とする。なお、三世紀の地方裁判官に関しては、M. Christol, Les réformes de Gallien et la carrière sénatoriale, *Epigrafia e ordine Senatorio* I, Roma 1982, 143-166; 159-162 も参照。

(26) なおユリディクスは一部の皇帝管轄属州（イベリア半島やブリタンニア島など）やエジプトのアレクサンドリアにおいても司法行政に従事していた。なお皇帝管轄属州のユリディクスについては、B. Galotta, Lo »iuridicus« e la sua »iurisdictio«, in: *Studi in onore di Arnaldo Biscardi* 4, Milano 1983, 441-444 がある。

(27) Corbier, *MEFRA*, no. 40 = CIL, IX, 1571.

(28) Cass. Dio 78, 22, 1.

(29) Eck, *Italien*, 256f.

(30) 非訟事件の裁判権(iurisdictio voluntaria)については、M. Kaser, *Das römische Zivilprozeßrecht*, Zweite Auflage, neu bearbeitet von K. Hackl, München 1996 (= Kaser / Hackl, *Zivilprozeßrecht*), 186-88; Simshäuser, *Iuridici*, 228-232; 船田享二『ローマ法』第五巻、岩波書店、一九七二年、三六～三七頁。

(31) 後見に関しては、次の文献を参照。樋脇博敏「古代ローマの親族――親等概念の成立と変容」歴史学研究会編『地中海世界史五　社会的結合と民衆運動』青木書店、一九九九年、六四～九四頁。

(32) Frag. Vat. 232: Ulpianus de officio praetoris tutelaris. Observari autem oportet, ne his pupillis tutorem det, qui patrimonia in his regionibus habent, quae sunt sub iuridicis, ut Claudio Pompeiano praetori imperator noster rescripsit; multo magis, si in provincia sit patrimonium, licet is cui petitur in urbe consistat.

(33) 後見掛法務官の導入時期に関しては、Zoz, *op. cit.*, 177f. を参照。

(34) Simshäuser, *Iuridici*, 229-232.

(35) Eck, *Italien*, 258.

(36) Dig. 26, 5, 24; Dig. 27, 8, 1, 10. Cf. Eck, *Italien*, 258f.

(37) 以上、地方裁判官の後見人選任に関する活動については、Eck, *Italien*, 258f.; Simshäuser, *Iuridici*, 245-250 を参照。なお保佐人とは、二五歳未満の成熟者や精神錯乱者を保護したり、浪費者の財産を保護したりする者である。

(38) Dig. 1, 20, 1 (Ulp. 26 ad Sab.): Adoptare quis apud iuridicum potest, quia data est ei legis actio.

(39) 船田、前掲書、三六〜三七頁。Cf. Dig. 1, 16, 3 (Ulp. 26 ad Sab.): Nec adoptare potest: omnino enim non est apud eum legis actio.

(40) Simshäuser, *Iuridici*, 244; Eck, *Italien*, 259.

(41) Simshäuser, *Iuridici*, 228f.; Eck, *Italien*, 259. 奴隷解放に関する権限を認められた都市公職者の存在を示す史料として、パウルス『断案録』二・二五・四(「もし都市公職者が法律訴訟手続に関する権限を有しているなら、彼の面前で父権免除および奴隷解放が行われうる」)がある。他方、小プリニウスは、妻の祖父ファバトゥス宛の書簡(Plin. *Ep.* VII, 16)において、属州バエティカに属州総督として赴任するカレストリウス・ティロがウェネティア地方のティキヌム(現パヴィーア)の付近を通過する際に、彼の面前で奴隷解放を行うよう勧めているが、これは当地の都市公職者の面前で奴隷解放ができなかったことを示唆している。

(42) Kaser / Hackl, *Zivilprozeßrecht*, 452. なお、この信託遺贈掛法務官は、後にティトゥス帝(位七九〜八一年)によって一名減らされる。

(43) Eck, *Italien*, 260.

(44) Dig. 40, 5, 41, 5 (Scaevola, 4 resp.): Lucia Titia heredum fidei commisit, uti Pamphilam ancillam Seiae cum filiis eius redimerent et manumitterent, et iuridicus, quanti singuli essent redimendi, aestimavit.

(45) Simshäuser, *Iuridici*, 242-244; Eck, *Italien*, 259f.

(46) Fronto *Amic.* ii, 7.

(47) このコンコルディアの書記に関する事件については、本間俊行「ローマ帝政期における諸都市の書記(scribae)」『西洋史論集』〈北海道大学・西洋史研究室〉一二、二〇〇九年、一〜二六頁を参照。

(48) Jullian, *Transformations*, 121f.; Rosenberg, *RE*, 1148f.; Thomsen, *Italic Regions*, 154; Simshäuser, *Iuridici*, 250f.; Kaser / Hackl, *Zivilprozeßrecht*, 467, n. 70.

(49) Eck, *Italien*, 261-263.

(50) 以上、特別訴訟手続における地方裁判官の裁判権に関しては、Simshäuser, *Iuridici*, 254-256.

(51) Simshäuser, *Iuridici*, 257.

(52) P. Jörs, *Untersuchungen zur Gerichtsverfassung der römischen Kaiserzeit*, Leipzig 1892, 67f.(筆者未見。Simshäuser,

Iuridici, 258f. による).

(53) Jörs, *op. cit.*, 67 (筆者未見。Simshäuser, *Iuridici*, 257 による).

(54) Eck, *Italien*, 260f.

(55) なお、Corbier, *MEFRA*, 659-661 は、テオをセプティミウス・セウェルス帝治世の地方裁判官としており、エックはこの説を否定している。Eck, *Italien*, 261.

(56) Eck, *Italien*, 260f. また Simshäuser, *Iuridici*, 258f. も、この史料は通常訴訟手続における地方裁判官の権限を示す史料ではないとしている。

(57) Eck, *Italien*, 21f.; H. Galsterer, The Administration of Justice, in: A. K. Bowman / E. Champlin / A. Lintott (eds.), *The Cambridge Ancient History, 2nd ed.*, Vol. X, *The Augustan Empire, 43 B. C. - A. D. 69*, Cambridge 1996, 397-413, 410. なお法律訴訟手続は、都市により、都市公職者がそれをもっている場合ともたない場合があった。Cf. Simshäuser, *Iuridici*, 228f.

(58) なお、Kaser / Hackl, *Zivilprozeßrecht*, 467, n. 4 は、特別訴訟手続に属する案件に関して、都市公職者には下級の裁判権があり、これに関しては後見人の選任のみが史料から知られている、と説明している。

(59) Simshäuser, *Iuridici*, 267f.

(60) Corbier, *MEFRA*, no. 1 = CIL, V, 1874 = ILS, 1118 (Concordia): [C(aio)] Arrio [C(aii) f(ilio) / Q]uir(ina tribu) Anto/nino, prae[f(ecto)] / aer[a]ri Saturn[i], / iurid[i]co per Italiam [re]/gionis Transpadanae pr[i]/mo, fratori Arvali, praetori / cui primo iurisdictio pupilla/ris a sanctissimis Imp(eratoribus) mandata / est, aedil[i] curul(i), ab actis senatus, se/viro equestrium turmar(um), tribun[o] / laticlavio leg(ionis) IIII Scythicae, IIII/viro viarum curandar(um), qui pro/videntia maximorum Imperat(orum) mis/sus urgentis annonae difficuli/tates iuvit et co(n)suluit securi/tati fundatis reip(ublicae) opibus, ordo / Concordiensium patrono opt(imo) / ob innocentiam et labori (*sic*).

(61) Corbier, *MEFRA*, no. 2 = CIL, XI, 377 (Ariminum): C(aio) Cornelio / C(aii) f(ilio) Quirin(a tribu) / Felici Italo, / iurid(ico) per Flamin(iam) / et Umbri[am], leg(ato) / prov(inciae) Achaiae, praet(ori), / [t]rib(uno) pl(ebis), quaest(ori) prov(inciae) Sicil(iae), / patrono coloniae, / vicani vicorum VII et / co[ll]eg(ium) fabr(um) cent(onarium) dendr(ophorum) / urb(is) iuridicatus eius ob eximiam / moderationem et in sterilitate / annonae laboriosam erga ipsos fidem / et

industriam ut et civibus anno[n(a)] / superesset et vicinis civitati/bus subveneretur. / L(oco) d(ato) d(ecreto) d(ecurionum).

(62) Jullian, *Transformations*, 123; Rosenberg, *RE*, 1149; Thomsen, *Italic Regions*, 154f.; Simshäuser, *Iuridici*, 250f.

(63) Simshäuser, *Iuridici*, 251f.

(64) SHA *Marc*. 11, 3.

(65) Eck, *Italien*, 254.

(66) 都市パトロンに関しては、本書第二章第三節を参照。

(67) なお、藤澤明寛「帝政初期におけるイタリア自治都市の食糧供給事情」『古代文化』四九-一〇、一九九七年、二四頁、註48も、両者がともに地方裁判官として管轄下の都市の穀物輸入に携わったのかどうかに関して疑問を呈している。

(68) FIRA I, No. 49 = CIL, II, 6278. 本史料に関して、本章はJ. H. Oliver / R. E. Palmer, Minutes of an Act of the Roman Senate, *Hesperia* 24, 1955, 320-349の校訂にしたがっている。なお、この元老院決議はルグドゥヌム(現リヨン(フランス))におけるキリスト教徒迫害を示唆する史料と考えられているが、この問題に関しては、松本宣郎「ルグドゥヌムの迫害再考」『西洋史研究』新輯九、一九八〇年、一~三三頁、および弓削達『ローマ皇帝礼拝とキリスト教徒迫害』日本基督教団出版局、一九八四年、二三六~二四三頁を参照。

(69) FIRA I, No. 49 (294ff.): Senatus consultum de sumptibus ludorum gladiatorum minuendis. Trans Padum autem perque omnes Italiae / regiones arbitrium iniungendum praefectis alimentorum dandis, si aderunt, vel viae curatori aut, si nec is praesens erit, iuridico vel / tum classis praetoriae praefecto (L. 42-44).

(70) Eck, *Italien*, 265.

(71) FIRA I, No. 49 (294ff.): Censeo igitur inprimis agendas maximis impp(eratoribus) gratias, qui salutaribus remedis, fisci ratione post habita, labentem civitatium statum et prae/cipitantes iam in ruinas principalium virorum fortuna[s] restituerunt (L. 23-24).

(72) D. Knibbe, *JÖAI* 49, 1968-71, 81 = AE, 1972, 593.

(73) Rosenberg, *RE*, 1149.

(74) O. Hirschfeld, *Die kaiserlichen Verwaltungsbeamten bis auf Diocletian*, Berlin 1963³, 219f.

(75) Corbier, *MEFRA*, 671-673.

(76) Simshäuser, *Iuridici*, 253f.

(77) Eck, *Italien*, 68f., 172f. et 265f.

(78) 都市の組合に関しては、本間俊行「ローマ帝政前期における組合と都市社会――「三つの組合(tria collegia)」を手がかりに」『史学雑誌』一一四-七、二〇〇五年、三七～五八頁。

(79) Corbier, *MEFRA*, no. 19 = CIL, V, 4341 (Brixia): M(arco) Nonio M(arci) f(ilio) / Fab(ia tribu) Arrio Paulino / Apro c(larissimo) v(iro), XVviro / sacris faciundis, quae[s]/tori candidato, praeto[ri] / urbano, curatori rei pu[bl(icae)] / Nicomedensium et Nica[een]/sium, curatori viae App[iae] / iuridico region(is) Tran[spad(anae)], / coll(egio) dendroph[or(um)], / quod eius industria immuni[t]/as collegi nostri sit confirma[ta], / patrono, l(oco) d(ato) d(ecreto) d(ecurionum).

(80) Jullian, *Transformations*, 123; Rosenberg, *RE*, 1149; Simshäuser, *Iuridici*, 251.

(81) Eck, *Italien*, 265.

(82) FIRA I, no. 87 = AE, 1919, 69-70. また、F. Jacques, *Le privilège de liberté. Politique impériale et autonomie municipale dans les cités de l'Occident romain (161-244)*, Roma 1984, 639-647 は、都市自治の文脈において、ノリクムのソルウァの組合に対するセプティミウス・セウェルス帝とカラカッラ帝の勅令を検討している。

(83) J.-M. Salamito, Les collèges de *fabri*, *centonarii* et *dendrophori* dans les villes de la regio X à l'époque impériale, in: *La città nell'Italia settentrionale in età romana*, Trieste / Roma 1990, 163-177; 170-173.

(84) Corbier, *MEFRA*, 662f.

(85) 最近では M. Peachin, Iudex vice Caesaris: *Deputy Emperors and the Administration of Justice during the Principate*, Stuttgart 1996, 57 も、地方裁判官による司法以外の活動をアド・ホックな性格のものと見なす。

(86) Mommsen, *Staatsrecht*, 1039; id., Libri coloniarum, 193.

(87) Jullian, *Transformations*, 131ff.

(88) Rosenberg, *RE*, 1150f.

(89) Thomsen, *Italic Regions*, 164ff.

（90）Corbier, *MEFRA*, 619-635.

（91）この臨時的な措置に関しては，W. Eck, Zur Verwaltungsgeschichte Italiens unter Marc Aurel - Ein iuridicus per Flaminiam et Transpadanam, *ZPE* 8, 1971, 71-79 がある。

（92）Camodeca, *Labeo*, 89-95.

（93）Eck, *ZPE* 18, 155-166.

（94）本章註（3）のクリストルの論文二編を参照。

（95）①街道監督官→地方裁判官：Corbier, *MEFRA*, no. 4 (CIL, VI, 1509 = ILS, 1123); no. 14 (CIL, VIII, 22721 = ILS, 8978); no. 16 (ILS, 8842 = IGR, IV, 1741; AE, 1951, 136 = IGR, IV, 1212); no. 18 (AE, 1969-70, 707); no. 19 (CIL, V, 4341); no. 22 (CIL, III, 6154 = ILS, 1174); no. 25 (AE, 1957, 161); no. 26 (CIL, VI, 1511 = ILS, 2934; CIL, VI, 1512); no. 33 (CIL, XI, 6338 = ILS, 1187); no. 36 (CIL, VIII, 7033); no. 39 (AE, 1907, 48 = IGR, I, 1481); no. 43 (CIL, XIV, 2503). ②都市監督官→街道監督官→地方裁判官：no. 6 (CIL, XI, 2106 = ILS, 1138); no. 13 (CIL, III, 10471. 10472. 10473 = ILS, 1153); no. 15 (CIL, X, 5398 = ILS, 1159); no. 24 (CIL, VI, 332 = ILS, 1135); no. 30 (AE, 1929, 158). ③都市監督官→地方裁判官：no. 1 (CIL, V, 1874 = ILS, 1118); no. 21 (CIL, XII, 3172); no. 41 (CIL, V, 8921).

（96）F. Jacques, *op. cit.*, 77f.

（97）したがって，地方裁判官は，都市監督官とは異なり，任務終了後にかつての任地との関係を深めることはできなかったであろう。本書第二章第四節（2）を参照。

（98）W. Eck, Kaiserliches Handeln in italischen Städten, in: *L'Italie d'Auguste à Dioclétien*, Roma 1994, 329-351 = id., *Die Verwaltung des römischen Reiches in der hohen Kaiserzeit, Ausgewählte und erweiterte Beiträge*, Bd. 2, Basel / Berlin 1997, 297-320 (= Eck, Kaiserliches Handeln), 306.

（99）Eck, *Italien*, 255f. また Corbier, *MEFRA*, 611 も地方裁判官は巡回裁判を行っていたとしている。

（100）Eck, Kaiserliches Handeln, 306.

（101）本書第二章参照。

（102）Corbier, *MEFAR*, no. 6 = CIL, XI, 2106 = ILS, 1138 (Clusium): M(arco) Fabio M(arci) f(ilio) Quir(ina tribu) Magno / Valeriano, Xvir(o) stlitib(us) / iud(icandis), trib(uno) laticl(avio) leg(ionis) XI Cl(audiae) / p(iae) f(idelis), XVvir(o) s(acris) f(aciundis), q(uaestori) cand(idato), VIvir(o) / turma(e) V, tr(ibuno) pl(ebis), pr(aetori), Luperco, / cur(atori) r(ei) p(ublicae) Velitrensium, / cur(atori) viae Latinae, iur(idico) / reg(ionum) Tusciae et Piceni, leg(ato) / Augg(ustorum) leg(ionis) I Italicae, / splendidissimus ordo / Clusinorum patrono / optimo ob benivolen/tiam eius in se conla/tam.

(103) Corbier, *MEFRA*, 643.

(104) Corbier, *MEFRA*, no. 1 (CIL, V, 1874 = ILS, 1118): Concordia (regio X); no. 2 (CIL, XI, 377): Ariminum (regio VIII); no. 6 (CIL, XI, 2106 = ILS, 1138): Clusium (regio VII); no. 17 (CIL, XI, 376 = ILS, 1192): Ariminum (regio VIII); no. 40 (CIL, IX, 1571 et CIL, IX, 1572 = ILS, 2939): Beneventum (regio II).

(105) Corbier, *MEFRA*, no. 26 (CIL, VI, 1511 = ILS, 2934; CIL, VI, 1512); no. 41 (CIL, V, 8921).

(106) Corbier, *MEFRA*, no. 19 (CIL, V, 4341); no. 23 (CIL, IX, 2213 = ILS, 1164).

(107) Corbier, *MEFRA*, no. 4 (CIL, VI, 1509 = ILS, 1123); no. 30 (AE, 1929, 158); no. 31 (CIL, VI, 1562); no. 32 (CIL, VI, 1520 = ILS, 1189); no. 38 (CIL, VI, 1513-1514). Cf. Eck, Kaiserliches Handeln, 301; 306, n. 40.

第四章　三世紀イタリアにおける州制度導入のプロセスについて

本章および次章では、三世紀におけるイタリアへの州制度導入の問題を取り上げる。まず本章では、三世紀イタリアにおける州制度導入の歴史的意義について考察するための準備作業として、どのようにしてイタリアに「州」という行政単位が導入されたのかを分析することとする。そのためにまず研究史を整理し、本章における作業課題を明確にしていきたい。

第一節　研究史

そもそも三世紀は現存史料が非常に少なく、イタリアへの州制度導入に関する史料もその例外ではない。本章末に、州制度確立期までのイタリアの総督(corrector)のリストを作成したが、三世紀イタリアにおける州制度導入のプロセスは、そこに挙げたわずか一四名の総督に関する史料から再構成しなければならないという状況にある。しかし、こうした史料状況にもかかわらず、これまで多くの研究者がイタリアにおける州制度の確立について考察してきた。私見では、従来の研究はイタリアにおける州制度の導入がいつ行われたのかに議論を集中させてきた。その研究史に関しては、G・チェッコーニが明快な整理を行っている。(1) 彼によれば従来の研究は、次のような図式で整理できるという。(一)イタリアの州分割とそれにともなう州総督の派遣を、ディオクレティアヌス帝治世(二八四〜三〇五年)の州制度の改革(二九〇年代初頭)に帰する見解。後期のTh・モムゼンやA・シャスタニョル、W・エック、T・D・バーンズがこうした立場をとる。(2) (二a)イタリアにおける州の設置はアウレリアヌス帝治世(二七〇〜二七五年)にまで遡りうるとする見解。初期のTh・モムゼンやB・ボルゲージ、C・ジュリアン、A・フォン・プレマーシュタイン、J・R・ビュアリ、R・トムセン、W・ジムスホイザー、F・M・アウスビュッテル、A・ジャルディーナ、E・ロ・カショらがこの説を主張する。(3) チェッコーニ自身もこの説を支持している。(二b)南イタリアにおける州の設置はアウレリアヌス帝治世にまで遡りうるが、北イタリアにおける州の設置はディオクレティアヌス帝治世に行われたとする見解。A・デグラッシやG・クレメンテがイタリアにおける州制度の発展をこのように理解する。(4) なお、このようなチェッコーニの図式にはあてはまらないが、イタリアへの州制度導入の開始時期を、カルス帝、カリヌス帝、ヌメリアヌス帝の治世(二八二〜二八五年)に置くM・クリストルの見解などもある。(5) 日本では、大清水裕氏が二〇〇七年に発表した三世紀イタリアの統治構造の変容に関する論考のなかで、イタリアにおける州制度がディオクレティアヌス帝治世に確立されたことを強調した。(6)

他にも多くの研究者がこのイタリアにおける州制度導入の問題に取り組んできた。(7) しかし、州制度の確立時期の特定に議論が集中した結果、これまでの研究では、イタリアにおける州制度の導入がどのように進行したのかというプロセスの観点が欠落してしまったように思われる。もちろん、州制度の導入を一連のプロセスとしてとらえた研究がないわけではない。例えばそのプロセスについて、シャスタニョルは現存史料から独自の説を構築しているし、[8]ジャルディーナはイタリア半島の社会経済史的な発展と併せて考察している。しかし、史料の不足や混乱が主たる原因ではあるが、ディオクレティアヌス帝治世に州が設置されたとする研究者はもちろんのこと、アウレリアヌス帝治世に州が設置されたとする研究者の多くも、州制度導入の明確なプロセスを描くことができなかったのである。こうした研究状況のなか、二〇〇六年にＰ・ポレーナがこの問題に関して注目すべき仮説を発表し、これまで以上に明確な州制度導入のプロセスを提示した。[9]そこで本章はポレーナの仮説を紹介し、その当否について検討することを課題としたい。その検討作業を通じて、州制度導入のプロセスに関するよりよい理解が得られるだろう。

第二節　州制度導入のプロセスに関するＰ・ポレーナの仮説

ポレーナは、「古代末期イタリアの行政区域の生成について」と題した二〇〇六年の論考の前半部分において、イタリアの州制度導入のプロセスに関する大胆な仮説を提示した。ここではその仮説を紹介してゆきたい。

ポレーナによれば、まずカラカッラ帝治世(二一一～二一七年)からアウレリアヌス帝治世までの間、「全イタリア総督」(corrector totius Italiae)という臨時職が置かれていた。この「全イタリア総督」は、執政官級の元老院議員のなかから不定期に任命されていた。なお、詳しくは次節で検討するが、文献史料において「全イタリア総督」であったとも伝えられるテトリクス(リスト④)の事例に関して、ポレーナは彼を「全イタリア総督」であったとも「ルカニア総督」であったとしている。

ポレーナの説は、その「全イタリア総督」の後に派遣されるようになった「イタリア総督」(corrector Italiae)の理解の仕方に特徴がある。すなわち彼は、プロブス帝治世(二七六〜二八二年)からディオクレティアヌス帝とマクシミアヌス帝の二頭政治の時代(二八五〜二九三年)まで、イタリアはふたつの行政区域に分けられており、それぞれに「イタリア総督」という同じ職名の官僚が派遣されていた、と考えているのである。彼によれば、総督に関する碑文には、総督自身が在任中に設置した碑文と、総督以外の人物が在任中ないし離任後の総督を顕彰した碑文とがあり、前者のタイプの碑文から、二七〇年代後半以降の総督の正式な職名は「イタリア総督」であったことがわかるという。

その「イタリア総督」について、ポレーナは以下のように説明する。「イタリア総督」に関しては解釈の難しい事例が三つある。そのひとつめはガイウス・ケイオニウス・ルフィウス・ウォルシアヌス(リスト⑤)の事例である。彼は、カンパニア地方のプテオリ(現ポッツォーリ)出土の碑文から「(イタリア)総督を重任」(iterum corrector)したことが知られており、[10] その任期は、もうひとつのローマ出土の碑文によれば、「八年間」(corrector Italiae per annos octo)に及んだ。[11] 一七世紀初頭の転写のみが伝わっているカンパニア地方の碑文(おそらくプテオリ出土)では、ウォルシアヌスは「カンパニア総督」(corrector Campaniae)とされている。[12] ウォルシアヌスはコンスタンティヌス帝治世(三〇六〜三三七年)まで活躍した長命の元老院議員であるが、この碑文は、ディオクレティアヌス帝治世における州制度の導入後にウォルシアヌスが「カンパニア総督」に就任したことを示すものではなく、州制度の導入前に「イタリア総督」に就任したことを伝える証言と考えられる。おそらく、碑を設置したカンパニア地方の住民は、「イタリア総督」という公式の職名には無頓着で、ウォルシアヌスがおもにカンパニア地方にいたことを称賛するために、彼の職名を「カンパニア総督」としたのであろう。これは正式な職名ではないが、カンパニア住民の地域主義ないし郷土愛の表れであり、州制度が導入される以前のイタリアでは碑文の読み手に誤解を与えることはなかったのである。

ふたつめは、ルキウス・アエリウス・ヘルウィウス・ディオニュシウス(リスト⑪)の事例である。彼は、ローマ出土の碑文において「両イタリア総督」(corrector utriusque Italiae)であったと記されている。[13]「イタリア総督」職の廃止直前か廃止後にこの碑を設置した建築職人組合(collegium fabrorum tignuariorum)は、ディオニュシウスがただ単に「イタリア総督」に二度就任したのではなく、異なるふたつの地域をそれぞれ連続して、あるいは短い間をおいて統治したことを示すために、碑の文面のスペースなども考慮して「両」(uterque)という表現を採用したのだと考えられる。この「両イタリア」はイタリア半島全体を指すと考えられるので、このディオニュシウスの職名は、ディオクレティアヌス帝による州分割の以前に、イタリアがふたつの行政区域に分けられていたことを示すものである。そのふたつの行政区域は、ポー川以北のトランスパダナ(Transpadana)とポー川以南のキスパダナ(Cispadana)であった。

三つ目は、ティトゥス・フラウィウス・ポストゥミウス・ティティアヌス(リスト⑬)の事例である。ティティアヌスの総督就任に関しては、いくつかの碑文がそれを伝えている。まず、トランスパダナ地方(第XIレギオ)のコムム(現コモ)で設置された碑文は、彼を「イタリア総督」としている。[14]この碑は彼の在任中に設置されたものであるため、「イタリア総督」が彼の正式な職名であったことに疑いはない。さらにティティアヌスは、ローマ出土の碑文において、「皇帝代理の裁判権をもつイタリア・トランスパダナ総督」(corrector Italiae Transpadanae cognoscens vice sacra)と記されている。[15]この「皇帝代理の裁判権をもつイタリア・トランスパダナ総督」は、コムムの碑文における「イタリア総督」と同じ官職であり、ここからも「イタリア総督」のふたつの担当地域のうちのひとつはトランスパダナであり、イタリアはポー川でもってふたつの行政区域に分けられていたことがわかる。

ところで、ティティアヌスの昇進階梯(cursus honorum)を記したローマ出土の碑文は、イタリアにおける州制度の導入時期を特定するうえで非常に重要である。というのも、この碑文から、ティティアヌスが「イタリア総督」としてトランスパダナを統治した後、イタリアに州制度が導入され、その新たな州のひとつであるカンパニア州の、おそらく最初の総督に任じられたということが読み取れる。したがって、イタリアへの州制度の導入時期は、ティティアヌスのカンパニア州総督就任の時、すなわち二九二年ないし二九四年(おそらくは二九三年)となる。

この定数二名の「イタリア総督」に関しては、史料が多いというのも特徴のひとつである。というのも、アウレリアヌス帝治世に最後の「全イタリア総督」が確認され、その後、プロブス帝治世に二名の「イタリア総督」の派遣が開始されたと考えられるが、このイタリア総督職は二九三年ないし二九四年の州制度導入時に廃止されている。したがって、このイタリア総督が派遣された期間は少なくとも一五年間(二七九〜二九三年)にわたり、おそらく一七年(二七六〜二九三年)には及ばない。したがって、現存史料からこの時期に任命された一連のイタリア総督の交代をある程度再現することが可能である。

まず、ポー川以北のトランスパダナを担当したイタリア総督を就任順に挙げるなら、ユリアヌス(リスト⑥)、クラルス(リスト⑦)、ディオニュシウス(リスト⑪)、ホノラトゥス(リスト⑧)、ティティアヌス(リスト⑬)の五名となる。

ユリアヌスは、いつ総督に任命されたのかはわからないが、アウレリウス・ウィクトルの伝えるところによれば、総督としてウェネティア地方を統治していたときに、ペルシアにおけるカルス帝死去の知らせをうけ、二八三年の晩夏に帝位を簒奪したという(16)。

ユリアヌスの次に総督となったのはクラルスで、彼はヒストリア地方のテルゲステ(現トリエステ)ないしはその近郊（現ドゥイーノ）で、おそらくイタリア総督職拝命に感謝するために、ディオクレティアヌス帝への奉献碑文を設置している。[17]この碑文の設置年代は、ディオクレティアヌス帝の称号から二八六年と考えられる。

ホノラトゥスも、ウェネティア地方のパタウィウム（現パドヴァ）で、モニュメントを設置しディオクレティアヌス帝に奉献している。[18]碑文からはイタリア総督への就任年代を特定できないが、彼に宛てたとみられる法文[19]から、その就任年代は二八九年八月から二九〇年二月までであったと考えられる。

ティティアヌスは、トランスパダナ担当のイタリア総督であったときに、コムムにおいて太陽神神殿を奉献している。彼の昇進階梯の分析から、総督在任期間を二九〇年末から二九一年の間に比定できるが、この在任期間は二九二年ないし二九三年、すなわちイタリアの州分割の時期にまで延長することができる。ティティアヌスは、二九〇年の冬、ディオクレティアヌス帝とマクシミアヌス帝の北イタリア滞在時にはすでに、ホノラトゥスの後任として着任していたと考えられる。

ディオニュシウス（リスト⑪）は、彼の昇進階梯にみられる「両イタリア総督」という官職名の分析から、二度イタリア総督に就任し、うち一度はポー川以北を、もう一度はポー川以南を統治していたと考えられる。そのクロノロジーは不明だが、ローマ出土の三枚の碑文から、彼がディオクレティアヌス帝とマクシミアヌス帝の共同統治期（ただし、まだ副帝は置かれていない時期）に、公共建築物監督官（curator operum publicorum）と、水道およびミヌキウス柱廊監督官（curator aquarum et Miniciae）とを歴任したことが知られている。[20]同じく首都ローマ出土の、建築職人組合が設置した顕彰碑文によれば、ディオニュシウスは、このふたつの官職を歴任した後に「両イタリア総督」に就任しているので、「両イタリア総督」の着任年代は、二八六年よりも後の時点から、二八八年の初頭よりも前の時点の間のことと考えられる。これまで検討してきた他のイタリア総督のクロノロジーから、ディオニュシウスの最初のイタリア総督はトランスパダナを担当地域としたものであり、その在任期間はクラルス（二八六年）とホノラトゥス（二八九年八月）の間に位置づけることができる。

他方、ポー川以南のキスパダナ地方担当のイタリア総督を就任順に挙げるなら、ウォルシアヌス（リスト⑤）、マルキアヌス（リスト⑨）、ヌミディウス（リスト⑩）、ディオニュシウス（リスト⑪）の四名となる。

まずウォルシアヌスが、八年間という長期間、イタリア総督を務めている。その在任期間は、プロブス帝治世、カルス帝・カリヌス帝治世、ディオクレティアヌス帝・マクシミアヌス帝治世に及んでいる。[21] ウォルシアヌスの在任期間を特定する際には、マルキアヌスに関する碑文を考慮に入れる必要がある。マルキアヌスの碑文はフロレンティア（現フィレンツェ）で設置されたものであるが、同碑文はディオクレティアヌス帝の称号から二八七年のものであることがわかる。したがって、ウォルシアヌスは二八七年までにそれまで八年間務めたイタリア総督を退任したと考えられる。ウォルシアヌスのイタリア総督在任期間は、二七九／二八〇年から、遅くとも二八六／二八七年までである。おそらく、ウォルシアヌスははじめプロブス帝により二七九／二八〇年にイタリア総督に任命され、二八二年の秋にカルス帝から辞令をうけ、その年かあるいは翌年に再任された。そして、ディオクレティアヌス帝とマクシミアヌス帝による異動命令をうけるまで、遅くとも二八六／二八七年までイタリア総督の職にあったと思われる。この後、マルキアヌスがイタリア総督に就任したのだろう。マルキアヌスの在任期間は二八七年から二八八年まで及んでいた可能性がある。

ポー川以南では、ヌミディウスもイタリア総督に就任していたと考えられる。ヌミディウスは、ユスティニアヌス法典中の法文を通してのみ知られているイタリア総督であり、その法文の発布年月日は、二九〇年九月一〇日である。[22] しかし、ヌミディウスの任地がトランスパダナであったのかキスパダナであったのかは、その法文から知ることができない。もしヌミディウスがトランスパダナ担当のイタリア総督であったとすれば、二九〇年二月までトランスパダナを統治していたホノラトゥスの後任を務めたことになるが、やはりホノラトゥスの後任はヌミディウスではなくティティアヌスであったと考えられる。というのも、ティティアヌスはディオクレティアヌス帝とマクシミアヌス帝の北イタリア滞在時の二九〇年末には着任しており、もしこの年の九月にヌミディウスがトランスパダナに赴任していたとすれば、この地域では一年間に三名の総督が交代した——ホノラトゥス（二月）、ヌミディウス（九月）、ティティアヌス（年末）——と仮定しなければならないからである。したがって、ヌミディウスが二九〇年九月にトランスパダナ担当のイタリア総督であった可能性は低い。ここから、ヌミディウスはキスパダナ担当のイタリア総督と考えられるのである。

この再構成が正しければ、「両イタリア総督」のディオニュシウスはそのイタリア総督としての二回目の職務をキスパダナで果たしたと思われ、それは、これまで検討してきた三名（ウォルシアヌス、マルキアヌス、ヌミディウス）の後に続く、二九一年ないし二九二年のことと考えられる。

「イタリア総督」に関する以上の仮説を表にまとめるなら、次のようになる（次頁）。まず、カラカッラ帝治世からイタリア全土を統括する「全イタリア総督」が任命される。次いで、二七〇年代後半から「イタリア総督」が二名派遣され、それぞれポー川以北のイタリア（イタリア・トランスパダナ）とポー川以南のイタリア（イタリア・キスパダナ）を統治した。そして、二九三年頃にイタリアに州制度が導入されて一二の州が設置され、各州に総督が派遣されたのである。

第三節　P・ポレーナの仮説の再検討

前節で紹介したポレーナの仮説は、特に「イタリア総督」の理解の仕方に特徴を認めることができるが、問題

表　イタリア総督(279-292)に関するポレーナの説

イタリア総督(ポー川以北)	
(276-282)	(不明)
?-283	マルクス・アウレリウス・ユリアヌス　*Venetos correctura agens*
286	アキリウス・クラルス　[*corrector I*]*tal*(*iae*)
?288-289?	ルキウス・アエリウス・ヘルウィウス・ディオニュシウス *corrector Italiae* (I)
289-290	パエトゥス・ホノラトゥス　*corrector Italia*[*e*]
290-291/92	ティトゥス・フラウィウス・ポストゥミウス・ティティアヌス *corr*(*ector*) *Italiae* = *corr*(*ector*) *Italiae Transpadanae*
イタリア総督(ポー川以南)	
(276-278)	(不明)
279/80-283	ガイウス・ケイオニウス・ルフィウス・ウォルシアヌス　*corrector Italiae*
283-286/87	ガイウス・ケイオニウス・ルフィウス・ウォルシアヌス *iterum corrector Italiae* = *corrector Italiae per annos octo*
287-?	ティトゥス・アエリウス・マルキアヌス　*cor*(*rector*) *Italiae*
290	ヌミディウス　*corrector Italiae*
?291-292	ルキウス・アエリウス・ヘルウィウス・ディオニュシウス *corrector Italiae* (II) = *corrector utriusque Italiae*
293-294	イタリアへの州制度の導入 —イタリア総督職の廃止 —12州の設置 —土地税の導入

P. Porena, Sulla genesi degli spazi amministrativi dell'Italia tardoantica, in: L. Labruna (dir.), M. P. Baccari / C. Cascione (a cura di), *50 anni della Corte Costituzionale della Repubblica italiana*, I/2. *Tradizione romanistica e Costituzione*, Napoli 2006, 1315-1376, 1336f. をもとに作成。

はその説の当否にある。

ポレーナは、総督就任者自身が在任中に設置した碑文と総督以外の人物が設置した碑文とを区別し、そこから「イタリア総督」という公式の職名を割り出して総督就任者のクロノロジーを整理し、その交代に関する非常に明快な仮説を提示した。とはいえ、仮説の明快さと歴史的事実とは別の話である。結論的にいえば、筆者は「イタリア総督」が当初から二名任命され、ポー川の北と南をそれぞれ統治していたとする彼の見解には同意できない。そこで以下では、イタリアにおける州制度導入のプロセスを考えるうえで重要な事例をいくつか取り上げ、ポレーナの説を再検討してゆくこととする。

コッレクトル(corrector)と呼ばれる帝国官僚は、二世紀以降、属州アカイアやアシア、ビテュニア・ポントゥスなどの、とりわけ自由都市(civitas libera)に派遣されているが[23]、イタリアでコッレクトルと思しき帝国官僚が最初に確認されるのはカラカッラ帝治世に年代比定されている碑文史料からである[24]。

その碑文史料によれば、サビヌス(リスト①)は「イタリアの状況を改善するために選ばれた」(electus ad corrigendum statum Italiae)という[25]。サビヌスのこの官職への就任は、二一五／二一六年のことと考えられている[26]。次章でも述べるように、碑文の文面には総督(corrector)と明確に記されていないものの、彼が「イタリアの状況を改善するために選ばれた」ことは、イタリアへの総督派遣の最初期の事例と考えられている[27]。なお、州制度の導入という観点からすればサビヌスの担当地域が問題になってくるが、彼に委ねられた管轄区域はイタリア全域であったと考えられている[28]。

サビヌスとほぼ同時期のクレタの碑文からは、マルケッリヌス(リスト②)が「全イタリア総督」(*ἑσπερίης πάσης χθονὸς ὄβριμος ἰθυντὴρ* = Italiae totius corrector)に就任したことが知られている[29]。また首都ローマ出土のギリシア碑文からは、バッスス(リスト③)が「全イタリア総督」(*ἐπανορθωτὴς πάσης Ἰταλίας* = corrector totius Italiae)に就任したことがわかる[30]。碑文では「イタリア」(*Ἰταλίας* = Italiae)の部分は欠落しているが、「総督」(*ἐπανορθωτὴς* = corrector)に「全」(*πᾶς* = totus)という形容詞が付加されていることから、その欠落部分に「イタリア」を補うことができる。彼の「全イタリア総督」就任は二六八／二六九年のことと考えられている[31]。このふたつのギリシア碑文から、二七〇年頃までは「全イタリア総督」がイタリア半島全体を管轄下に置いていたということがわかる。この「全イタリア総督」は、一般に臨時の官職と考えられている[32]。

その「全イタリア総督」に関してはもうひとつ、テトリクス(リスト④)の事例がある。この事例は、州制度導入のプロセスを検討していくうえで非常に重要であるため、ここで詳しく検討したい。三世紀の帝国西部では、ガリア帝国（二六〇～二七四年）がローマ帝国から分離・独立していたが、テトリクスは二七一年にそのガリア帝国の皇帝に推戴された後、二七四年にローマ皇帝アウレリアヌスに降伏し、ガリア帝国最後の皇帝となった人物である。

アウレリアヌス帝はテトリクスを降伏させた後、彼をイタリアの総督に任命した。複数の文献史料がこのテトリクスの総督就任を伝えているが、しかし、それらの史料はテトリクスがどの地域を担当したのかについて、一見したところ矛盾した証言を残している。すなわち、『ローマ皇帝群像』（ヒストリア・アウグスタ）の「三〇人僭主伝」は、テトリクスが「全イタリア総督」(corrector totius Italiae)であったと伝えているのに対し[33]、同じ『ローマ皇帝群像』の「アウレリアヌス伝」やアウレリウス・ウィクトルの『皇帝伝』、エウトロピウスの『建国以来の歴史概略』、作者不詳の『皇帝略記』などは、テトリクスがイタリア南部の「ルカニア総督」(corrector Lucaniae)であったとしているのである[34]。

こうした史料状況のもと、テトリクスが就任した総督職の正確な職名とイタリアにおける州制度の導入時期に関して、研究者の間では次のように見解が分かれている。すなわち、『ローマ皇帝群像』「三〇人僭主伝」の「全イタリア総督」という証言に信頼を置き、アウレリアヌス帝は一名の「全イタリア総督」にイタリア全土を統治させるというカラカッラ帝以来の政策を踏襲していたという研究者がいる一方で[35]、テトリクスが「ルカニア総督」であったとする一連の史料から、すでにアウレリアヌス帝の治世にイタリアがいくつかの州に分割されていたという見解を導き出す研究者もいるのである[36]。前節で簡単に紹介したが、ポレーナは前者の立場をとっている[37]。

こうした一連の研究に対し、ジャルディーナは、「全イタリア総督」と「ルカニア総督」という証言を整合的に解釈して次のようにいう。すなわち、テトリクスは「全イタリア総督」としてイタリア全土の司法・行政に関する権限をもっていたが、その職務をおもにルカニア地方で遂行したのではないか、というのである。その背景としてジャルディーナは、アウレリアヌス帝による首都ローマでの食糧供給政策の改革を指摘する。つまり、アウレリアヌス帝は、ローマの民衆に配給する食糧の品目（オリーヴ油とパン）に豚肉を加えたが[38]、ルカニア地方は豚肉の一大生産地であったため、テトリクスは「全イタリア総督」としての任務をこの地域で果たしたのではないかというのである[39]。ジャルディーナはここに「州」が成立した可能性を見て取る[40]。この説明には説得力があるが、『ローマ皇帝群像』をはじめとする上記の史料の信頼性を考慮するなら、このテトリクスの事例に関しては「州」が成立した可能性を指摘するにとどめておくべきであろう[41]。なお、首都ローマへの食糧供給政策と「州」設置の関係については、次章第二節(2)でふたたび論ずる。

テトリクスの事例と同様の史料上の問題が、ウォルシアヌス（リスト⑤）の事例に関しても存在する。彼の総督就任については三枚の碑文が証言している。まずローマ出土の碑文は彼が「イタリア総督を八年間」(corrector Italiae per annos octo)務めたと伝え、次にプテオリ出土の碑文は「総督を重任」(iterum corrector)したと伝え、最後に一七世紀初頭の転写により伝えられる碑文は「カンパニア総督」(corrector Campaniae)を務めたと伝える[42]。『後期ローマ帝国のプロソポグラフィー』は前二者の碑文をもとに、ウォルシアヌスのイタリア総督就任期間を二八一／二八三年から二八九／二九一年の間としている[43]。

右に挙げた前二者の碑文から、ウォルシアヌスが「イタリア総督」に二度任命され、その在任期間は八年間にも及んでいたことがわかる。しかし、ウォルシアヌスの事例に関する最大の問題は、最後に挙げた碑文の解釈にある。その碑文、すなわち『ラテン碑文集成』第一〇巻三〇四番*は、碑そのものが現存せず、カパッキウスという歴史家が一七世紀初頭に転写したテクストが伝えられているのみなのだが、史料番号の右肩にアスタリスクが付されているように、『ラテン碑文集成』の編者モムゼンによって偽作と判断された碑文である[44]。ウォルシアヌスの在任当時にイタリア半島にはまだ州が設置されていない、という自説がその判断の根拠となっている。このモムゼンの判断に対し、ジャルディーナは次のように反論する。すなわちまず、ウォルシアヌスが「総督を重任」したことを伝える碑文は、一八四六年にカンパニア地方のプテオリで発見されたものであり、一七世紀初頭の時点でカパッキウスはこの碑文を参照できなかった。したがって、もしウォルシアヌスの「カンパニア総督」就任を伝える碑文が偽作であるなら、カパッキウスはウォルシアヌスが「イタリア総督を八年間」務めたと伝えるローマ出土の碑文のみから、「カンパニア総督」の碑文を捏造したことになる。しかし、右のプテオリ出土の碑文がなければ、カパッキウスは、イタリア総督ウォルシアヌスの担当地域がカンパニア地方であったと想像することはできなかったはずである、というのである。[45] 筆者はこのジャルディーナ説を支持するが、この説明にしたがえば、『ラテン碑文集成』第一〇巻三〇四番*は真作であり、ウォルシアヌスは(二度の就任のうち少なくとも一度は)実際的には「カンパニア総督」であったことになる。

筆者の考えでは、ウォルシアヌスの事例はテトリクスの事例とのアナロジーで考えることができる。すなわち、ウォルシアヌスは「イタリア総督」としてカンパニア地方で任務を遂行したが、ルカニア地方と同様にカンパニア地方にも豚肉の供出義務が課されていたと考えられるのである。

三世紀のイタリアにおける豚肉徴収に関する史料は残されていないが、A・H・M・ジョーンズによれば、四世紀後半以降の史料では、カンパニア州、サムニウム州、ルカニアおよびブルッティウム州で、土地所有者に一定量の豚肉を毎年供出する義務が課されていたという。[46] テトリクスの任地と思しきルカニア地方がここに挙げられており、ここからもジャルディーナの指摘が正鵠を射ていることがわかる。ウォルシアヌスの任地であるカンパニア地方もここに含まれているが、残るサムニウム州には注意が必要である。というのも、サムニウム州は四世紀半ばに設置された州であり、それ以前はカンパニア州の一部をなしていたからである。[47] つまり、ジョーンズの挙げているカンパニア州とサムニウム州を合わせた地域が、ウォルシアヌスの統治したカンパニア地方であり、この地域は三世紀から重要な豚肉供出地域であったと考えられるのである。[48] ウォルシアヌスと首都ローマへの食糧供給政策との関係についても、次章第二節(2)でふたたび論ずることとする。

以上から、ウォルシアヌスは実際的には「カンパニア総督」であったと考えるべきであり、この碑文の証言はポレーナがいうようにカンパニア住民の地域主義や郷土愛の産物として片付けられるべきではない。したがって、少なくとも二八〇年代のイタリアには――一時的ではあったかもしれないが――「州」が設置されていたと考えられるのである。[49] この「州」の成立時期は、早ければプロブス帝治世か、遅くともウォルシアヌスが再任されたカルス帝・カリヌス帝治世となる。[50]

またウォルシアヌスの事例からは、総督がイタリア半島内の一地域のみを管轄区域とする場合でも、「イタリア総督」という職名が用いられたことが明らかになる。すなわち、史料で伝えられている職名から想像できる担当地域と実際の管轄区域との間に「ズレ」が生じているのである。[51] 先のテトリクスの事例に戻るならば、文献史料の信頼性の問題はやはり残るが、もしテトリクスが「全イタリア総督」として実際的にはルカニア地方を統治していたとなれば、すでにアウレリアヌス帝治世にイタリアの州分割が行われていたこととなり、史料上の職名と実際の担当地域との間の「ズレ」がすでにこのときから生じていたとも考えられる。[52]

『後期ローマ帝国のプロソポグラフィー』にしたがって、ウォルシアヌスの総督就任期間を二八一／二八三年から二八九／二九一年のこととするならば、この期間にはクラルス(リスト⑦)やマルキアヌス(リスト⑨)も「イタリア総督」に就任している。クラルスの碑文はテルゲステないしその近郊、マルキアヌスの碑文はフロレンティアからそれぞれ出土しており、前者の碑文は二八六年、後者の碑文は二八七年に年代比定されている。これらの碑文史料も二八〇年代にイタリアが「州」に分割されていたことを証言しているように思われる。つまり、ウォルシアヌスも含めたこれらの「イタリア総督」はイタリア半島内の各「州」を統治していたのではないだろうか。[53]

ウォルシアヌスと同時期の「イタリア総督」の事例はもうひとつある。アウレリウス・ウィクトル『皇帝伝』によれば、カルス帝・カリヌス帝・ヌメリアヌス帝の時代、ユリアヌスが総督としてウェネティア地方を統治していたという。(54)ここでは、ユリアヌスの担当区域がウェネティア地方であったことが示唆されている。テトリクスの事例と同様に文献史料の証言であるため信頼性の問題は残るが、やはりここからも、二八〇年代にはイタリア半島に「州」が設けられていたと考えられる。

ただし、二八〇年代に「州」が設置されていたとしても、それは一時的な措置であった可能性がある。というのも、ディオクレティアヌス帝治世の「イタリア総督」で、管轄区域が示唆されているディオニュシウス(リスト⑪)の事例においては州分割の痕跡が認められないからである。

ディオニュシウスは、前節でも述べたように、ローマ出土の碑文において「両イタリア総督」であったと記されている。(55)問題はこの「両イタリア」という表現から、ディオニュシウスの職務遂行をどのように解釈するかという点にある。

この文言の解釈に関しては、問題がふたつある。ひとつめの問題は「両イタリア」、すなわち「ふたつのイタリア」がいかなる地域を指すのかという問題である。この問題に関しては様々な研究があるが、かつてモムゼンがこの「両イタリア」をポー平原およびその以北の北イタリア(穀倉地域 pars annonaria)とピケヌム地方およびトゥスキア地方以南の南イタリア(首都管轄地域 pars urbicaria)と解釈し、この説がその後フォン・プレマーシュタインやトムセン、シャスタニョル、ジムスホイザーにおおむね受け入れられた。(56)これに対しクレメンテは、この「両イタリア」がポー川以北のイタリアすなわちトランスパダナとポー川・アペニン山脈間のイタリアを指すと主張した。(57)しかしその後、ジャルディーナがこの「両イタリア」を次のように解釈した。帝政前期以来トランスパダナが行政区画として固定されており、これがひとつのイタリアとなる。そしてもうひとつのイタリアはポー川以南の半島全体を指していると考えられる。すなわち「両イタリア」とはポー川以北と以南のイタリア全体を指し、「両イタリア」という表現からすれば、ここに第三のイタリアが付け加えられるとは考えられない、というのである[58]。すでに前節で紹介したように、ポレーナもまたジャルディーナと同様の理解をしており、この解釈は筆者も妥当と考える。

ふたつめの問題は、ディオニュシウスが「両イタリア」をどのように統治したのかである。この点に関して、かつてはディオニュシウスが「両イタリア」を同時に統治した、と考えられていた。したがって、もしこの「両イタリア」がイタリア全体を指しているとするならば、ディオニュシウスは、「全イタリア総督」のように、単独でイタリア全土を統治したことになる。しかしながら近年では、ディオニュシウスはふたつの「イタリア」を同時に統治したのではない、という理解が一般的となっている[59]。先にも紹介したように、ポレーナによれば、ディオニュシウスはイタリア総督に二度就任し、ふたつのイタリアを連続してあるいは短いインターバルをおいて統治したが、碑の文面の作者はこのことを示すために、文面のスペースなども考慮して「両」という表現を採用したのだ、という[60]。この説明は的を射ているだろう。

以上から、ディオニュシウスが「両イタリア総督」、すなわちイタリア総督を二度務めていた時期（『後期ローマ帝国のプロソポグラフィー』によれば二八八／二九六年、ピーチンによれば二九〇／二九三年頃）[61]、イタリアにはトランスパダナやキスパダナという行政区域が設けられていたことになる（ただし、ディオニュシウスがどの順番で統治したのかはわからない）。とすれば、この時期にイタリアに設けられていた「州」は廃止されたか、大きく改変されていたことになるだろう。

この点を検証するためにも、ディオニュシウスと同時期に「イタリア総督」に就任したティティアヌス（リスト⑬）の事例を検討したい。ティティアヌスのイタリア総督就任に関しては、いくつかの碑文がそれを伝えている。

まず彼は、コムムで在任中の二九〇年ないし二九一年に碑文を設置させ、そこで自身の職名を「イタリア総督」と刻ませている。(62) その数年後の二九六/三〇一年に、ティティアヌスはクリエンテスの一人であるティトゥス・アエリウス・ポエミウスがローマで設置した碑文において「イタリア・トランスパダナ総督」と記されている。(63) ポレーナの説明によれば、ティティアヌスの総督職の正式名称は在任中に設置されたコムム碑文の「イタリア総督」である。(64) ローマで碑が設置されたときにはもうすでに「イタリア総督」職は廃止され、イタリアには州制度が導入されていたため、ポエミウスはティティアヌスの担当地域を明確に記すために「トランスパダナ(担当)」という表現を付け加えた。したがって、この「イタリア・トランスパダナ総督」と「イタリア総督」は、コムム碑文における「イタリア総督」と同じ官職である、という。(65) このようにティティアヌスの「イタリア・トランスパダナ総督」を結びつける理解は従来的なものではあるが、(66) 碑の作成年代や設置主体をも考慮に入れたポレーナの説明は説得的である。

ティティアヌスの事例をこのように解釈するならば、「イタリア総督」ティティアヌスの管轄区域はトランスパダナであったことになる。したがって、ディオニュシウスやティティアヌスがイタリア総督に就任していた時期には、イタリアの州制度は廃止されていたか、あるいは大幅な改変をうけていたと考えられるのである。

最後に、ティティアヌスの事例にとどまりつつ、イタリアにおける州制度の確立時期について検討したい。ティティアヌスの昇進階梯を記したローマ出土の二碑文は、イタリアにおける州制度確立の時期を特定する手がかりを提供するのである。

そのローマ出土の二枚の碑文から、ティティアヌスがトランスパダナ担当のイタリア総督に就任した後、カンパニア州総督に就任したことがわかる。ティティアヌスの事例よりも後の時代の碑文史料にはもはや「イタリア総督」はみられず、個別の州を担当する総督が現れる。したがって、ティティアヌスが「イタリア総督」としてトランスパダナ地方を担当した後、イタリアで州制度が確立され、その新たな州のひとつであるカンパニア州の、おそらく最初の総督に任じられたということが考えられる。

ポレーナによれば、イタリアへの州制度の導入時期は、ティティアヌスのカンパニア州総督就任時、すなわち二九三年頃のことだという。ポレーナはアウレリウス・ウィクトルなどの文献史料も参照しつつ、州制度の導入時期をディオクレティアヌス帝とマクシミアヌス帝による二名の副帝任命の前後と考えてこの年代を提示しており、これにあわせてティティアヌスの「イタリア総督」の任期を二九二年頃まで延ばして考えている。(67)

筆者も州制度の確立時期は二九三年頃と考えているが、その年代の導き方はピーチンの研究成果にしたがうほうがよいと思われる。ティティアヌスの昇進階梯を記した二枚の碑文のうち、『ラテン碑文集成』第六巻一四一八番における「イタリア・トランスパダナ総督」(corrector Italiae Transpadanae)は、その直後に続く“cognoscens vice sacra”と結びつけられて、しばしば「皇帝代理の裁判権をもつイタリア・トランスパダナ総督」(corrector Italiae Transpadanae cognoscens vice sacra)とされることがあり、ポレーナもそのように解している。(68) しかし、もうひとつの『ラテン碑文集成』第六巻一四一九番b(69)では、ティティアヌスは「トランスパダナ地方担当のイタリア総督」(corrector Italiae regionis Transpadanae)の後に「皇帝代理裁判官」(electus ad iudicandas sacras appellationes)に就任したようにみえる。三世紀の皇帝代理裁判官に関するピーチンの研究によれば、後者の碑文にみられる法務官級の官職や首都長官職が前者の碑文では抜け落ちており、ティティアヌスの昇進階梯に関する史料としては後者の碑文に信頼を置くべきであるという。ピーチンによれば、ティティアヌスは二九〇／二九一年に「イタリア総督」、二九一／二九二年に「皇帝代理裁判官」、二九二／二九三年に「カンパニア州総督」を務めている。(70) イタリアにおける州制度の確立時期は、ここから二九二／二九三年頃と考えたほうがよいであろう。(71) ともかくもこのとき、イタリア半島部にはウェネティアおよびヒストリア、アエミリアおよびリグリア、フラミニアおよびピケヌム、トゥスキアおよびウンブリア、カンパニア、アプリアおよびカラブリア、ルカニアおよびブルッティウムの七つの州が設置された。ここにシキリア、サルディニア、コルシカ、ラエティア、アルペス・コッティアエの五つの州も含め入れるなら、イタリア管区には一二の州が設置されたことになる。(72)

本節における検討から、イタリアにおける州制度導入のアウトラインを次のように提示することができる。早ければアウレリアヌス帝治世、遅くともカルス帝・カリヌス帝治世には「州」が設置された。その後、二九〇年前後には州制度の廃止ないしは大改変が認められる。そして二九三年頃、イタリアにはその後に続くような骨格の州制度が確立された。このようにイタリアにおける州制度の導入は直線的に進行したのではなかった。二八〇年代に確認される州制度は暫定的なものであったかもしれないが、たとえ一時的であれディオクレティアヌス帝治世以前に「州」が成立していたと考えられるのである。

ポレーナは「イタリア総督」に関する史料が多いため、総督の交代に関する仮説を構築することが可能だというが、(73)史料が少ない三世紀にあって、なぜイタリア総督に関する史料がいわば例外的に豊富に残っているのか、という理由を説明していない。これまで述べてきたように、筆者はディオクレティアヌス帝治世以前にすでに一時的であれ「州」が成立していたと考えるが、この時期のイタリア総督に関する史料が多いとすれば、それはむしろ、実際には各「州」担当のイタリア総督が多く派遣されていたことの証左となるのではないだろうか。

小括

研究史のところでも述べたが、三世紀イタリアにおける州制度導入のプロセスは、ローマ史研究のアポリアのひとつとされる。ポレーナはこの問題に果敢に取り組み、優れた構想力と巧みな史料操作で整合的な仮説を組み上げた。ポレーナによれば、カラカッラ帝治世からアウレリアヌス帝治世まで「全イタリア総督」という臨時職が置かれ、その後二七〇年代後半からは「イタリア総督」が二名任命され、それぞれポー川以北と以南のイタリアを統治した。そして、ディオクレティアヌス帝治世の二九三年頃に州制度が導入された、というのである。しかし、ポレーナ説の弱点は——逆説的ではあるが——その明快さにあるように思われる。

ここで想起されるのは、州制度導入のプロセスに関するジャルディーナの指摘である。ジャルディーナによれば、イタリアの総督職の発展に関しては、全イタリア総督から個々の州を担当する総督への発展を直線的に理解する「モムゼン的イメージ」と、非直線的なものととらえる「ボルゲージ的イメージ」があり、前者のイメージはイタリアの州分割をディオクレティアヌス帝治世に置くのに対し、後者のイメージはディオクレティアヌス帝治世以前におけるイタリアの州分割を認めるものである、という。そして、三世紀におけるイタリアの総督職の発展は、後者の「ボルゲージ的イメージ」で理解されるべきだというのである(74)。

確かに、イタリアにおける州制度導入のプロセスは非直線的で、紆余曲折を孕んでいたようにみえる。ポレーナの想定するような、直線的な発展であったようには思われない。ポレーナは、「イタリア総督」の担当地域がポー川以北と以南のふたつのイタリアであった、という公式の職名と実際の担当地域との間の「ズレ」を鋭く見破った。しかし、ポレーナの説は、「イタリア総督」の担当地域が創設当初から廃止まで一貫して同じであったと想定している点に問題があるのではなかろうか。確かに、「イタリア総督」が派遣された期間はそれほど長くはない。しかし、三世紀は「軍人皇帝時代」という大きな政治的変動を経験した時代であり、「イタリア総督」の担当地域も、地方裁判官の管轄区域と同様かあるいはそれ以上に、その時々の統治行政上の必要に応じて柔軟に変化したと考えられるのである。実際、ウォルシアヌスの事例のように「イタリア総督」が実際的には「カンパニア総督」であったこともあれば、ディオニュシウスの事例のように「イタリア総督」がポー川以北あるいは以南のイタリアを統治することもあった。州制度導入のプロセスの、かくも複雑な展開が、史料における総督の職名表記の流動性に表れているのではなかろうか。そして、「イタリア総督」という職名と実際の担当地域の間の「ズレ」はディオクレティアヌス帝治世における州制度の確立まで解消されないのである。

こう考えるなら、やはりディオクレティアヌス帝による州制度確立の以前にも、イタリアには「州」が——たとえ一時的であったとしても——成立していた可能性があるように思われる。本章における検討をもとに州制度の導入過程のアウトラインをふたたび提示するなら、早ければアウレリアヌス帝、遅くともカルス帝・カリヌス帝治世に「州」が設置され、その後、二九〇年前後にはその「州」は廃止されたかあるいは大きく改変された。そして、二九二／二九三年頃に、帝政後期を通じてイタリア統治の基本的な枠組みとなる州制度が確立された、となるのである。

（1） G. A. Cecconi, *Governo imperiale e élites dirigenti nell'Italia tardoantica. Problemi di storia politico-amministrativa (270-476 d. C.)*, Como 1994, 20, n. 13. また、イタリアへの州制度導入過程の研究史に関しては、F. M. Ausbüttel, *Die Verwaltung der Städte und Provinzen im spätantiken Italien*, Frankfurt a. M. 1988, 87 も参照。

(2)　Th. Mommsen, *Römisches Staatsrecht*, II-2, Basel 1952^{3} (= Mommsen, *Staatsrecht*), 1086f.; id., Die italischen Regionen, in: id., *Gesammelte Schriften*, V, Berlin 1908, 268-285 (= Mommsen, Italischen Regionen), 284; A. Chastagnol, *La prefecture urbaine à Rome sous le Bas-Empire*, Paris 1960 (= Chastagnol, *Prefecture urbaine*), 21-25; id., L'Administration du Diocèse Italien au Bas-Empire, *Historia* 12, 1963, 348-379 (= Chastagnol, *Historia*), 349-352; W. Eck, Die regionale Organisation der italischen Iuridikate, *ZPE* 18, 1975, 155-166, 166; id., *Die staatliche Organisation Italiens in der hohen Kaiserzeit*, München 1979, 266 = id., *L'Italia nell'impero romano: Stato e amministrazione in epoca imperiale*, Bari 1999, 274f.; T. D. Barnes, *The New Empire of Diocletian and Constantine*, Cambridge, Mass. 1982, 218.

(3)　Th. Mommsen, Die libri coloniarum, in: id., *Gesammelte Schriften*, V, Berlin 1908, 146-199 (= Mommsen, Libri coloniarum), 185; id., Observationes epigraphicae VII. De titulis C. Octavii Sabini cos. a. p. Chr. CCXIV., in: id., *Gesammelte Schriften*, VIII, Berlin 1913, 229-246, 240-243; B. Borghesi, Iscrizione onoraria di Concordia, in: *Oeuvres completes de Bartolomeo Borghesi*, V, Paris 1869, 383-422, 415f.; C. Jullian, *Les transformations politiques de l'Italie sous les empereurs romains 43 av. J.-C. - 330 ap. J.-C.*, Paris 1884 (= Jullian, *Transformations*), 149-155; id., De la réforme provinciale attribuée à Dioclétien, *RH* 19, 1882, 331-374 (= Jullian, *RH*), 339; A. von Premerstein, Corrector, in: *RE* IV 2, 1901, 1646-1656, 1654; J. R. Bury, The Provincial List of Verona, *JRS* 13, 1923, 127-151, 141; W. Simshäuser, *Iuridici und Munizipalgerichtsbarkeit in Italien*, München 1973, 269; id., Untersuchungen zur Entstehung der Provinzialverfassung Italiens, in: *ANRW* II-13, 1980, 401-452 (= Simshäuser, *ANRW*), 448; R. Thomsen, *The Italic Regions from Augustus to the Lombard Invasion*, Copenhagen 1947, 200f.; F. M. Ausbüttel, *op. cit.*, 87-95; A. Giardina, Le due Italie nella forma tarda dell'impero, in: id. (a cura di), *Società romana e impero tardoantico*, I, Bari 1986, 1-36 = id., *L'Italia romana. Storie di un'identità incompiuta*, Bari 1997, 265-321 (= Giardina, Due Italie); id., La formazione dell'Italia provinziale, in: A. Momigliano / A. Schiavone (a cura di), *Storia di Roma*, III, 1, Torino 1993, 51-68 (= Giardina, Italia provinziale); E. Lo Cascio, The Government and Administration of the Empire in the Central Decades of the Third Century, in: A. K. Bowman / P. Garnsey / Av. Cameron (eds.), *The Cambridge Ancient History, 2nd ed.*, Vol. XII, *The Crisis of the Empire, A. D. 193-337*, Cambridge 2005, 156-169, 168f.

(4)　A. Degrassi, "Corrector Italiae" in un'epigrafe di Como, in: *Munera. Raccolta di scritti in onore di A. Giussani*, Como

1944, 165-175 = id., *Scritti vari di antichità*, Bd. 1, Roma 1962, 193-206; G. Clemente, La regio Transpadana e il corrector Italiae alla fine del III secolo, *Helikon* 6, 1966, 534-547.

（5） M. Christol, *Essai sur l'évolution des carrières sénatoriales dans la seconde moitié du IIIe siècle ap. J.-C.*, Paris 1986, 60.

（6） 大清水裕「三世紀後半のイタリア統治の変容と都市社会――コモ出土碑文再考」『西洋古典学研究』五五、二〇〇七年、一一四～一二五頁＝同『ディオクレティアヌス時代のローマ帝国――ラテン碑文に見る帝国統治の継続と変容』山川出版社、二〇一二年、三〇～四〇頁。

（7） 三世紀イタリアの州制度導入に関する研究としては他に、W. Ensslin, The Reforms of Diocletian, in: S. A. Cook et al. (eds.), *Cambridge Ancient History*, Bd. 12, *The Imperial Crisis and Recovery, A. D. 193-324*, Cambridge 1939, 383-408; H. Galsterer, Regionen und Regionalismus im römischen Italien, *Historia* 43, 1994, 306-323; G. Mancini, Corrector, in: *DE* II, 1910, 1242-1248; F. Millar, Italy and the Roman Empire: Augustus to Constantin, *Phoenix* 40, 1986, 295-318; A. Pinzone, L'assetto amministrativo dell'Italia nella tarda antichità, in: *Storia della società italiana IV. Restaurazione e destrutturazione nella tarda antichità*, Milano 1998, 45-57; M. Tarpin, L'Italie, la Sicile et la Sardaigne, in: C. Lepelley (éd.), *Rome et l'intégration de l'empire 44 av. J.-C. - 260 apr. J.-C.*, tome 2, *Approches régionales du Haut-Empire romain*, Paris 1998, 1-70 なども参照。

（8） シャスタニョルは、「全イタリア総督」(corrector totius Italiae)の後、二八一年ないし二八二年に二名の「イタリア総督」(後のイタリアの二名の管区代官の先駆をなす)が任命され、二八九年に「両イタリア総督」(corrector utriusque Italiae)のディオニュシウスが現れる。そして、二九〇年末にティティアヌスが「イタリア・トランスパダナ総督」に任命されたときにイタリアが州に分割されたと考える(Chastagnol, *Prefecture urbaine*, 22f.; id., *Historia*, 349-352)。第二節で紹介するポレーナの説もこれに近いが、「両イタリア総督」の理解の仕方が異なる。

（9） P. Porena, Sulla genesi degli spazi amministrativi dell'Italia tardoantica, in: L. Labruna (dir.), M. P. Baccari / C. Cascione (a cura di), *50 anni della Corte Costituzionale della Repubblica italiana*, I/2. *Tradizione romanistica e Costituzione*, Napoli 2006, 1315-1376.

（10） CIL, X, 1655 (Puteoli): Fortissimo et piissimo / principi suo, / M(arco) Aurelio Carino / Rufius Volusianus / v(ir) c(larissimus) / eorum iudicio / beatissimus iterum / corrector.

(11) CIL, VI, 1707 = ILS, 1213 (Roma): [------] religiosissimoque / C(aio) Caeionio Rufio Volusiano v(iro) c(larissimo), / corr(ectori) Italiae per annos octo, / proconsuli Africae, / comiti domini nostri / Constantini invicti et / perpetui semper Augusti, / praefecto urbi, iudici sacrarum / cognitionum, consuli.

(12) CIL, X, 304*: Ruffio Volusiano v(iro) c(larissimo), / correctori Campaniae.

(13) CIL, VI, 1673 = ILS, 1211 (Roma): L(ucio) Aelio Helvio / Dionysio c(larissimo) v(iro), / iudici sacrarum cog/nitionum totius Orien(tis), / praesidi Syriae Coele(s), / correctori utriusq(ue) / Italiae, curatori aq(uarum) / et Miniciae, curator(i) / operum publicoru[m], / pontifici dei Sol(is), / collegium / fabrorum tignuar(iorum), / multis in se patrociniis co[n-latis...].

(14) AE, 1914, 249 = AE, 1917, 124 = AE, 1919, 52 (Comum): Templum dei Solis / iussu dd(ominorum) nn(ostrorum) Diocletiani / et Maximiani Augg(ustorum) / T(itus) Fl(avius) Post(umius) Titianus v(ir) c(larissimus), corr(ector) / Ital(iae), perfecit ac dedicavit / curante Axilio Iuniore / v(iro) c(larissimo), curatore c[ivitatis].

(15) CIL, VI, 1418 = ILS, 2941 (Roma): T(ito) Fl(avio) Postumio Titiano v(iro) co(n)s(ulari), / proco(n)s(uli) prov(inciae) Africae, / co(n)s(ulari) aquarum et Miniciae, / corr(ectori) Campaniae, / corr(ectori) Italiae Transpadanae, / cognoscenti vice sacra, / p(raetori) k(andidato), q(uaestori) k(andidato), pontifici dei Solis, / auguri, oratori, pronepoti et sec/tatori M(arci) Postumi Festi orat(oris), / T(itus) Aelius Poemenius v(ir) e(gregius), suffragio eius / ad proc(uratorem) aquarum promotus, / patrono praestantissimo.

(16) Aur. Vict. *Caes*. 39, 10: Ibi (Carinus) Iulianum pulsa eius acie obtruncat. Namque is cum Venetos correctura ageret, Cari morte cognita imperium avens eripere adventanti hosti obviam processerat.

(17) CIL, V, 8205 (Inter Tergeste et Aquileiam): [Magno et in]victo imp(eratori) Caesari / [C(aio) Aur(elio) Val(erio) Di]ocletiano Pio Fel(ici) / [Augusto, po]nt(ifici) max(imo), trib(unicia) pot(estate) III, / [co(n)s(uli) II, p(atri) p(atriae), p]roco(n)s(uli), A[c]ilius Clarus / [v(ir) c(larissimus), corrector I]tal(iae), dev(otus) num(ini) mai(estatique) eiu[s].

(18) CIL, V, 2817 = ILS, 614 (Patavium): Aeterno imperatori / nostro maximo op/timoque principi, / Aurelio Valerio / Diocletiano Pio Fe/lici Invicto / Augusto / Paetus Honoratus v(ir) [c(larissimus)], / corrector Itali[ae], / numini eius

dicatissimus.

(19) CJ 9, 2, 9; 7, 56, 3; 2, 10, 1.

(20) CIL, VI, 255 = ILS, 621; CIL, VI, 256 = ILS, 622; CIL, VI, 773 = ILS, 626.

(21) CIL, XI, 1594 (Florentia): Imp(eratori) Caes(ari) C(aio) Va/lerio Aurelio / Diocletiano / Pio Fel(ici) invicto / Aug(usto), pont(ifici) max(imo), Ger(manico) / max(imo), trib(unicia) pot(estate) IIII, / co(n)s(uli) III, p(atri) p(atriae), proco(n)s(uli), / T(itus) Aelius Marcianus, / vir co(n)s(ularis), cor(rector) Italiae / d(evotus) n(umini) m(aiestatique) eius.

(22) CJ 7, 35, 3: Idem AA. (Diocletianus et Maximianus) Numidio correctori Italiae. Non est incognitum id temporis, quod in minore aetate transmissum est, in longi temporis praescriptione non computari. ea enim tunc currere incipit, quando ad maiorem aetatem dominus rei pervenerit. PP. III id. Sept. ipsis IIII et III AA. conss.

(23) Lo Cascio, *op. cit.*, 167. 東方属州の諸都市に派遣されたcorrectorに関する研究としては、E. Guerber, Les *correctores* dans la partie hellenophone de l'empire romain du règne de Trajan à l'avenement de Diocletien: Étude prosopographique, in: C. Marro / A. Tibet (éds.), *Anatolia Antiqua. Eski Anadolu*, V, Paris 1997, 211-248がある。

(24) セウェルス朝の時代に、イタリアへの州制度の導入が議論されていたことも想起すべきである。Cass. Dio 52, 14-40. カッシウス・ディオの記述では、マエケナスがアウグストゥス(位前二七～後一四年)に、首都管区を除くイタリア半島に属州を設置し、その属州に執政官級の総督を置いて直接税を課すことを進言しているが、これはすでに帝政開始時にマエケナスがそのような見解をもっていたのではなく、カッシウス・ディオがマエケナスに仮託して持論を展開しているものと一般に考えられている。Ausbüttel, *op. cit.*, 88. このようなカッシウス・ディオの叙述に関しては、市川雅俊「カッシウス＝ディオの経済分野に関する提言の意図」『西洋古典学研究』三一、一九九三年、八二～九二頁も参照。

(25) CIL, X, 5398 = ILS, 1159 (Aquinum): C(aio) Octavio App(io) S[ue]/trio Sabino c(larissimo) v(iro), po[n]/tif(ici) et auguri, co(n)s(uli) ordin[ar(io)], / legato Aug(usti) pr(o) pr(aetore) Pannon(iae) i[nf(erioris)], / elect(o) ad corrig(endum) statum Ita[l(iae)], / praef(ecto) aliment(orum), iudici ex dele[g(atione)] / cognition(um) Caesarian(um), legato [Aug(usti)] / pr(o) pr(aetore) prov(inciae) Raet(iae), praeposit(o) vexi[ll(ationibus)] / Germ(anicae) expedit(ionis), comit(i) Aug(usti) n(ostri), legat(o) l[eg(ionis) II] / et vicensim(ae) Pr[im]ig(eniae), iur[id]ico per A[em(iliam)] / et Liguriam, curat(ori) viae Latinae n[ov(ae)], / curat(ori) rei publicae Ocriculano[r(um)], / praet(ori) de liberalib(us) causis, tri-

bu[n(o)] / et quaestori candidato, / plebs Aquinatiu[m] / patrono rarissim(o).

CIL, X, 5178 (Casinum): [C(aio) Octavio App(io) Suetrio Sabino c(larissimo) v(iro), co(n)s(uli) ordina]rio, pontifici, / [auguri, comiti Aug(usti) n(ostri), electo a]d corrig[endu]m statum Italiae, / [praef(ecto) alimentorum, iudici ex] delegatu [p]rincipum in provincia / [Dalmatia (?) item Pannonia] inferior[e], leg(ato) Aug(usti) pr(o) pr(aetore) provinciae / [Raetiae, praeposito vexilla]ris Germ[a]nicae expeditionis, legato / [leg(ionis) XXII Primigeniae p(iae) f(idelis),] iuridico per [A]emiliam et Liguriam curatori / [viae Latinae, legato prov(inciae) Afr]icae region[i]s Hipponiensis, praetori, / [trib(uno) pl(ebis) cand(idato), q(uaestori) cand(idato), sevi]ro turmar[u]m equestrium, / [patrono a]manti[s]simo.

(26) Ausbüttel, *op. cit.*, 87; M. Peachin, Iudex vice Caesaris: *Deputy Emperors and the Administration of Justice during the Principate*, Stuttgart 1996, 101-106. Cf. Degrassi, *op. cit.*, 196f.; Simshäuser, *ANRW*, 434f.

(27) トラヤヌス帝(位九八～一一七年)がガイウス・ユリウス・プロクルスをレガトゥス・アウグスティ・プロ・プラエトレ・レギオニス・トランスパダナエとしてトランスパダナ地方に派遣した事例(CIL, X, 6658 = ILS, 1040)や、ハドリアヌス帝(位一一七～一三八年)による四名のコンスラレス(consulares = legati Augusti pro praetore)の派遣など、サビヌス以前にも、皇帝がイタリアに行政区域を設けて代理権者を派遣した事例があるので、サビヌスの事例がイタリアへの州制度導入の最初の措置であったとはいえない。しかし、ジャルディーナが述べるように、サビヌスの事例はこれらの先行する事例とは趣が異なるため(Giardina, Due Italie, 11f.)、一般的にイタリアへの州制度導入の出発点と考えられている。なお、ハドリアヌス帝期のコンスラレスに関しては、W. Eck, Die italischen *legati Augusti pro praetore* unter Hadrian und Antoninus Pius, in: G. Bonamente / N. Duval (a cura di), *Historiae Augustae Colloquia, Colloquium Parisinum 1990*, Macerata 1991, 183-195 = W. Eck, *Die Verwaltung des römischen Reiches in der hohen Kaiserzeit. Ausgewählte und erweiterte Beiträge*, Bd. 1, Basel / Berlin 1995, 315-326 および、本書第三章第二節を参照。

(28) Mommsen, *Staatsrecht*, 1086; id., Libri coloniarum, 184; id., Italischen Regionen, 284; Jullian, *Transformations*, 149f.; Simshäuser, *ANRW*, 448; Christol, *op. cit.*, 56.

(29) I. Cr., IV, 323: *Ἑσπερίης πάση[ς χθονὸς] / ὄβριμον ἰθυντῆ[ρα] / Μαρκελλῖνον ὁρᾷς ἡγε[μόνος] / ταμίην, / Ἑλλάδος ἀγλαὸν ἔρνος, / ὃς εὐδιχίῃ καὶ ἀρωγῇ / κουφίζων πόλιας, θῆκεν / ἐλαφροτέρας· / τοὔνεκα καὶ προθύροισι /*

(Δ)*ίκης ἐπιμάρτυρα θεσμῶν / βουλὴ καὶ* Πύρρου *στῆσεν / ἐφημοσύνη.*

(30) CIL, VI, 3836 = 31747 (Roma): [...]*β.* Πομπ(ωνίῳ) Βά[σσῳ ... / ...]*του γένους λαμ*[*προτάτου, / ὑπά*]*τ*[*ῳ*] *δὶς ὀρ-δ(ιναρίῳ) ἐπά*[*ρχῳ*] / Ῥώμης, *προμαγ(ίστρῳ) ποντίφ(ικων), / ἐπανορθ(ωτῇ) πάση*[*ς* Ἰταλ(*ίας*)], / *κόμ(ιτι) βα*[*σ*]*ιλ(έως), ἀνθ(υπάτῳ)* [... / ...] Πομπ(*ωνία*) Κρα[*τ*]*ιδ*[*ία ἡ*] / *φίλαν*[*δρος τ*]*ῶν / π*[*ασῶν εὐε*]*ργε*[*σιῶν ἕνεκεν*...].

(31) *PLRE*, 155f.; Ausbüttel, *op. cit.*, 89; Simshäuser, *ANRW*, 435.

(32) Thomsen, *op. cit.*, 197; Simshäuser, *ANRW*, 448; Porena, *op. cit.*, 1316.

(33) SHA *Tyr. trig.* 24, 5: (Aurelianus Tetricum) conrectorem totius Italiae fecit, id est Campaniae, Samni, Lucaniae Brittiorum, Apuliae Calabriae, Etruriae atque Umbriae, Piceni et Flaminiae omnisque annonariae regionis.

(34) SHA *Aurel.* 39, 1: Tetricum triumphatum correctorem Lucaniae fecit, filio eius in senatu manente.

Eutr. 9, 13, 2: qui quidem Tetricus corrector Lucaniae postea fuit ac privatus diutissime vixit.

Aur. Vict. *Caes.* 35, 5: ipse (Tetricus) post celsum biennii imperium in triumphum ductus Lucaniae correcturam filioque veniam atque honorem senatorum cooptavit.

Epit. de Caes. 35, 7: Hic (Aurelianus) Tetricum, qui imperator ab exercitu in Galliis effectus fuerat, correctorem Lucaniae provexit, aspergens hominem eleganti ioco sublimius habendum regere aliquam Italiae partem quam trans Alpes regnare.

Cf. Polem. Silv. (Mommsen, Chron. min. I, 522): duo Tetrici pater et filius, qui se eidem (Aurelianum) dederunt et post purpuram iudices provinciarum facti sunt.

(35) Mommsen, *Staatsrecht*, 1086, n. 4; Chastagnol, *Prefecture urbaine*, 22; Christol, *op. cit.*, 58f. Cf. Ensslin, *op. cit.*, 391.

(36) Mommsen, Libri coloniarum, 185, n. 2; Jullian, *Transformations*, 150-155, id., *RH*, 339; von Premerstein, *op. cit.*, 1652; Degrassi, *op. cit.*, 197f., Thomsen, *op. cit.*, 198-201; Simshäuser, *ANRW*, 436-438; Ausbüttel, *op. cit.*, 89f.

(37) Porena, *op. cit.*, 1316.

(38) SHA *Aurel.* 35, 2: Nam idem Aurelianus et porcinam carnem populo Romano distribuit, quae hodieque dividitur.

(39) Giardina, Due Italie, 12f.; id., Italia provinziale, 58-60.

(40) Giardina, Due Italie, 14f. et 627, n. 100.

(41) 大清水、前掲論文、一一七頁。
(42) 史料は註(10)(11)(12)を参照。
(43) Simshäuser, *ANRW*, 438f.
(44) なお、シャスタニョルやクリストルもこの碑文を偽作としている。Chastagnol, *Prefecture urbaine*, 22; Christol, *op. cit.*, 57, n. 97.『後期ローマ帝国のプロソポグラフィー』もこの碑文の信憑性を疑問視するが、この碑文がCIL, X, 1655からつくられたものと誤って解している。*PLRE*, 977.
(45) Giardina, Due Italie, 14f.; id., Italia provinziale, 63.
(46) A. H. M. Jones, *The Later Roman Empire 284-602. Social Economic and Administrative Survey*, Oxford 1973, 702 et 1289f. n. 35. テオドシウス法典研究会(代表後藤篤子)訳「テオドシウス法典(Codex Theodosianus)(一四)」『法政史学』六二、二〇〇四年、八七〜八九頁の法文二二三番(第一四巻第四章第二法文)の註(2)〜(4)も参照。
(47) Ausbüttel, *op. cit.*, 96-98.
(48) もちろん、クレメンテも指摘するように、カンパニアはローマの穀倉地帯としても重要である。Clemente, *op. cit.*, 542f.
(49) CIL, X, 304*を真作と考え、ウォルシアヌスが実際的には「カンパニア総督」であったと考える研究としては、ジャルディーナの他に、von Premerstein, *op. cit.*, 1652; Thomsen, *op. cit.*, 199; Clemente, *op. cit.*, esp. 541-543がある。なお、デグラッシは、同碑文を真作と考えるが、このルフィウス・ウォルシアヌスとガイウス・ケイオニウス・ルフィウス・ウォルシアヌスとの同定を疑問視する(Degrassi, *op. cit.*, 198f.)。アウスビュッテルも同碑文を真作と考えるが、ディオクレティアヌス帝治世における州制度確立後の「カンパニア総督」である可能性も考え、「イタリア総督を八年間」務めたウォルシアヌスと「カンパニア総督」のウォルシアヌスは父子であるかもしれないとも述べている(Ausbüttel, *op. cit.*, 166)。
(50) CIL, X, 1655は、ウォルシアヌスがカルス帝とカリヌス帝に「イタリア総督」再任への感謝を表明してプテオリで設置したものであるが、カリヌス帝への献辞のみが伝えられている。
(51) Cf. Giardina, Due Italie, 14f.
(52) ジュリアンは、後述するティティアヌスの「トランスパダナ地方担当のイタリア総督」(corrector Italiae regionis Transpadanae)という碑文史料の証言(註(69)参照)を手がかりに、テトリクスの正式な職名は「ルカニア地方担当のイタリア総督」(corrector Italiae regionis Lucaniae)であり、ここから文献史料上の混乱が引き起こされたのではないか、と主張する(Jullian, *Transformations*, 172)。興味深い仮説ではあるが、職名と担当地域の間の「ズレ」を指摘するジャルディーナの理解のほうが説得的である。

(53) Jullian, *Transformations*, 154; Simshäuser, *ANRW*, 445; Ausbüttel, *op. cit.*, 90. マルキアヌスの碑文史料は註(21)、クラルスの碑文史料は註(17)をそれぞれ参照。なお、アウスビュッテルもすでにアウレリアヌス帝治世に州分割が行われていたと考えており、パエトゥス・ホノラトゥス(リスト⑧)もウォルシアヌスと同時期の「イタリア総督」と考えている。

(54) 史料は註(16)を参照。

(55) 史料は註(13)を参照。

(56) Mommsen, Italischen Regionen, 284, n. 4; von Premerstein, *op. cit.*, 1654; Thomsen, *op. cit.*, 200; Chastagnol, *Prefecture urbaine*, 23; id., *Historia*, 350; Simshäuser, *ANRW*, 446-448. Cf. Jullian, *Transformations*, 151. この「両イタリア」の解釈をめぐる研究史の概観として、Ausbüttel, *op. cit.*, 91f.; Giardina, Due Italie, 5f. et 15f. も参照。

(57) Clemente, *op. cit.*, esp. 543-547.

(58) Giardina, Due Italie, 5f. et 15f. Cf. Degrassi, *op. cit.*, 202-204, esp. 204.

(59) von Premerstein, *op. cit.*, 1654; Christol, *op. cit.*, 57; Giardina, Due Italie, 15f. フォン・プレマーシュタインは研究史上かなり早い段階でこのような理解を示している。

(60) Porena, *op. cit.*, 1318-1320.

(61) *PLRE*, 260; Peachin, *op. cit.*, 138.

(62) 史料は註(14)を参照。

(63) 史料は註(15)を参照。

(64) ティティアヌスの事例に代表される、「イタリア総督」という職名と実際の担当地域との間の「ズレ」は、様々な解釈を生み出してきた。例えば、シャスタニョルやアウスビュッテルは、「イタリア総督」という職名は、むしろ正式な職名(例えば、ティティアヌスの場合 corrector Italiae regionis Transpadanae. この職名に関しては註(69)の碑文史料を参照)が省略されたもの、と考えた(Chastagnol, *Prefecture urbaine*, 23; Ausbüttel, *op. cit.*, 90)。また、研究史上早い段階で、ジュリアンやフォン・プレマーシュタインがポレーナの説に近い解釈をしているのは注目される(Jullian, *Transformations*, 172; von Premerstein, *op. cit.*, 1653f. Cf. Degrassi, *op. cit.*, 203f.)。

(65) Porena, *op. cit.*, 1321-1328.

(66) Chastagnol, *Prefecture urbaine*, 23; Smshäuser, *ANRW*, 446; Ausbüttel, *op. cit.*, 90f.

(67) Porena, *loc. cit.*

(68) Porena, *op. cit.*, 1322. 同様の解釈をしているのは、Degrassi, *op. cit.*, 201; Simshäuser, *ANRW*, 443; Christol, *op. cit.*, 88; 大清水、前掲論文、一一八頁。

(69) CIL, VI, 1419b = 31650 = 41224 (Roma): [T(ito) Fl(avio) Postumio Titiano v(iro) c(larissimo), co(n)s(uli) II], / proco(n)s(uli) prov(inciae) Afri[cae, praef(ecto) urbi], / co(n)s(ulari) aquarum et M[iniciae, corr(ectori) Campaniae], / electo ad iudicand(as) sacr(as) [appellation(es) (?), cor]/rectori Italiae reg(ionis) Tra[nspadanae ---?], / curatori colonia-r(um) sple[ndidissimarum] / Lugdunensium, Cam[panor(um), ---] / Calenor(um), XIIviro Rom[ae ---].

(70) Peachin, *op. cit.*, 132-137, esp. 136.

(71) ディオクレティアヌス帝治世における州制度の確立年代に関する従来の見解をいくつか挙げるなら、ジュリアンは二九〇年から三〇〇年の間とし(Jullian, *Transformations*, 151f.)、フォン・プレマーシュタインは、二九〇年代末と考える(von Premerstein, *op. cit.*, 1654)。デグラッシは、二九七年頃とする(Degrassi, *op. cit.*, 195)。シャスタニョルはティティアヌスがイタリア・トランスパダナ総督に就任した二九〇〜二九一年と考え(Chastagnol, *Prefecture urbaine*, 23; id., *Historia*, 351)、クレメンテはティティアヌスがイタリア・トランスパダナ総督の後、カンパニア州総督に就任する二九一年頃と考える(Clemente, *op. cit.*, 540f.)。アウスビュッテルは二九二年頃としている(Ausbüttel, *op. cit.*, 93)。

(72) Giardina, Italia provinziale, 64.

(73) Porena, *op. cit.*, 1331f.

(74) Giardina, Due Italie, 13f; id., Italia provinziale, 62f.

州制度確立期までのイタリアの総督(corrector)のリスト

(職名の後の[　]のなかは、主に『後期ローマ帝国のプロソポグラフィー』による就任年代[1])

① ガイウス・オクタウィウス・アッピウス・スエトリウス・サビヌス(C. Octavius App. Suetrius Sabinus)
—イタリアの状況を改善するために選ばれた者(electus ad corrigendum statum Italiae)[二一五/二一六年]: CIL, X, 5398 = ILS, 1159 (Aquinum); CIL, X, 5178 (Casinum).

② マルケッリヌス(Marcellinus)
—全イタリア総督(*ἑσπερίης πάσης χθονὸς ὄβριμος ἰθυντήρ*)[カラカッラ帝治世(一九七〜二一八年)]: I. Cr., IV, 323.

③ ポンポニウス・バッスス(Pomponius Bassus)
—全イタリア総督(*ἐπανορθωτὴς πάσης Ἰταλίας*)[二六八/二六九年頃]: CIL, VI, 3836 = 31747 (Roma).

④ ガイウス・ピウス・エスウィウス・テトリクス(C. Pius Esuvius Tetricus)
—全イタリア総督(corrector totius Italiae)[二七三/二七五年]: SHA *Tyr. Trig.* 24, 5.

—ルカニア総督(corrector Lucaniae)〔二七三／二七五年〕：SHA *Aurel*. 39, 1; Eutr. 9, 13, 2; Aur. Vict. *Caes*. 35, 5; *Epit. de Caes*. 35, 7. Cf. Polem. Silv. (Mommsen, Chron. min. I, 521f).

⑤　ガイウス・ケイオニウス・ルフィウス・ウォルシアヌス(C. Ceionius Rufius Volusianus)

—(イタリア)総督を重任(iterum corrector)〔二八一／二八三～二八九／二九一年〕：CIL, X, 1655 (Puteoli).

—八年間のイタリア総督(corrector Italiae per annos octo)〔二八一／二八三～二八九／二九一年〕：CIL, VI, 1707 = ILS, 1213 (Roma).

—カンパニア総督(corrector Campaniae)：CIL, X, 304* (Puteoli?).

⑥　マルクス・アウレリウス・ユリアヌス(M. Aurelius Iulianus)

—総督としてウェネト人を統治(Venetos correctura agens)〔二八三／二八四年〕：Aur. Vict. *Caes*. 39, 10.

⑦　アキリウス・クラルス(Acilius Clarus)

—イタリア総督(corrector Italiae)〔二八六年〕：CIL, V, 8205 (Inter Tergeste et Aquileiam).

⑧　パエトゥス・ホノラトゥス(Paetus Honoratus)

—イタリア総督(corrector Italiae)〔二八四／三〇五年〕：CIL, V, 2817 = ILS, 614 (Patavium); cf. CJ 9, 2, 9 + 7, 56, 3; CJ 2, 10, 1; CJ 2, 3, 23.

⑨ ティトゥス・アエリウス・マルキアヌス(T. Aelius Marcianus)
—イタリア総督(corrector Italiae)［二八七年］：CIL, XI, 1594 (Florentia).

⑩ ヌミディウス(Numidius)
—イタリア総督(corrector Italiae)［二九〇年］：CJ 7, 35, 3.

⑪ ルキウス・アエリウス・ヘルウィウス・ディオニュシウス(L. Aelius Helvius Dionysius)
—両イタリア総督(corrector utriusque Italiae)［二八八／二九六年］：CIL, VI, 1673 = ILS, 1211 (Roma).

⑫ プブリウス・ヘルウィウス・アエリウス・ディオニュシウス(P. Helvius Aelius Dionysius)
—カンパニア総督(corrector Campaniae)［三二四年以前］：CIL, X, 6084 = ILS, 1212 (Formiae).

⑬ ティトゥス・フラウィウス・ポストゥミウス・ティティアヌス(T. Flavius Postumius Titianus)
—イタリア総督(corrector Italiae)［二九〇／二九一年］：AE, 1914, 249 = AE, 1917, 124 = AE, 1919, 52 (Comum).
—イタリア・トランスパダナ総督(corrector Italiae Transpadanae)［二九〇／二九一年］：CIL, VI, 1418 = ILS, 2941 (Roma).
—カンパニア州総督(corrector Campaniae)［二九二／九三年］：CIL, VI, 1418 = ILS, 2941 (Roma).

⑭　氏名不詳
　—総督(corrector)［二九五年］：Frag. Vat. 292.

（1）A. H. M. Jones / J. R. Martindale / J. Morris, *The Prosopography of the Later Roman Empire*, Cambridge 1971 (= *PLRE*). なお、リスト①のサビヌスの就任年代に関しては、G. Camodeca, Due nuove iscrizioni-cursus di C. Octavius Suetrius Sabinus, cos. ord. 214, II 240: CIL. VI 1551-1477 e CIL. IX 2848, *Index* 15, 1987, 341-356 を、②のマルケッリヌスの就任年代に関しては、G. A. Cecconi, *Governo imperiale e élites dirigenti nell'Italia tardoantica. Problemi di storia politico-amministrativa (270-476 d. C.)*, Como 1994, 210 を、⑬のティティアヌスの就任年代については M. Peachin, Iudex vice Caesaris: *Deputy Emperors and the Administration of Justice during the Principate*, Stuttgart 1996, 132-137 をそれぞれ参照した。

第五章　総督(corrector)とイタリア都市

本章は三世紀における総督(corrector)と都市の関係に焦点をあて、前期帝政から後期帝政への移行期における統治構造の変動の歴史的意義について考察する。その際に課題となるのは、三世紀における州制度導入の目的と総督の社会的性格および具体的活動に関する分析である。

第一節　研究史

序論第二節でも述べたが、従来の研究においてイタリアの「属州化」(provincialization)は、一般に次のように評価されてきた。すなわち、帝政前期のイタリアは、行政と財政の両面において属州とは異なる扱いをうけていた。行政面では、官僚機構が発達しておらず属州総督も置かれていなかったため、イタリア都市は属州の都市に比べ広範な自治を認められていた。また財政面では、二〇分の一奴隷解放税(vicesima libertatis)や二〇分の一相続税(vicesima hereditatium)などの間接税は徴収されていたが、属州とは異なり、戦時特別税(tributum)や土地税(tributum / stipendium)といった直接税は免除されていた。こうした行政面と財政面における特殊性は、属州に対するイタリアの「特権」といわれる。(1)しかしながら、この「特権」は三世紀に進行した「属州化」によって次第に失われていった。イタリアでは官僚機構が発達するとともに、三世紀後半には州が設置されて州総督が派遣され、属州と同様に土地税が導入されたのである。こうして、イタリアは他の属州と同等の地位に格下げされて、自由を失い、都市の自治は圧殺されたというのである。(2)

このような一連の研究に対し、近年ではA・ジャルディーナが元老院議員層による所領支配の強化という面からイタリアの「属州化」のプロセスや意義について再考を迫っている。(3)また、G・A・チェッコーニは帝政後期イタリアの州の呼称などの観点からイタリアの属州への格下げに対して疑義を提示している。(4)

このように、イタリアの「属州化」に関する従来的な評価は再検討されつつあるが、特に皇帝権力と都市の関係という観点から「属州化」の意義を問い直した研究は非常に少ない。二〇〇六年のP・ポレーナの研究は「属州化」の時期における皇帝権力とイタリア都市の関係について考察しているが、そこではイタリア都市の衰退が示唆され、「属州化」に対する従来的な評価が繰り返されている。(5)また我が国では、大清水裕氏がコムム碑文をもとに都市・皇帝関係について再検討したが、(6)氏との見解の違いについては第三節で詳しく述べる。本章はこのような研究動向をふまえ、従来の研究において再検討が進んでいない問題、すなわち州制度の導入にともなう皇帝権力とイタリア都市の関係について考察してゆきたい。

第二節　州制度導入の目的

イタリアにおける州制度の意義を評価するためには、まずそれがいかなる目的で導入されたのかを可能な限り明らかにする必要があるだろう。一般に、その目的は都市に対する支配の強化にあったとされ、とりわけディオクレティアヌス帝(位二八四～三〇五年)による中央集権化と結びつけて理解されている[7]。

しかしながら、前章で明らかにしたように、イタリアにはまず三世紀初頭に総督が派遣され、遅くとも二八〇年代初頭までに「州」が設置された。イタリアにおける州制度の導入は、ディオクレティアヌス帝治世のことではなく、それ以前の出来事だったのである。したがって、州制度の導入をディオクレティアヌス帝による中央集権化と結びつけて考えることはできない。さらにいうなら、そもそも州制度の導入が直線的にではなく紆余曲折をへて進行したことからすれば、中央集権化が州制度の第一義的な目的であったとは考えにくいのである。

では州制度導入の目的はどこにあったのか。以下では関連史料を検討しながら、三世紀初頭における「全イタリア総督」の派遣と三世紀後半における州設置の目的について考察してゆきたい。

(1)　総督派遣の目的

前章で確認したように、イタリアでは州の設置に先立って総督の派遣が始まっている。三世紀初頭のカラカッラ帝治世(二一一～二一七年)に年代比定されている二枚の碑文から、サビヌス(リスト①)が「イタリアの状況を改善するために選ばれた」(electus ad corrigendum statum Italiae)ことが知られている。[8] 彼がこの官職に就任したのは二一五/二一六年のことと考えられている。[9] 碑文の文面そのものは総督(corrector)と明確に記してはいないものの、従来の研究において、彼が「イタリアの状況を改善するために選ばれた」ことはイタリアにおける総督任命の最初期の事例とされ、イタリア「属州化」政策のはじまりと位置づけられている。

サビヌスの総督職のやや特殊な肩書きから推察されるのは、それが臨時職であったということである。先のリストでいうと、「全イタリア総督」であったと考えられる②マルケッリヌスと③バッススも(あるいはさらに④テトリクスも)、同様に臨時に任命されたと考えられている。またサビヌスの管轄区域は、マルケッリヌスやバッススと同様にイタリア全土であったと考えられている。[10]

では、サビヌスはいかなる目的から総督に任命されたのであろうか。一般的にそれは、当時イタリア半島で跋扈していた山賊に対処し、社会秩序を回復するためであったと考えられている。[11] とすれば、総督派遣の目的は都市の枠を超えた大きな問題の解決にあったのではないだろうか。都市は単独ではこのような問題に対応できなかっただろうから、総督サビヌスが有効な手立てを講じたとすれば、それは都市の安寧秩序にも大きく貢献することとなったであろう。次節で詳しく論ずるように、上記二枚の碑文においてサビヌスが管轄下の都市からパトロンとして顕彰されているのも、サビヌスのこの種の活動が背景にあるのかもしれない。ともあれ、総督サビヌスの派遣のおもな目的は、イタリアの社会秩序の回復にあったといえよう。[12]

(2) 州設置の目的

三世紀後半のイタリアにおける州設置の背景には、ジャルディーナが指摘するように、首都ローマへの食糧供給、とりわけ食肉供給政策の改革があったと考えられる(13)。

帝政前期のイタリアでは、二〇分の一奴隷解放税や二〇分の一相続税などの間接税は徴収されていたが、戦時特別税や土地税といった直接税は免除されていた(14)。これはイタリアのもつ「特権」のひとつとされているが、こうしたイタリアの財政システムは三世紀に変化してゆく。その最も大きな変更は三世紀末までに行われた直接税(土地税)の課税であるが(15)、その間にもふたつの変化が起きている(16)。

ひとつはイタリアに駐留する軍隊を給養するための食糧の徴発が行われたことである。これに関しては、ガリエヌス帝治世(二五三〜二六八年)に南イタリアで軍用食糧の徴発に従事した騎士身分の官僚の存在が、碑文史料を通して伝えられている(17)。

そしてもうひとつが、ここで取り上げる首都ローマへの食肉供給政策の改革である。セウェルス朝の諸皇帝がローマへの食糧供給に強い関心をもっていたことは史料から確認できる(18)。特に食肉の供給に関しては、セプティミウス・セウェルス帝(位一九三〜二一一年)とカラカッラ帝の共同統治期にあたる二〇四年のローマ碑文が、牛商人(negotiantes boari)に対する皇帝の保護を示唆している(19)。また『ローマ皇帝群像』(ヒストリア・アウグスタ)は、アレクサンデル・セウェルス帝(位二二二〜二三五年)が牛肉・豚肉の値下げ要求に応えて食肉の増産をはかり、安価にしたことを伝えている(20)。なお、セウェルス朝期の歴史家カッシウス・ディオはその書のなかで、首都管区を除くイタリアにも州を設置して執政官級の総督を派遣するというプランについて述べているが(21)、この議論も、いま述べたような食肉供給政策を背景としていたのかもしれない。

このローマへの食肉供給政策で最も重要なのは、アウレリアヌス帝(位二七〇〜二七五年)による豚肉の無料配給の開始である。『ローマ皇帝群像』の「アウレリアヌス伝」には次のような記述がある。

『ローマ皇帝群像』「アウレリアヌス伝」三五、二

「一方、同帝(アウレリアヌス帝)はまた、豚肉をローマの民衆に分配した。豚肉は今日もなお分け与えられている。」[22]

ローマの民衆はそれまでパンとオリーヴ油の無料配給をうけていたが、アウレリアヌス帝はこの配給品目に豚肉を加えたことになる。ジャルディーナによれば、アウレリアヌス帝はアグリッパの野(Campus Agrippae)の豚市場(forum suarii)の隣に都警隊(cohortes urbanae)の新たな兵営を建てて、都警隊の指揮権と豚肉の配給業務を結びつけ、その任務を新設の豚市場担当官(tribunus fori suarii)に与え、首都長官(praefectus urbi)の管轄下に置いたという。[23] このローマにおける豚肉の無料配給はイタリアの土地所有者から豚肉を徴収して行われるものであったが、三世紀イタリアの州総督の主要な任務のひとつがこの豚肉の徴収に関連する業務であったと思われるのである。

そこで注目される州総督が、テトリクス(リスト④)とウォルシアヌス(リスト⑤)である。前章でも紹介したが、まずテトリクスに関して、ジャルディーナは次のように説明する。テトリクスは「全イタリア総督」としてイタリア全土の統治権を与えられていたが、実際に任務を遂行した地域はルカニア地方だったと考えられる。その背景には、アウレリアヌス帝による首都ローマの民衆への豚肉の無料配給の開始という改革があった。つまり、ルカニア地方は豚肉の一大生産地であったため、テトリクスは「全イタリア総督」としての職務をこの地域で遂行したのではないかというのである。[24] テトリクスに関しては文献史料の信憑性の問題が残されているが、[25] ジャルディーナのこの説明は説得的である。

次にウォルシアヌスの事例について、これもすでに前章で述べたが、筆者の考えでは、テトリクスの事例との

アナロジーで考えることができる。というのも、ウォルシアヌスが州総督として統治したと伝えられるカンパニア地方は、ルカニア地方と同様に豚肉の供出義務が課されていたと考えられるからである。

三世紀の豚肉徴収システムに直接言及する史料は残っていないが、四世紀後半から五世紀に関しては『テオドシウス法典』などの法史料やカッシオドルスによる文献史料がある。帝政後期のイタリアのいくつかの州では、土地所有者に一定量の豚肉を毎年供出する義務が課され、その豚肉は豚商人(suarii)によって徴収されていた(26)。A・H・M・ジョーンズによれば、その州とは、カンパニア州、サムニウム州、ルカニアおよびブルッティウム州であったという(27)。ここには、ジャルディーナの指摘どおり、テトリクスの任地と思しきルカニア地方が含まれている。そして、ウォルシアヌスの任地とされるカンパニア地方もここに挙げられているが、ここで注意すべきはサムニウム州である。というのも、サムニウム州は四世紀半ばにカンパニア州から切り離されて設置された州だからである(28)。つまり、ウォルシアヌスが統治したカンパニア地方は、四世紀後半以降の行政区分でいうとカンパニア州とサムニウム州を合わせた地域であり、であればなおのこと豚肉供出地域として重要であったと考えられるのである。ここからウォルシアヌスは、「イタリア総督」としてカンパニア地方で豚肉の徴収業務に関わっていたと考えられる。

このように四世紀以降の財政システムの特徴から、三世紀後半のイタリアにおける州制度導入の目的のひとつは、首都ローマ向け食糧の徴収であったと推察されるのである。

では、豚肉徴収システムは都市の自治に影響を与えたであろうか。四世紀から五世紀初頭の豚肉徴収システムの基本は、土地所有者に一定量の豚肉を毎年供出する義務を課し、その豚肉を組合所属の豚商人が徴収するか、あるいは都市参事会員が徴収して豚商人に引き渡し、豚商人がローマの首都長官のもとへ送り届けるというものであった(29)。三世紀に関してもほぼ同様であったと考えるなら、豚肉の徴収システムそのものは都市参事会員に新たな負担を課すことにはなったが、都市の自治権を奪うものではなかったといえよう。しかも、豚肉の安定供給のために、豚商人は後見の義務(munera tutelaris)を免除されていたが、都市に対する義務(munera municipalia)は免除されなかった。[30] とすれば、豚商人に対する特権の付与が都市自治に影響を与えたということもなかっただろう。

三世紀の豚肉徴収における州総督の役割を伝える史料はないが、四世紀のふたつの法文は、州総督が各州で通用している豚肉の市場価格を首都長官に報告すること、そして、カンパニア州では首都長官の下僚と豚商人にかわり、州総督と都市参事会員が土地所有者から金銭を徴収することを命じている。[31] 四世紀には、土地所有者は豚肉の供出義務を金銭で支払うことを認められることがあったが、これらふたつの法文はともに、高額の金銭を徴収しようとする豚商人や、金銭徴収の際に不正を働く首都長官の下僚から土地所有者を保護しようとするものであった。これらの法文から、皇帝政府が豚肉徴収制度の円滑な運用を目指し、総督にその役割を託していたことが窺える。ここからすれば、都市の自治に干渉することが総督に期待されたことではなかったはずであり、少なくとも上のふたつの法文からその種の総督の活動や皇帝政府の意図は読み取れない。

以上、総督の派遣と「州」の設置の目的について考察した。総督の派遣には山賊の討伐と社会秩序の回復、州の設置には首都ローマ向けの豚肉の徴収という目的がそれぞれあった。このように総督の派遣と「州」の設置にはそれぞれ個別具体的な目的があり、中央集権化という首尾一貫した目標のもとに行われたわけではない。実際、総督の派遣や「州」の設置が都市の自治を侵害するようなこともなかったといえよう。

第三節　州制度導入期の総督・都市関係

本節では、総督とイタリア都市がどのような関係にあったのかについて、総督就任者の社会的性格や具体的活動に焦点をあてながら考察する。

（１）元老院議員と総督職

まずイタリアの総督にどのような元老院議員が就任したのかを分析してゆきたい。その際に注目したいのは、総督就任者の昇進階梯（cursus honorum）である。

しかし、総督の昇進階梯の分析には限界がある。というのも、先のリストから明らかなように総督に関する史料は数が非常に少なく、そのうえ、そのわずかな史料のなかでも、昇進階梯についてほとんど何も語らない史料の比率が高いのである。具体的にいえば、先にリストアップした一四名のうち、史料から昇進階梯の特徴を読み取ることができるのは、わずか五名にとどまる（リスト①・③・⑤・⑪・⑬）。しかしながら、これら五名の総督の昇進階梯の分析からは興味深いデータが得られる。

まず、リスト①のサビヌスの昇進階梯をみていきたい。サビヌスに関しては、彼が「イタリアの状況を改善するために選ばれた」ことを伝える二枚の碑文以外にも、さらに二枚の碑文があり(32)、これらの碑文からG・カモーデカがサビヌスの昇進階梯を復元している(33)。そこから注目されるのは、彼がその昇進階梯の前半期にイタリアを任地とする官職に連続して就任していることである。すなわち彼は、まず二〇八／二〇九年頃にウンブリア地方のオクリクルム(現オトリーコリ)の都市監督官(curator rei publicae Ocriculanorum)に就任し、次いで二〇九／二一〇年に新ラティナ街道監督官(curator viae Latinae novae)、二一〇／二一一年にアエミリアおよびリグリア担当の地方裁判官(iuridicus per Aemiliam et Liguriam)に就任している。つまり、都市監督官→街道監督官→地方裁判官という経歴を歩んでいるのである。第三章第五節(2)で明らかにしたように、碑文史料から確認できる地方裁判官のうちおよそ半数は、地方裁判官に就任する前に、イタリアを任地とする都市監督官や街道監督官を務めていた。すなわち、地方裁判官に任命された元老院議員の多くは、イタリアを任地とする官職に連続して就任し、イタリア統治に特有の問題の処理に長けた「イタリア・スペシャリスト」であったと考えられるのである。サビヌスのキャリアの前半は、まさにこのような「イタリア・スペシャリスト」的な経歴である。サビヌスがこのあと「イタリアの状況を改善するために選ばれた者」、すなわちイタリア担当の総督に就任したのは二一五／二一六年と考えられるが、地方裁判官離任後の約五年間、彼は第二二「プリミゲニア」軍団司令官(legatus legionis XXII Primigeniae)や皇帝随行団員(comes Augusti nostri)、ラエティア州総督(legatus Augusti pro praetore provinciae Raetiae)などおもに属州を任地とする官職を務め、その後イタリア担当の総督に任命される。確かにイタリア・スペシャリスト的な経歴と総督職就任の間にブランクはあるが、ここではサビヌスがイタリアを任地とする官職に多く就任していることを確認しておきたい。

次に、リスト③のバッススの昇進階梯をみてゆこう。彼は、クラウディウス・ゴティクス帝治世下(二六八～二七〇年)で、筆頭元老院議員と呼ばれるほどの有力な元老院議員であった。[34] 彼は二六八／二六九年に全イタリア総督(ἐπανορθωτής πάσης Ἰταλίας)に就任した後、首都ローマにおいて神祇官団の副団長(προμαγίστρος ποντίφικων)を務め、その後短期間の首都長官職(ἔπαρχος Ῥώμης)を経て、二七一年にアウレリアヌス帝とともに二度目の正規執政官(*ὕπατος δὶς ὠρδινάριος*)に就任している。碑文の欠損からその後の彼のキャリアはわからないが、碑文史料から確認できる範囲でみても、バッススはイタリアないしローマを任地とする官職に連続して就任している。

三人目に、リスト⑤のウォルシアヌスについてみてゆきたい。ウォルシアヌスは、前章で取り上げたように、二八一／二八三年から二八九／二九一年までの八年間、二度にわたり「イタリア総督」を務めている。また、その二度のイタリア総督職のうちの少なくとも一度は、実際的にはカンパニア総督(corrector Campaniae)であったと思われる。ウォルシアヌスの場合、イタリアの総督を八年間務めたことそのものが注目に値しよう。

四人目に、「両イタリア総督」に就任したリスト⑪のディオニュシウスを取り上げたい。この人物の昇進階梯に関しては、注目すべき点がふたつある。一点目は「両イタリア総督」(corrector utriusque Italiae)に就任するまでの経歴である。すなわち彼は、二八六年頃に補充執政官(consul suffectus)、二八七年頃に公共建築物監督官(curator operum publicorum)、二八八年頃に神殿監督官(curator aedium sacrarum)、二八九年頃に水道およびミヌキウス柱廊監督官(curator aquarum et Miniciae)に就任しているが、これらはすべて首都ローマで遂行される官職であり、この間に彼は属州に赴任していない。(35) 二点目は、「両イタリア総督」という難解な官職名そのものである。この官職名は、かつてはディオニュシウスが「両イタリア」を同時に統治したことを示すものと考えられていた。したがって、もしこの「両イタリア」がイタリア全体を指しているとするならば、ディオニュシウスは「全イタリア総督」のように単独でイタリア全土を統治したことになる。しかしながら近年では、ディオニュシウスはふたつの「イタリア」を同時に統治したのではない、という理解が一般的となっている。(36) すなわち、ディオニュシウスは「イタリア総督」として異なる地域を連続して、あるいは短いインターバルをおいて統治したが、碑の文面の作者はこのことを示すために、文面のスペースなども考慮して「両」(uterque)という表現を採用したのだ、というのである。[37] このように、ディオニュシウスもウォルシアヌスと同様に、イタリア総督に二度就任したと考えられている。その就任年代は、『後期ローマ帝国のプロソポグラフィー』によれば二八八／二九六年、ピーチンによれば二九〇／二九三年頃である。[38] このように、ディオニュシウスもまた「両イタリア総督」などの、イタリアを任地とする官職に連続して就任しているのである。

最後に、リスト⑬のティティアヌスの経歴についてみてゆきたい。ピーチンの研究にしたがえば、ティティアヌスは、補充執政官に就任した後、属州ガリア・ルグドゥネンシスのルグドゥヌム(現リヨン(フランス))、カンパニア地方の諸都市およびカンパニア地方のカレス(現カルヴィ・リソルタ)などの都市監督官(curator coloniarum Lugdunensium, Campanorum, ? et Calenorum)に就任し、その後、二九〇／二九一年にイタリア・トランスパダナ総督(corrector Italiae (regionis) Transpadanae)を務め、二九一／二九二年には皇帝代理裁判官(electus ad iudicandas sacras appellationes, 首都ローマで勤務したと考えられる)に就任している。その後彼は、二九二／二九三年にカンパニア州総督に任命され、二九四年頃に水道およびミヌキウス柱廊担当の執政官級監督官(consularis aquarum et Miniciae)を務め、その後の二九五〜二九六年にアフリカ州総督(proconsul Africae)としてアフリカに赴任したのである。ここからわかるのは、ティティアヌスが、補充執政官となって以後、アフリカ州総督に就任するまで、おもにイタリアおよび首都ローマを活動の舞台としていたということである。[39]

本項における検討から、昇進階梯をたどることのできる五名の総督の全員がイタリアないし首都ローマを任地とする官職に連続して就任したり、あるいはさらに総督職そのものに連続して就任したりしていたことが確認できる。

では、なぜ彼らはイタリアを任地とする官職に連続して就任したのだろうか。筆者の考えでは、それは元老院議員の所領がイタリアに集中していたことと関係がある。つまり、彼らは官職を利用してイタリアやローマに滞在し続け、場合によっては官僚としての立場を直接利用するなどして、所領の経営に腐心していたのではないかと思われるのである。本章第二節(2)で述べたように、三世紀に軍隊および首都ローマ向け食糧の徴発や土地への課税が段階的に進められると、元老院議員は所領の保護に対する関心をいっそう強めたであろう。その結果、ローマやイタリアを任地とする官職が彼らにとってより重要になったと考えられるのである。とりわけ、「州」の設置にともない総督が任命され、かつおもに財政に関する任務を与えられたとなれば、総督職はイタリアの所領経営に関心をもつ元老院議員にとって一種の「利権」ともなったのではないだろうか[40]。

ローマ帝国では、二世紀後半に郷里の属州の総督に就任することが禁じられたが、時とともにその禁令は守られなくなった[41]。特に元老院議員が所領を構える地域に総督として赴任した場合、その所領の近隣都市にとって、総督は皇帝政府の代表者であると同時に地元の有力者として現れたに違いない。また総督も、自らの所領が属する都市に対しては特別な態度をとったであろう。この場合、総督はもはや皇帝権力の純然たる代執行者とはいえない。総督の任地における行動をみてゆく際には、上のような就任者の社会的性格を見逃すべきではない。

(2)　総督と都市①——サビヌスとアクイヌムおよびカシヌムの事例

序論第二節や本章第一節でも述べたように、イタリアへの「州」の設置と、それにともなう州総督の派遣とにより、イタリア都市の自治は終焉を迎えた、とまでいわれているが、このような見方は妥当といえるだろうか。三世紀のイタリアにおける都市と総督との関係が読み取れる史料は非常に少ないが、以下ではリスト①のサビヌスとリスト⑬のティティアヌスに注目してみたい。

まず、「州」の設置以前の事例ではあるが、総督と都市の関係が読み取れる事例として、リスト①のサビヌスを取り上げる。この人物に関する碑文史料に次の二枚がある。

『ラテン碑文集成』第一〇巻五三九八番＝『ラテン碑文選集』一一五九番（アクイヌム）

「ガイウス・オクタウィウス・アッピウス・スエトリウス・サビヌスへ。クラリッシムス級の人物で、神祇官および鳥占官、正規執政官、下部パンノニア州総督、イタリアの状況を改善するために選ばれた者、アリメンタ長官、皇帝代理裁判官、ラエティア州総督、ゲルマニア遠征軍分遣隊長、皇帝随行団員、第二二「プリミゲニア」軍団司令官、アエミリアおよびリグリア担当の地方裁判官、新ラティナ街道監督官、オクリクルムの都市監督官、自由身分訴訟担当法務官、皇帝推薦の護民官および財務官（を歴任）。アクイヌム市の平民が（献呈する）。類い稀なるパトロンへ。[42]」

『ラテン碑文集成』第一〇巻五一七八番（カシヌム）

「［ガイウス・オクタウィウス・アッピウス・スエトリウス・サビヌスへ。クラリッシムス級の人物で、正規執政官、］神祇官、［鳥占官、皇帝随行団員、］イタリアの状況を改善するために選ばれた者、アリメンタ長官、［ダルマティア？］州総督、下部［パンノニア］州総督、ラエティア州総督、ゲルマニア遠征軍分遣隊長、［第二二「プリミゲニア・敬虔・忠実」軍団司令官、］アエミリアおよびリグリア担当の地方裁判官、［ラティナ街道］監督官、アフリカ州ヒッポ地方担当官、法務官、［皇帝推薦の護民官、皇帝推薦の財務官、］ローマ騎士六人役（を歴任）。愛すべきパトロンへ。[43]」

前者はカンパニア地方のアクイヌム（現アクィーノ）、後者はその隣のカシヌム（現カッシーノ）で設置された碑文である。これらの碑文は両都市がサビヌスを都市パトロンに選任したことを伝えている。ローマ帝国では、地方都市が、元老院議員や地方名望家などの有力者からうけた恩恵と引き替えに、あるいは彼ら有力者からの恩恵施与を期待して、その人物をパトロンに選任した。有力者の側からみれば、自らが与える恩恵と引き替えに、都市からパトロン選任ないしは顕彰という「名誉」をうけることになる。(44)

では、なぜアクイヌム、カシヌムの両市はサビヌスを都市パトロンに選任したのであろうか。サビヌスの息子ないし孫とみられる人物(アッピウス・カエキナ・スエトリウス・サビヌス)に言及する碑文がアクイヌムの都市領域内で発見されており、(45)ここからサビヌスはアクイヌムに所領を有していたと考えられている。(46)おそらくサビヌスはアクイヌム、カシヌムとその周辺で影響力を有しており、そのため両市により都市パトロンに選任されたのだと考えられる。なお、サビヌスがいつ都市パトロンに選任されたのかはわからないが、このような事情からすれば、比較的早い時期に選任されていた可能性もある。

残念ながら両市がいかなる理由でサビヌスを顕彰しているのかは両碑文に明記されていないが、ここで重要なのはサビヌスが両市から顕彰を受けたタイミングである。前述のカモーデカの研究によれば、サビヌスは二一五／二一六年に「イタリアの状況を改善するために選ばれた」のち、下部パンノニア州総督に就任し、さらに皇帝管轄属州の総督(任地は不明)、アフリカ州総督、二度目の正規執政官を歴任しているが、両碑文ではサビヌスの昇進階梯は下部パンノニア州総督までしか言及されていない。したがって、両碑文はともにサビヌスが「イタリアの状況を改善するために選ばれた者」、すなわち総督としてイタリアを統治した後まもなくして設置されたものであり、碑の設置場所からして、彼のイタリア担当の総督としての功績を讃えていると考えられるのである。それが具体的にどのような功績であったのかに関して、碑文は顕彰理由を明確に語ってはいないが、ひとつの可能性としては、本章第二節(1)で述べた山賊問題への対処が挙げられる。(47)ともかくここで重要なのは、都市が総督を在任中の功績ゆえに顕彰しているという事実である。すなわち、アクイヌム、カシヌムの両市は、都市パトロン選任と引き替えに、イタリア担当の総督サビヌスから何らかの恩恵を引き出していたのである。

（3） 総督と都市②――ティティアヌスとコムムの事例

次に、リスト⑬のティティアヌスの事例を検討したい。彼の名が言及されているコムム碑文には次のようにある。

『碑文学年報』一九一四年二四九番＝一九一七年一二四番＝一九一九年五二番（コムム）
「我らが主であるディオクレティアヌスとマクシミアヌス両正帝の命令により、クラリッシムス級の人物であるイタリア総督ティトゥス・フラウィウス・ポストゥミウス・ティティアヌスが、クラリッシムス級の人物である都市監督官アクシリウス・ユニオルの監督のもと、太陽神神殿を完成させ奉献した。[48]」

これは、二九〇／二九一年にトランスパダナ地方のコムム（現コモ）で、皇帝の「命令」により太陽神神殿が建てられたことを伝える碑文である。この碑文は、これまでおもにディオクレティアヌス帝による「異教」振興策や、総督ないし都市監督官を通じた都市のコントロール強化といった文脈から読み解かれてきた重要な史料であり、本章第一節でもふれたように我が国では大清水氏による研究がある。[49]

ポレーナは、イタリアの「属州化」に関する二〇〇六年の論考のなかで、皇帝・都市関係の変容という観点からこの碑文を取り上げた。[50] 彼は、マクシミヌス・トラクス帝時代（二三五〜二三八年）のコサ（現オルベテッロ近郊）の碑文や、ガリエヌス帝時代のウェロナ(現ヴェローナ)の碑文[52]とともにこのコムム碑文を取り上げ、次のように主張する[51]。すなわち、「両正帝の命令(iussus)により」という文言にあるように、建設事業のイニシアティヴは皇帝にあり、皇帝が神殿の建設を決定し、総督ティティアヌスは皇帝からその命令をうけてコムムに伝えた。神殿建設の資金源について碑文は明確に語っていないが、もしディオクレティアヌス帝とマクシミアヌス帝が出資者だったのであれば彼らの名前は主格で刻まれていたであろうし、出資を示唆する文言も記されるはずである。他方、総督のティティアヌスが出資したとも考えられない。というのも、四〜五世紀の碑文には建築事業の立案者として総督の名前を挙げるものが多数あるが、多くの場合その資金は都市の公金から出されていたと考えられるからである。したがって、コムムの神殿は皇帝が都市に命令し、都市の公金で建設させたものだというのである[53]。このポレーナの説明にしたがえば、コムム碑文は、皇帝ないしは総督による都市への恩恵施与ではなく、皇帝や総督による都市のコントロール強化を伝える碑文となる。

しかし、筆者にはポレーナの指摘する点が皇帝による出資を否定する決定的な判断材料となるようには思えない。実際、大清水氏のように、太陽神神殿の建設に際しての皇帝の恩恵施与を想定している研究者もいる。そこで次に大清水氏の説をみてゆこう。

氏の解釈の特徴は、都市監督官の果たした役割を重視するところにある。まず、総督もコムムの都市監督官もともにクラリッシムス級の人物、すなわち元老院議員であるから、ここから総督の指示をうけて都市監督官が神殿を建設するというような上意下達の関係を見て取ることはできない。コムムの都市監督官アクシリウス・ユニオルの一族は北イタリアで比較的強い勢力をもっており、彼もコムムの都市パトロン的な立場にあった。そして、二九一年のディオクレティアヌス帝とマクシミアヌス帝のメディオラヌム(現ミラノ)会談の際に、コムムからメディオラヌムに使節が派遣され、アクシリウス・ユニオルの重要な働きもあって、おそらく皇帝の資金援助というかたちで太陽神神殿完成の「命令」が下されたと考えられる。その際に重要なのは、コムム市当局と都市監督官アクシリウス・ユニオルが建築事業を主導したという点である。このことは総督ティティアヌスが神殿を「完成し奉献した」(perfecit ac dedicavit)という表現にも示唆されており、このとき総督は、神殿を「建設した」(fecit)のでも「修築した」(reformavit)のでもない。このように、この碑文はコムムに対して皇帝が恩恵を与えたという状況を示すものだ、というのである。[54]

筆者は、神殿の建築事業がコムム市当局ないし都市監督官の主導でスタートした点や、皇帝の資金援助が想定できる点に関しては氏に同意する。ただし、氏の説明にしたがえば総督は神殿の建設には深く関与しなかったということになるが、筆者は総督の果たした役割に関しては過小評価できないと考える。

筆者の考えでは、コムムにおける太陽神神殿は二九〇／二九一年よりも前に都市当局ないし都市監督官によって立案ないし着工されていたが、その後、何らかの理由で資金が不足し、建設事業が遅滞した。そこで資金調達の必要に迫られたコムム市当局および都市監督官は、当時トランスパダナ地方に「イタリア総督」として赴任していたティティアヌスに支援を要請した。そしておそらく、二九〇年末ないし二九一年はじめ、ディオクレティアヌス帝とマクシミアヌス帝がメディオラヌムに滞在しているときに、コムムの都市監督官が総督ティティアヌスとともに両皇帝に資金援助を嘆願し、それが受け入れられて完成にいたったのではないだろうか。

もちろん、この仮説のすべてを証明することはできないが、総督ティティアヌスが事後的に介入したことや、皇帝とコムムとの仲介役として重要な役割を果たしたことについては一定の根拠を示すことができる。

まず注目したいのは、碑文中の「完成させた」(perfecit)という動詞である。H・ジュフロワはイタリアおよびアフリカにおける建築事業を三一三七件リストアップしているが、[55] 管見の限りではそのうち六二枚の碑文(コムム碑文は除く)において“perficio”(perfecit は perficio の完了形)という動詞が用いられている。ここでの関心をもとにそれらの碑文を眺めると、寄付申込（pollicitatio）に関する碑文が目を引く[56]。寄付申込とは、碑文史料では都市に対する公共建築物建設の約束を意味する場合が多い[57]。寄付申込において、申込者が約束を履行する前に死亡した場合、相続者がそれを実行に移すことになるが、このような状況を記録する建築碑文において“perficio”という動詞がしばしば用いられているのである。この種の碑文では相続人が建築物を「完成させた」と記されるが、この場合、立案者ないし起工者（申込者）と実質的な建設者（相続人）は異なる人物である。この種の碑文とコムム碑文を単純に比較することはできないが、一定程度の比較は許されるであろう。こうして「完成させた」という動詞から、立案者ないし起工者はコムム市当局ではあっても、実質的な建設者は総督ティティアヌスであったこと、すなわち、総督が神殿建設に事後的に介入し、神殿を完成させたことが推測できるのである。

では、総督ティティアヌスはコムムの神殿建設に、具体的にどのようなかたちで関与したのであろうか。コムムにはこのとき都市監督官アクシリウス・ユニオルがいるが、都市監督官の主たる任務は都市財政の監督であった[58]。他方、E・ロ・カショによれば、総督の任務のひとつにも都市財政の監督があったという。彼によれば、総督と都市監督官は共通の任務を帯びており、その違いは前者が州内の全都市を管轄下に置いていたのに対し、後者はたいていひとつの都市を担当していたということのみであった[59]。とすれば、総督ティティアヌスにもコムムの神殿建設に関与する資格ないし権限は与えられており、コムムが神殿完成のためにティティアヌスに頼ったきっかけのひとつもここにあったのではないだろうか。近年のD・スローチェスの研究によれば、帝政後期には州総督による公共事業の立案や資金繰りが都市に対して施す恩恵と受け取られ、顕彰の対象となったという[60]。総督ティティアヌスの役割は、こうした四〜五世紀の州総督の役割との比較が可能であろう。先にも述べたように、筆者はコムムの神殿建設に際し、皇帝の資金援助があったと考えているが、その際に総督ティティアヌスは都市と皇帝の仲介役となり、都市当局ないしは都市監督官とともに皇帝に嘆願して、皇帝からの資金獲得に大きく貢献したのではないだろうか。[61] 大清水氏も指摘するように、総督ティティアヌスも都市監督官アクシリウス・ユニオルもともにクラリッシムス級の人物ではあるが、皇帝との政治的距離という点では総督ティティアヌスのほうが近い位置にいたのは確かであり、彼がコムムの嘆願に際して非常に重要な役割を果たしたと考えられるのである。

コムム碑文は一見すると確かに、皇帝ないし総督によるコントロールの強化という印象を与える碑文ではある。しかし、そのような文脈での解釈が不可能なことは、上の検討から明らかであろう。この碑文は、コムムの都市当局および都市監督官が総督の力添えで皇帝からの恩恵を引き出した、という状況を示していると考えられる。この碑文は一文からなっているが、総督ティティアヌスが主語(この碑文で唯一主格で記されている)となり、「完成させ奉献した」(perfecit ac dedicavit)が主動詞になっているのも、このような状況を反映しているのではないだろうか。

以上、サビヌスとティティアヌスの事例からいえるのは、総督を皇帝の単なる命令実行者とし、その派遣を都市のコントロール強化という側面のみからとらえることはできないということである。イタリア都市は派遣された総督を恩恵施与者ともみていた。都市は彼らによる統治をうけるのみではなく、独力では対処できない問題の解決者として、あるいは皇帝政府との仲介者として総督を積極的に利用していたのではないだろうか。実際、州体制確立後のイタリアでは州総督と都市監督官が碑文に並んで現れる事例がいくつかみられるが[62]、このことも地方都市と皇帝の間の仲介役としての総督の役割を示唆するものといえよう。

小　括

イタリアにおける州制度は、確かにディオクレティアヌス帝治世の二九二／二九三年に最終的に確立された。しかし、総督の派遣はすでに三世紀初頭にはじまっており、「州」という行政単位も二八〇年代初頭までに導入されている。したがって、イタリアにおける州制度の導入をディオクレティアヌス帝による中央集権化と結びつけることはできない。しかも、三世紀初頭の総督の派遣には山賊の討伐と社会秩序の回復という目的が、三世紀後半の「州」の設置には首都ローマ向けの豚肉の徴収という目的がそれぞれあった。このように総督の派遣と「州」の設置にはそれぞれ個別具体的な目的があり、中央集権化という首尾一貫した目標のもとに行われたわけではない。ましてや、都市の自治が蚕食されるということもなかったのである。

首都ローマ向け供給物の徴発や課税が段階的に進むと元老院議員は所領の保護に対する関心をいっそう強め、その結果、ローマやイタリアを任地とする官職が希求の対象となった。とりわけ、イタリアにおける「州」の設置にともない総督のポストが設置されると、その総督職は元老院議員にとって一種の「利権」ともなったと考えられる。こうして自らが所領を構える地域に赴任したイタリア総督は、特に近隣にその所領が存在する都市にとっては地元の有力者という側面が強く、実際に都市は総督を一種の恩恵施与者とも見なしていた。したがって、イタリアの「属州化」はもはや、都市に対する支配の強化や単なる中央集権化とはいえないのである。

ただし、このことは、単に都市自治が健全に機能し続けたということを意味するのではない。都市の存続のためには、都市内外の紛争の解決や有力者の政治的・財政的支援が不可欠であり、そのために都市は上位権力の介入や保護を求めた。そうした都市の需要を満たしたのが都市監督官であり、地方裁判官であり、そして総督であった。このように、イタリアにおける国家機構の形成・発達には、都市の側のイニシアティヴという動因も大きく作用したのである。すでに第二章および第三章で指摘したように、都市監督官や地方裁判官の派遣には、都市を単位とする統治基盤の強化策という側面があった。イタリアにおける州制度の導入とそれにともなう総督の派遣も、そのような政策のひとつの到達点としてとらえる必要があるだろう。

（1）このようなイタリアの「特権」に関しては、W. Simshäuser, Untersuchungen zur Entstehung der Provinzialverfassung Italiens, in: *ANRW* II-13, 1980, 401-452（= Simshäuser, *ANRW*）を参照。

（2）W. Eck, *Die staatliche Organisation Italiens in der hohen Kaiserzeit*, München 1979, 266 = id., *L'Italia nell'impero romano: Stato e amministrazione in epoca imperiale*, Bari 1999, 274f.; Simshäuser, *ANRW*, 449; C. Jullian, *Les transformations politiques de l'Italie sous les empereurs romains, 43 av. J.-C.-330 ap. J.-C.*, Paris 1884, 199-214; 森田鉄郎編『世界各国史一五　イタリア史』山川出版社、一九七六年、六〇～六三頁（弓削達氏執筆部分）; Th. Mommsen, *Römisches Staatsrecht*, Basel 1952^3 (ND Darmstadt 1963), 1087.

（3）A. Giardina, Le due Italie nella forma tarda dell'impero, in: id. (a cura di), *Società romana e impero tardoantico*, I, Bari 1986, 1-36 = id., *L'Italia romana. Storie di un'identità incompiuta*, Bari 1997, 265-321（= Giardina, Due Italie).

（4）G. A. Cecconi, Sulla denominazione dei distretti di tipo provinciale nell'Italia tardoantica, *Athenaeum* 82, 1994, 177-184. イタリアの「州」は、特に州制度の確立期には、「プロウィンキア」(provincia)ではなく「レギオネス」(regiones)と呼ばれたが、チェッコーニは、帝政後期のイタリアの「州」の呼称として「プロウィンキア」が用いられていたことを明らかにし、かつそれがネガティヴな意味を帯びていなかったことを指摘している。

（5）P. Porena, Riflessioni sulla provincializzazione dell'Italia romana, in: *Les cités de l'Italie tardo-antique (IVe-VIe siècle). Institutions, économie, société, culture et religion*, Roma 2006, 9-21（= Porena, Provincializzazione).

（6）大清水裕「三世紀後半のイタリア統治の変容と都市社会――コモ出土碑文再考」『西洋古典学研究』五五、二〇〇七年、一一四～一二五頁＝同『ディオクレティアヌス時代のローマ帝国――ラテン碑文に見る帝国統治の継続と変容』山川出版社、二〇一二年、三〇～四〇頁。

(7) e.g. A. Heuss, *Römische Geschichte*, 2. Auflage, Braunschweig 1964, 439f.

(8) CIL, X, 5398 = ILS, 1159; CIL, X, 5178.　この二枚の碑文の訳は本章第三節(2)を参照。

(9) G. Camodeca, Due nuove iscrizioni-cursus di C. Octavius Suetrius Sabinus, cos. ord. 214, II 240: CIL. VI 1551-1477 e CIL. IX 2848, *Index* 15, 1987, 341-356, 349.

(10) 本書第四章一四七頁を参照。

(11) Giardina, Due Italie, 11f.　そのため総督には軍事指揮権が与えられたと考えられている。リスト⑥のユリアヌスに関するアウレリウス・ウィクトルの記事(Aur. Vict. *Caes*. 39, 10)も総督の軍事指揮権を示唆する。

(12) 総督サビヌスの派遣の目的に関して、E・ロ・カショは、社会秩序の回復の他に、都市の財政状況の把握もあったと考えている。彼によれば、イタリアではすでに軍用食糧の徴発がはじまり、またカラカッラ帝により相続税と奴隷解放税の税率が二倍に引き上げられたため、皇帝政府は都市財政の健全な運営を喫緊の課題と見なしていたという(E. Lo Cascio, The Government and Administration of the Empire in the Central Decades of the Third Century, in: A. K. Bowman / P. Garnsey / Av. Cameron (eds.), *The Cambridge Ancient History, 2nd ed.*, Vol. XII, *The Crisis of the Empire, A. D. 193-337*, Cambridge 2005, 156-169, 168)。この推測が正しければ、総督サビヌスの派遣には中央集権的な側面があったことになるが、サビヌス派遣の目的としてまず山賊の問題があったことはロ・カショも認めている。

(13) Giardina, Due Italie, 11-22.

(14) 帝政前期イタリアの財政的特権に関しては、C. Nicolet, L'Italie comme cadre juridique sous le Haut-Empire, in: *L'Italie d'Auguste à Dioclétien*, Roma 1994, 377-398, esp. 381-391.

(15) アウレリウス・ウィクトル『皇帝伝』の一節(Aur. Vict. *Caes*. 39, 31-32)から、二九三年までにイタリアに土地税が導入されたことがわかる。それは次のような記述である。

「結局それから、イタリアという地域に(parti Italiae)土地税という大きな災いが降りかかった。というのも、全イタリアは等しい納税義務――常に、あるいはほとんどの時間をイタリアで過ごしていた軍隊と皇帝は、その税によって給養されていたのだ――を穏当に果たしていたにもかかわらず、給養のための新たな法が施行されたのである。それは確かに、かつての平穏な時期には堪えられるものであったのだが、この動乱の時期には破滅の原因となってしまったのだ。」(Aur. Vict. *Caes.* 39, 31-32: Hinc denique parti Italiae invectum tributorum ingens malum. Nam cum omnis eadem functione moderateque ageret, quo exercitus atque imperator, qui semper aut maxima parte aderant, ali possent, pensionibus inducta lex nova. Quae sane illorum temporum modestia tolerabilis in perniciem processit his tempestatibus.)

この史料に関しては大きな問題がひとつある。それは筆者が「イタリアという地域に」(parti Italiae)と訳した部分の解釈である。従来、この“parti Italiae”という箇所は「イタリアの一部に」と解釈されることがあった。その根拠は、ウィクトルの記述の文章構造にある。すなわち、この“parti Italiae”は、すぐその後に続く「全イタリア」(omnis (Italia))との対比から「イタリアの一部に」と読むべきだ、というのである(Th. Mommsen, Die libri coloniarum, in: id., *Gesammelte Schriften*, V, Berlin 1908, 146-199, 186; Jullian, *op. cit.*, 191)。この解釈によれば、二九三年までにイタリア内の一部地域に土地税が課されたことになる。その際、「イタリアの一部」は北イタリアと考えられ、南イタリアへの課税は、ラクタンティウスの記述(Lactant. *de mort. persec.* 23 et 26)から、三〇五年ないし三〇六年にガレリウス帝(位二九三～三一一年)により行われたとされてきた(ただし、ラクタンティウスの記述は、ガレリウス帝がはじめて南イタリアに課税したことを明記するものではない。なお、三世紀末以降の南イタリアへの課税に関する最初の碑文史料は、三二三年のウォルケイ(現ブッチーノ)の土地台帳(CIL, X, 407)である。Cf. E. Faure, “Italia Annonaria”: Notes sur la fiscalité du Bas-Empire et son application dans les différentes régions de l'Italie, *RIDA* 11, 1964, 149-231, 174f.)。

しかし、フォールやジャルディーナによれば、確かにこの文章は決してよい文章とはいえないが、文の解釈としてはこの“parti Italiae”を「イタリア全域に」ととるほうが筋が通るし、さらに他の文献史料では“pars Italiae”を複数形にした“partes Italiae”という表現やparsを「地域」の意味で用いている表現がみられるという(Faure, *op. cit.*, 161-163; Giardina, Due Italie, 23-25)。したがって、ウィクトルのこの文章からは、二九三年までにイタリア全域に土地税が導入されたことが読み取れるというのである。筆者もこちらが妥当な解釈と考える。

(16) L. Neesen, *Untersuchungen zu den direkten Staatsabgaben der römischen Kaiserzeit*, Bonn 1980, 112f.

(17) CIL, VIII, 26582.

(18) 『ローマ皇帝群像』(ヒストリア・アウグスタ)によれば、セプティミウス・セウェルス帝はオリーヴ油の無料配給を制度化し(SHA *Sev*. 18, 3)、アレクサンデル・セウェルス帝はローマの民衆への穀物・オリーヴ油の供給に尽力したという(SHA *Alex. Sev*. 21, 9; 22, 1)。P・ガーンジィ、松本宣郎・阪本浩訳『古代ギリシア・ローマの飢饉と食糧供給』白水社、一九九八年、二九四〜二九五頁を参照。

(19) CIL, VI, 1035. Cf. Giardina, Due Italie, 17.

(20) SHA *Alex. Sev*. 22, 7. ガーンジィ、前掲書、二九五頁。

(21) Cass. Dio 52, 22, 1-6. 当該箇所に関しては、本書第四章の註(24)を参照。

(22) SHA *Aurel*. 35, 2: nam idem Aurelianus et porcinam carnem populo Romano distribuit, quae hodieque dividitur. さらに、同史料によれば、アウレリアヌス帝はローマの民衆にワインの無料配給も行おうと考え、アグリッパの野(Campus Agrippae)に太陽神神殿を建て、その柱廊にワインを保管したという(SHA *Aurel*. 48, 1-4)。

(23) Giardina, Due Italie, 17.

(24) Giardina, Due Italie, 12f.

(25) 大清水、前掲論文、一一七頁。

(26) テオドシウス法典研究会(代表後藤篤子)訳「テオドシウス法典(Codex Theodosianus)(一四)」『法政史学』六二、二〇〇四年、八七〜八九頁の法文二二三番(第一四巻第四章第二法文)の註(2)および(3)を参照。

(27) A. H. M. Jones, *The Later Roman Empire 284-602. Social Economic and Administrative Survey*, Oxford 1973, 702 et 1289f. n. 35.

(28) F. M. Ausbüttel, *Die Verwaltung der Städte und Provinzen im spätantiken Italien*, Frankfurt a. M. 1988, 96.

(29) A. J. B. Sirks, *Food for Rome: The Legal Structure of the Transportation and Processing of Supplies for the Imperial Distributions in Rome and Constantinople*, Amsterdam 1991 (= Sirks, *Food for Rome*), 369.

(30) Sirks, *Food for Rome*, 364.

(31) CTh 14, 4, 2-3. Cf. Ausbüttel, *op. cit*., 147.

(32) CIL, VI, 1551 + 1477 = AE, 1985, 37; CIL, IX, 2848 = AE, 1985, 332.

(33) Camodeca, *op. cit*.

(34) *Epit. de Caes*. 34, 3.

(35) ディオニュシウスの昇進階梯については、M. Peachin, Iudex vice Caesaris: *Deputy Emperors and the Administration of Justice during the Principate*, Stuttgart 1996, 137-140.

(36) M. Christol, *Essai sur l'évolution des carrières sénatoriales dans la seconde moitié du IIIe siècle ap. J.-C.*, Paris 1986, 57; Giardina, Due Italie, 15f.; P. Porena, Sulla genesi degli spazi amministrativi dell'Italia tardoantica, in: L. Labruna (dir.), M. P. Baccari / C. Cascione (a cura di), *50 anni della Corte Costituzionale della Repubblica Italiana*, I/2. *Tradizione romanistica e Costituzione*, Napoli 2006, 1315-1376, 1318-1320. Cf. A. von Premerstein, Corrector, in: *RE* IV 2, 1901, 1646-1656, 1654.

(37) Porena, *loc. cit.*

(38) A. H. M. Jones / J. R. Martindale / J. Morris, *The Prosopography of the Later Roman Empire*, Cambridge 1971, 260; Peachin, *op. cit.*, 138.

(39) ティティアヌスの昇進階梯については、Peachin, *op. cit.*, 132-137.

(40) Cf. Giardina, Due Italie, 25-28.

(41) アウィディウス・カッシウスの反乱(一七五年)の後、マルクス・アウレリウス帝(位一六一～一八〇年)は当該属州の出身者を総督に任命することを禁止したという(Cass. Dio 72, 31; Zonaras 12, 3)。しかし、チェッコーニによれば、その禁令は特に西方では厳密に守られなかった(Cecconi, *op. cit.*, 137f.)。実際、四・五世紀イタリアの州総督就任者にはイタリア出身者が多い(*ibid.*, cap. V; Ausbüttel, *op. cit.*, 122-125)。

(42) CIL, X, 5398 = ILS, 1159 (Aquinum): C(aio) Octavio App(io) S[ue]/trio Sabino c(larissimo) v(iro), po[n]/tif(ici) et auguri, co(n)s(uli) ordin[ar(io)], / legato Aug(usti) pr(o) pr(aetore) Pannon(iae) i[nf(erioris)], / elect(o) ad corrig(endum) statum Ita[l(iae)], / praef(ecto) aliment(orum), iudici ex dele[g(atione)] / cognition(um) Caesarian(um), legato [Aug(usti)] / pr(o) pr(aetore) prov(inciae) Raet(iae), praeposit(o) vexi[ll(ationibus)] / Germ(anicae) expedit(ionis), comit(i) Aug(usti) n(ostri), legat(o) l[eg(ionis) II] / et vicensim(ae) Pr[im]ig(eniae), iur[id]ico per A[em(iliam)] / et Liguriam, curat(ori) viae Latinae n[ov(ae)], / curat(ori) rei publicae Ocriculano[r(um)], / praet(ori) de liberalib(us) causis, tribu[n(o)] / et quaestori candidato, / plebs Aquinatiu[m] / patrono rarissim(o).

(43) CIL, X, 5178 (Casinum): [C(aio) Octavio App(io) Suetrio Sabino c(larissimo) v(iro), co(n)s(uli) ordina]rio, pontifici, /

[auguri, comiti Aug(usti) n(ostri), electo a]d corrig[endu]m statum Italiae, / [praef(ecto) alimentorum, iudici ex] delegatu [p]rincipum in provincia / [Dalmatia (?) item Pannonia] inferior[e], leg(ato) Aug(usti) pr(o) pr(aetore) provinciae / [Raetiae, praeposito vexilla]ris Germ[a]nicae expeditionis, legato / [leg(ionis) XXII Primigeniae p(iae) f(idelis),] iuridico per [A]emiliam et Liguriam, curatori / [viae Latinae, legato prov(inciae) Afr]icae region[i]s Hipponiensis, praetori, / [trib(uno) pl(ebis) cand(idato), q(uaestori) cand(idato), sevi]ro turmar[u]m equestrium, / [patrono a]manti[s]simo.

(44)　都市パトロンに関しては、本書第二章第三節を参照。

(45)　AE, 1974, 232.

(46)　A. M. Andermahr, Totus in Praediis: *Senatorischer Grundbesitz in Italien in der frühen und hohen Kaiserzeit*, Bonn 1998, 363.

(47)　アプリア地方のカヌシウム(現カノーサ・ディ・プーリア)からは、二二三年(アレクサンデル・セウェルス帝治世)の都市参事会名簿が完全な状態で伝えられているが(CIL, IX, 338)、その名簿の先頭に記されている三一名の都市パトロンのうち、二番目から五番目に記されている四名の人物は近衛長官(praefectus praetorio)および元近衛長官であったことがわかっている。彼ら(元)近衛長官がカヌシウムから都市パトロンに選任されたのは、山賊に対する軍事的対処への返礼だったのではないかとする研究もある。J. Nicols, Prefects, Patronage and the Administration of Justice, *ZPE* 72, 1988, 201-217.

(48)　AE, 1914, 249 = AE, 1917, 124 = AE, 1919, 52 (Comum): Templum dei Solis / iussu dd(ominorum) nn(ostrorum) Diocletiani / et Maximiani Augg(ustorum) / T(itus) Fl(avius) Post(umius) Titianus v(ir) c(larissimus), corr(ector) / Ital(iae), perfecit ac dedicavit / curante Axilio Iuniore / v(iro) c(larissimo), curatore c[ivitatis].

(49)　大清水、前掲論文。

(50)　Porena, Provincializzazione.

(51)　R. T. Scott, A New Inscription of the Emperor Maximinus at Cosa, *Chiron* 11, 1981, 309-314 = AE, 1982, 325.

(52)　CIL, V, 3329 = ILS, 544.

(53)　Porena, Provincializzazione, 16-18.

(54)　大清水、前掲論文、二二〇〜二二二頁。

(55) H. Jouffroy, *La constraction publique en Italie et dans l'Afrique romaine*, Strasbourg 1986.
(56) e. g. CIL, XI, 3366; AE, 1933, 233; ILS, 9362; CIL, VIII, 25515; CIL, VIII, 26498; CIL, VIII, 12058; ILAlg., I, 3040.
(57) 寄付申込(pollicitatio)については、本書第二章第二節(1)、五一頁を参照。
(58) 都市監督官の任務に関しては、本書第二章第二節を参照。
(59) Lo Cascio, *op. cit.*, 168.
(60) D. Slootjes, The Governor as Benefactor in Late Antiquity, in: L. de Ligt / E. A. Hemelrijk / H. W. Singor (eds.), *Roman Rule and Civic Life: Local and Regional Perspectives. Proceedings of the Fourth Workshop of the International Network Impact of Empire (Roman Empire, c. 200 B.C.-A.D. 476), Leiden, June 25-28, 2003*, Amsterdam 2004, 59-75; id., *The Governor and his Subjects in the Later Roman Empire*, Leiden 2006, 77-104.
(61) この点に関して、ふたたび"perficio"という動詞に注目するなら、本章註(56)の寄付申込に関する七枚の碑文のうち、四枚の碑文(CIL, XI, 3366; AE, 1933, 233; CIL, VIII, 26498; CIL, VIII, 12058)において、相続者が申込者の遺贈した金額にさらに寄付額を上積みして寄付申込を履行しているのは示唆的である。
(62) CIL, X, 1199; Eph. Ep. VIII, 456 = ILS, 5693; CIL, XIV, 2919 = ILS, 1219; CIL, X, 4785.

結語

本書は、帝政前期のイタリアにおける皇帝権力と都市の関係について考察してきた。以下、その考察結果をまとめておきたい。

アウグストゥス(位前二七〜後一四年)が一人支配を確立した前一世紀末には、イタリアにはみるべき官僚機構はなく、共和政期以来のローマの政務官と元老院、そして皇帝がその統治にあたっていたが、ディオクレティアヌス帝(位二八四〜三〇五年)が大規模な改革を行う三世紀末までに、イタリアには数多くの帝国官僚が派遣された。街道監督官(curator viarum)、公共輸送長官(praefectus vehiculorum)、二〇分の一相続税徴収担当プロクラトル(procurator XX hereditatium)、アリメンタ長官(praefectus alimentorum)、都市監督官(curator rei publicae)、地方裁判官(iuridicus)、総督(corrector)などがイタリア行政に携わるようになったのである。

しかし、これらのうち、街道監督官、公共輸送長官、二〇分の一相続税徴収担当プロクラトル、アリメンタ長官といった官僚は、いずれも任地に赴任しなかったか、あるいは赴任したとしても滞在期間が短かったため、都市自治に対する彼らの影響力は決して大きくなかった。都市監督官と地方裁判官の派遣が本格化する二世紀半ばまで、イタリアは「行政の欠乏」状態に置かれており、都市の自治は認められても、行政・財政上の都市の需要を満たすことのできる体制は整っていなかったと考えられるのである。

イタリアでは、二世紀以降、官僚機構が次のように発達した。まずトラヤヌス帝治世(九八〜一一七年)以降、都市監督官の派遣が確認される。マルクス・アウレリウス帝治世(一六一〜一八〇年)には、その都市監督官が増員され、地方裁判官の任命が開始された。カラカッラ帝治世(二一一〜二一七年)には、その地方裁判官が増員される一方で、総督の任命が開始された。三世紀後半には、地方裁判官職が廃止される一方で、イタリアに州が設置され、その各州にイタリア総督が派遣されたのである。

都市監督官は、財政上の問題を抱えていた地方都市に派遣され、都市財政に関する諸権限を与えられて財政問題の解決にあたった。都市監督官の監督業務は財政に限定されており、都市当局の財政上の権限を奪うものではなかったが、都市財政は都市監督官のコントロールのもとに置かれるようになった。したがって、都市監督官は財政の面で都市自治に介入していたといえる。しかしながら、都市監督官の果たした役割は、そのような任務にもとづく任期中の活動のみでは評価できない。碑文史料から読み取れるところによれば、都市監督官が在任中ないしは任期終了後に行った活動は、皇帝政府と都市との間の仲介役や私費による恩恵施与によって都市の財政を助ける都市パトロン的なものであった。実際、都市監督官の一部(最大で三分の一)は任地のパトロンであったが、彼ら(元)都市監督官は、あるいは比較的長期にわたる任期を通じ、あるいは複数回の任務遂行を通して任地との接触を繰り返して、任地との間の関係を深め、しばしば在任中あるいは任期終了後に都市パトロンに選任されたと考えられるのである。都市監督官は、派遣以前に任地とそれほど深い関係になく、任務遂行を通してはじめて任地と関係を深めるようになり、彼らに与えられた任務とは別に都市パトロン的な活動をも行うようになった。したがって都市監督官の派遣は、皇帝権力による都市自治への介入という側面をもっていたと同時に、結果的には都市財政に貢献する都市パトロンの派遣(紹介)という側面ももっていたと考えられる。

他方、地方裁判官は司法担当の官僚で、同官職の創設にあたり、イタリア半島が四つの裁判管区に分けられたことから、三世紀の州創設につながる措置と考えられてきた。地方裁判官の裁判権は、時代を追うごとに都市の裁判権を侵害した可能性があるが、司法以外の領域では、帝国官僚という立場を利用して都市の利害を皇帝政府に代弁したり、あるいは都市の自治行政上の問題を取り除いたりするなどして、都市の行政・財政に貢献していた。しかも、地方裁判官が、あくまで司法担当の帝国官僚であったにもかかわらず、都市から自治行政上の問題処理を要請されたのには、しかるべき理由があった。すなわち、彼ら地方裁判官はイタリアを任地とする官職に連続して就任することでイタリア事情に精通した元老院議員であったことに加え、また他の帝国官僚とは異なり常に担当地域内を巡回していたため、都市にとっては自治行政上の問題の解決を要請するのに格好の帝国官僚だったのである。実際におよそ三割の地方裁判官が管轄下の都市ないしは同職組合から顕彰されている。

その後、三世紀後半にはイタリアに「州」が設置され、各州に「イタリア総督」が派遣される。しかし、その州制度導入のプロセスは、ローマ史のアポリアのひとつとされるほどに再構成が難しい。ジャルディーナが指摘するように、イタリアにおける州制度導入のプロセスは非直線的で、紆余曲折を孕んでいたようにみえる。州体制の導入過程を提示するなら、早ければアウレリアヌス帝治世(二七〇～二七五年)、おそくともカルス帝・カリヌス帝治世(二八二～二八五年)に「州」が設置され、その後二九〇年前後にはその「州」は廃止されたかあるいは大きく改変された。そして、二九二／二九三年頃に、帝政後期を通じてイタリア統治の基本的な枠組みとなる州制度が確立された、となる。

イタリアにおける州制度導入の目的は、一般に都市に対する支配の強化にあったとされ、特にディオクレティアヌス帝による中央集権化と結びつけられて理解されている。しかし、総督の派遣は三世紀初頭、「州」の設置は二八〇年代前半までに行われており、ここからイタリアへの州制度の導入をディオクレティアヌス帝による中央集権化と結びつけることはできない。しかも、三世紀初頭の総督の派遣には山賊の討伐と社会秩序の回復という目的が、三世紀後半の「州」の設置には首都ローマ向けの豚肉の徴収という目的がそれぞれ具体的にあり、中央集権化という首尾一貫した目標のもとに行われたわけではない。実際、総督は、特に近隣に総督の所領がある都市にとっては地元の有力者という側面が強く、都市は総督を一種の恩恵施与者ともみていた。アクイヌムやカシヌム、コムムの碑文からはそのような状況が見て取れる。したがって、イタリアへの州制度の導入はもはや、都市に対する支配の強化や単なる中央集権化とはいえない。むしろ、都市は都市内の問題を解決するために総督の介入や保護を求めていたため、イタリアにおける州制度の導入と総督の派遣には、そのような都市の需要に応える側面があったといえる。

このように、任期終了後の活動や、任務遂行上の特徴、就任者の社会的性格、その資質・能力などといった点に注目するならば、都市監督官、地方裁判官、総督はむしろ都市の自治行政に貢献する都市パトロンとしての性格をもっており、実際に都市監督官や地方裁判官の多くは任地の都市からパトロンに選任されているのである。したがって、官僚機構の発達が都市自治を圧迫し、帝国の存続基盤である都市の没落を招いた、とするかつての「強制国家」論的な見解はもはや支持されえないであろう。本書で検討した帝国官僚は、確かに任務遂行の点では都市の自治に介入することはあっても、その実際的な統治行動においては都市の利益になるような活動を行っていた。また都市の側は、帝国官僚から利益を引き出すために、あるいはすでにうけた恩恵に報いるために、彼らを顕彰し、都市パトロンに選任することをもしたのである。

二世紀および三世紀は、帝国統治の日常業務がすべて都市の自治に委ねられた時代でもなければ、「強制国家」的な介入政策の開始とともに都市自治が次第に衰退していった時代でもない。したがって、この時代を自由放任政策をとる「元首政」とする見方も、「強制国家」の形成期とみる見方も、ともに当時の都市自治をめぐる状況を正確にとらえたものではない。この時代における官僚機構の発達は、一瞥すると皇帝権力による統制の強化にもみえるが、しかし、都市の側のイニシアティヴを動因のひとつとする、都市自治の支援体制の確立という側面ももっていたのである。このように、二世紀から三世紀にかけて進行したイタリアの「属州化」(provincialization)には、単なる中央集権化ではなく、都市を単位とする統治基盤の強化策、すなわち、都市による自治行政上の問題解決の要請や皇帝政府に対する利益の主張に対応しうる新たな統治構造の構築ないし人的資源の供給という側面もあったと考えられるのである。そして、三世紀末以降の統治構造にもこのような側面が引き継がれたとすれば、もはやローマ帝国の発展を「元首政」や「専制君主政」といった二項対立的な時代区分で論じることはできないだろう。

参考文献（研究文献のみ）

F. F. Abbott / A. C. Johnson, *Municipal Administration in the Roman Empire*, Princeton 1926 (Reprint 1968).

A. M. Andermahr, Totus in Praediis: *Senatorischer Grundbesitz in Italien in der frühen und hohen Kaiserzeit*, Bonn 1998.

F. M. Ausbüttel, *Die Verwaltung der Städte und Provinzen im spätantiken Italien*, Frankfurt a. M. 1988.

———, *Die Verwaltung des römischen Kaiserreiches. Von der Herrschaft des Augustus bis zum Niedergang des weströmischen Reiches*, Darmstadt 1998.

T. D. Barnes, *The New Empire of Diocletian and Constantine*, Cambridge, Mass. 1982.

J. Bleicken, *Prinzipat und Dominat. Gedanken zur Periodisierung der römischen Kaiserzeit*, Wiesbaden 1978.

M. T. Boatwright, Hadrian and Italian Cities, *Chiron* 19, 1989, 235-271.

———, *Hadrian and the Cities of the Roman Empire*, Princeton 2000.

M. Bonello Lai, Sulla cronologia di alcuni *iuridici* alla luce dei più recenti rinvenimenti epigrafici, *AFLC*, Nuova Serie - Vol. I (XXXVIII) - 1976-77, 1980, 57-78.

B. Borghesi, Iscrizione onoraria di Concordia, in: *Oeuvres completes de Bartolomeo Borghesi*, V, Paris 1869.

G. P. Burton, The Curator Rei Publicae: Towards a Reappraisal, *Chiron* 9, 1979, 465-487.

———, Was There a Long-Term Trend to Centralisation of Authority in the Roman Empire?, *RPh* 72, 1998, 7-24.

———, The Roman Imperial State (A. D. 14-235): Evidence and Reality, *Chiron* 32, 2002, 249-280.

———, The Roman Imperial State, Provincial Governors and the Public Finances of Provincial Cities, *Historia* 53, 2004, 311-342.

J. R. Bury, The Provincial List of Verona, *JRS* 13, 1923, 127-151.

G. Camodeca, Nota critica sulle “regiones iuridicorum” in Italia, *Labeo* 22, 1976, 86-95.

———, Ricerche sui *curatores rei publicae*, in: *ANRW* II-13, 1980, 453-534.

———, Quattro carriere senatorie del II e III secolo, *Epigrafia e ordine Senatorio* I, Roma 1982, 529-545.

———, Due nuove iscrizioni-cursus di C. Octavius Suetrius Sabinus, cos. ord. 214, II 240: CIL. VI 1551-1477 e CIL. IX 2848, *Index* 15, 1987, 341-356.

———, I *curatores rei publicae* in Italia: note di aggiornamento, in: C. Berrendonner / M. Cébeillac-Gervasoni / L. Lamoine (éds.), *Le quotidien municipal dans l'Occident romain (actes du colloque international tenu à la Maison des sciences de l'homme, Clermont-Ferrand et à l'IUFM d'Auvergne, Chamalières, 19-21 octobre 2007)*, Clermont-Ferrand 2008, 507-521.

G. A. Cecconi, *Governo imperiale e élites dirigenti nell'Italia tardoantica. Problemi di storia politico-amministrativa (270-476 d. C.)*, Como 1994.

———, Sulla denominazione dei distretti di tipo provinciale nell'Italia tardoantica, *Athenaeum* 82, 1994, 177-184.

———, I governatori delle province Italiche, *Antiquité tardive* 6, 1998, 149-179.

A. Chastagnol, Notes chronologique sur l'Histoire Auguste et le laterculus de Polemius Silvius, *Historia* 4, 1955, 173-188.

———, *La prefecture urbaine à Rome sous le Bas-Empire*, Paris 1960.

———, L'Administration du Diocèse Italien au Bas-Empire, *Historia* 12, 1963, 348-379.

M. Christol, Les réformes de Gallien et la carrière sénatoriale, *Epigrafia e ordine Senatorio* I, Roma 1982, 143-166.

———, *Essai sur l'évolution des carrières sénatoriales dans la seconde moitié du IIIe siècle ap. J.-C.*, Paris 1986.

———, André Chastagnol et l'Italie d'époque impériale, *Ktema* 26, 2001, 191-203.

———, P. Plotius Romanus, *iuridicus per Aemiliam Liguriam*: L'organisation des districts juridictionnels en Italie à la fin du règne de Marc Aurèle et au début du règne de Commode, *MEFRA* 115, 2003, 959-983 et 1069.

———, Iuridicus per Aemiliam Liguriam, *ZPE* 151, 2005, 215-222.

———, Les cites et les "autorités" publiques: curatelle et patronat. Le cas de sénateurs en Italie, in: C. Berrendonner / M. Cébeillac-Gervasoni / L. Lamoine (éds.), *Le quotidien municipal dans l'Occident romain (actes du colloque international tenu à la Maison des sciences de l'homme, Clermont-Ferrand et à l'IUFM d'Auvergne, Chamalières, 19-21 octobre*

2007), Clermont-Ferrand 2008, 523-544.

G. Clemente, La regio Transpadana e il corrector Italiae alla fine del III secolo, *Helikon* 6, 1966, 534-547.

M. Corbier, Les circonscriptions judiciaires de l'Italie de Marc Aurèle à Aurélien, *MEFRA* 85, 1973, 609-690.

A. E. Cooley, Politics and Religion in the *ager Laurens*, in: id. (ed.), *The Epigraphic Landscape of Roman Italy*, London 2000, 173-191.

A. Degrassi, "Corrector Italiae" in un'epigrafe di Como, in: *Munera. Raccolta di scritti in onore di A. Giussani*, Como 1944, 165-175 = id., *Scritti vari di antichità*, Bd. 1, Roma 1962, 193-206.

A. Dell'Oro, *I* Libri de officio *nella giurisprudenza romana*, Milano 1960.

R. P. Duncan-Jones, *The Economy of the Roman Empire. Quantitative Studies*, Cambridge 1982².

R. Duthoy, Curatores rei publicae en Occident durant le Principat. Recherches préliminaires sur l'apport des sources épigraphiques, *AncSoc* 10, 1979, 171-236.

———, Quelques observations concernant la mention d'un patronat municipal dans les inscriptions, *AC* 50, 1981, 295-305.

———, Scenarios de cooption des patrons municipaux en Italie, *Epigraphica* 46, 1984, 23-48.

———, Sens et fonction du patoronat municipal durant le Principat, *AC* 53, 1984, 145-156.

———, Le profil social des patrons municipaux en Italie sous le Haut-Empire, *AncSoc* 15-17, 1984-86, 121-54.

W. Eck, Zur Verwaltungsgeschichte Italiens unter Marc Aurel - Ein iuridicus per Flaminiam et Transpadanam, *ZPE* 8, 1971, 71-79.

———, Die regionale Organisation der italischen Iuridikate, *ZPE* 18, 1975, 155-166.

———, *Die staatliche Organisation Italiens in der hohen Kaiserzeit*, München 1979 = id., *L'Italia nell'impero romano: Stato e amministrazione in epoca imperiale*, Bari 1999.

———, Die staatliche Administration des römischen Reiches in der hohen Kaiserzeit: Ihre strukturellen Komponenten, in: R. Klein (hrsg.), *100 Jahre Neues Gymnasium Nürnberg, 1889-1989*, Donauwörth 1989, 204-224 = W. Eck, *Die Verwaltung des römischen Reiches in der hohen Kaiserzeit. Ausgewählte und erweiterte Beiträge*, Bd. 1, Basel / Berlin 1995, 1-28.

———, Die italischen *legati Augusti pro praetore* unter Hadrian und Antoninus Pius, in: G. Bonamente / N. Duval (a cura di), *Historiae Augustae Colloquia, Colloquium Parisinum 1990*, Macerata 1991, 183-195 = W. Eck, *Die Verwaltung des römischen Reiches in der hohen Kaiserzeit. Ausgewählte und erweiterte Beiträge*, Bd. 1, Basel / Berlin 1995, 315-326.

———, *Cura viarum* und *cura operum publicorum* als collegiale Ämter im frühen Prinzipat, *Klio* 74, 1992, 237-245 = id., *Die Verwaltung des römischen Reiches in der hohen Kaiserzeit. Ausgewählte und erweiterte Beiträge*, Bd. 1, Basel / Berlin 1995, 281-293.

———, Kaiserliches Handeln in italischen Städten, in: *L'Italie d'Auguste à Dioclétien*, Roma 1994, 329-351 = W. Eck, *Die Verwaltung des römischen Reiches in der hohen Kaiserzeit. Ausgewählte und erweiterte Beiträge*, Bd. 2, Basel / Berlin 1997, 297-320.

———, Cittadini e amministrazione statale nell'Umbria in età imperiale, in: G. Bonamente / F. Coarelli (a cura di), *Assisi e gli Umbri nell'antichità. Atti del Convegno Internazionale Assisi 18-21 dicembre 1991*, Assisi 1996, 283-300 = W. Eck, Stadtbewohner und staatliche Administration im kaiserzeitlichen Umbrien, in: id., *Die Verwaltung des römischen Reiches in der hohen Kaiserzeit. Ausgewählte und erweiterte Beiträge*, Bd. 2, Basel / Berlin 1997, 321-337.

———, Der Euergetismus im Funktionszusammenhang der kaiserzeitlichen Städte, in: M. Christol / O. Masson (éds.), *Actes du Xe congrès international d'épigraphie grecque et latine. Nîmes, 4-9 octobre 1992*, Paris 1997, 305-331.

———, *Die Verwaltung des römischen Reiches in der hohen Kaiserzeit. Ausgewählte und erweiterte Beiträge*, Bd. 1, Basel / Berlin 1995.

———, *Die Verwaltung des römischen Reiches in der hohen Kaiserzeit. Ausgewählte und erweiterte Beiträge*, Bd. 2, Basel / Berlin 1997.

F. Engesser, Der Stadtpatronat in Italien und den Westprovinzen des römischen Reiches bis Diokletian, Diss., Freiburg i. Br. 1957.

W. Ensslin, The Reforms of Diocletian, in: S. A. Cook et al. (eds.), *Cambridge Ancient History*, Bd. 12, *The Imperial Crisis and Recovery, A. D. 193-324*, Cambridge 1939, 383-408.

E. Faure, "Italia Annonaria": Notes sur la fiscalité du Bas-Empire et son application dans les différentes régions de l'Italie,

RIDA 11, 1964, 149-231.
E. Forbis, *Municipal Virtues in the Roman Empire. The Evidence of Italian Honorary Inscription*, Stuttgart / Leipzig 1996.
R. M. Frakes, Contra Potentium Iniurias*: The* Defensor Civitatis *and Late Roman Justice*, München 2001.
E. Gabba, L'impero di Augusto, in: A. Momigliano / A. Schiavone (a cura di), *Storia di Roma,* II, 2, Torino 1991, 9-28.
———, I municipi e l'italia augustea, in: M. Pani (a cura di), *Continuità e trasformazioni fra repubblica e principato. Istituzioni, politica, società,* Bari 1991, 69-82 = E. Gabba, *Italia romana*, Como 1994, 133-143.
B. Galotta, Lo »iuridicus« e la sua »iurisdictio«, in: *Studi in onore di Arnaldo Biscardi* 4, Milano 1983, 441-444.
H. Galsterer, Regionen und Regionalismus im römischen Italien, *Historia* 43, 1994, 306-323.
———, The Administration of Justice, in: A. K. Bowman / E. Chmplin / A. Lintott (eds.), *The Cambridge Ancient History, 2nd ed.,* Vol. X, *The Augustan Empire, 43 B. C. - A. D. 69*, Cambridge 1996, 397-413.
P. Garnsey, Honorarium decurionatus, *Historia* 20, 1971, 309-325.
———, Aspects of the Decline of the Urban Aristcracy in the Empire, in: *ANRW* II-1, 1974, 229-252 = id., edited with addenda by W. Scheidel, *Cities, Peasants and Food in Classical Antiquity: Essays in Social and Economic History*, Cambridge 1998, 3-27.
P. Garnsey / C. Humfress, *The Evolution of the Late Antique World*, Cambridge 2001.
P. Garnsey / R. P. Saller, *The Roman Empire. Economy, Society and Culture*, London / New York 1987.
A. Giardina, Le due Italie nella forma tarda dell'impero, in: id. (a cura di), *Società romana e impero tardoantico*, I, Bari 1986, 1-36 = id., *L'Italia romana. Storie di un'identità incompiuta*, Bari 1997, 265-321.
———, La formazione dell'Italia provinziale, in: A. Momigliano / A. Schiavone (a cura di), *Storia di Roma,* III, 1, Torino 1993, 51-68.
E. Guerber, Les *correctores* dans la partie hellenophone de l'empire romain du règne de Trajan à l'avenement de Diocletien: Étude prosopographique, in: C. Marro / A. Tibet (éds.), *Anatolia Antiqua. Eski Anadolu*, V, Paris 1997, 211-248.
A. Heuss, *Römische Geschichte*, 2. Auflage, Braunschweig 1964.
———, Das spätantike römische Reich kein "Zwangsstaat"?, *GWU* 37, 1986, 603-619.

O. Hirschfeld, *Die kaiserlichen Verwaltungsbeamten bis auf Diocletian*, Berlin 1963[3].

H. Horstkotte, *Die »Steuerhaftung« im spätrömischen »Zwangsstaat«* (Diss. Köln 1978), Frankfurt a. M. 1988[2].

F. Jacques, Les curateurs des cités africaines au IIIe siècle, in: *ANRW* II-10, 1982, 62-135.

———, *Les curateurs des cités dans l'Occident romain de Trajan à Gallien. Études prosopographiques*, Paris 1983.

———, *Le privilège de liberté. Politique impériale et autonomie municipale dans les cités de l'Occident romain (161-244)*, Roma 1984.

———, Le défenseur de cité d'apres la lettre 22* de S. Augustin, *REAug* 32, 1986, 56-73.

A. H. M. Jones, *The Later Roman Empire 284-602. Social Economic and Administrative Survey*, Oxford 1973.

A. H. M. Jones / J. R. Martindale / J. Morris, *The Prosopography of the Later Roman Empire*, Cambridge 1971.

W. Jongman, Beneficial Symbols. Alimenta and the Infantilization of Roman Citizen, in: W. Jongman / M. Kleijwegt (eds.), *After the Past. Essays in Ancient History in Honour of H. W. Pleket*, Leiden 2002, 47-80.

H. Jouffroy, Le financement des constructions publiques en Italie: Initiative municipale, initiative impériale, évergétisme privé, *Ktēma* 2, 1977, 329-337.

———, *La constraction publique en Italie et dans l'Afrique romaine*, Strasbourg 1986.

C. Jullian, De la réforme provinciale attribuée à Dioclétien, *RH* 19, 1882, 331-374.

———, *Les transformations politiques de l'Italie sous les empereurs romains, 43 av. J.-C.-330 ap. J.-C.*, Paris 1884.

M. Kaser, *Das römische Zivilprozeßrecht*, Zweite Auflage, neu bearbeitet von K. Hackl, München 1996.

A. Kolb, *Transport und Nachrichtentransfer im römischen Reich*, Berlin 2000.

E. Kornemann, Curatores reipublicae, in: *RE* IV 2, 1901, 1806-1811.

W. Langhammer, *Die rechtliche und soziale Stellung der* Magistratus Municipales *und der* Decuriones *in der Übergangsphase der Städte von sich selbstverwaltenden Gemeinden zu Vollzugsorganen des spätantiken Zwangsstaates (2.-4. Jahrhundert der römischen Kaiserzeit)*, Wiesbaden 1973.

J. E. Lendon, *Empire of Honour. The Art of Government in the Roman World*, Oxford 1997.

C. Lepelley, *Les cités de l'Afrique romaine au Bas-Empire* 1, Paris 1978.

———, *Quot curiales, tot tyranni*. L'Image du décurion oppresseur au Bas-Empire, in: E. Frézouls (éd.), *Crise et redressement dans les provinces européennes de l'Empire (milieu de IIIe-milieu du IVe siècle ap. J.-C.). Actes du colloque de Strasbourg (décembre 1981)*, Strasbourg 1983, 143-156.

———, Permanences de la cité classique et archaïsmes municipaux en Italie au Bas-Empire, in: M. Christol / S. Demougin / Y. Duval / C. Lepelley / L. Pietri (éds.), *Instituions, société et vie politique dans l'empire romain au IVe siècle ap. J.-C. Actes de la table ronde autour de l'œuvre d'André Chastagnol (Paris, 20-21 janvier 1989)*, Paris 1992, 353-371.

———, De la cité classique à la cité tardive: continuités et ruptures, in: id. (éd.), *La fin de la cité antique et le début de la cité médiévale. De la fin du IIIe siècle à l'avènement de Charlemagne*, Bari 1996, 5-13.

———, Vers la fin de "privilège de liberté": L'amoindrissement de l'autonomie des cités à l'aube du Bas-Empire, in: A. Chastagnol / S. Demougin / C. Lepelley (réunies par), *Splendidissima civitas. Études d'histoire romaine en hommage à François Jacques*, Paris 1996, 207-220.

W. Liebenam, Curator rei publicae, *Philologus* 66, 1897, 290-325.

W. Liebeschuetz, The End of the Ancient City, in: J. Rich (ed.), *The City in Late Antiquity*, London / New York 1992, 1-49.

———, *The Decline and Fall of the Roman City*, Oxford 2003.

———, Late Antiquity and the Concept of Decline. An Anglo-American Model of Late Antique Studies, *NMS* 45, 2001, 1-11.

L'Italie d'Auguste à Dioclétien, Roma 1994.

E. Lo Cascio, *Curatores viarum, praefecti* e *procuratores alimentorum* a proposito dei distretti alimentari, *Studi di Antichità. Quaderni dell'Istituto di Archeologia e Storia Antica dell'Università di Lecce* 1, 1980, 237-245 = id., *Il* princeps *e il suo impero. Studi di storia amministrativa e finanziaria romana*, Bari 2000, 285-291.

———, *W. Eck, *Die staatliche Organisazion Italiens in der hohen Kaiserzeit*, München 1979, *RFIC* 109, 1981, 459-466.

———, Le tecniche dell'amministrazione, in: A. Momigliano / A. Schiavone (a cura di), *Storia di Roma*, II, 2, Torino 1991, 119-191 = E. Lo Cascio, *Il* princeps *e il suo impero. Studi di storia amministrativa e finanziaria romana*, Bari 2000, 13-79.

———, The Government and Administration of the Empire in the Central Decades of the Third Century, in: A. K. Bowman /

P. Garnsey / Av. Cameron (eds.), *The Cambridge Ancient History, 2nd ed.*, Vol. XII, *The Crisis of the Empire, A. D. 193-337*, Cambridge 2005, 156-169.

C. Lucas, Notes on the Curatores Rei Publicae of Roman North Africa, *JRS* 30, 1940, 56-74.

G. Mancini, Corrector, in: *DE* II, 1910, 1242-48.

F. Millar, Italy and the Roman Empire: Augustus to Constantin, *Phoenix* 40, 1986, 295-318.

S. Mitchell, Requisitioned Transport in the Roman Empire: A New Inscription from Pisidia, *JRS* 66, 1976, 106-131.

Th. Mommsen, *Römisches Staatsrecht*, Basel 1952³ (ND Darmstadt 1963).

———, Die italischen Regionen, in: id., *Gesammelte Schriften,* V, Berlin 1908, 268-285.

———, Die libri coloniarum, in: id., *Gesammelte Schriften,* V, Berlin 1908, 146-199.

———, Observationes epigraphicae VII. De titulis C. Octavii Sabini cos. a. p. Chr. CCXIV., in: id., *Gesammelte Schriften,* VIII, Berlin 1913, 229-246.

L. Neesen, *Untersuchungen zu den direkten Staatsabgaben der römischen Kaiserzeit*, Bonn 1980.

C. Nicolet, L'origine des regiones Italiae augustéenes, *CCG* 2, 1991, 73-97.

———, L'Italie comme cadre juridique sous le Haut-Empire, in: *L'Italie d'Auguste à Dioclétien*, Roma 1994, 377-398.

J. Nicols, The Emperor and the patronus civitatis, *Chiron* 8, 1978, 429-437.

———, Zur Verleihung öffentlicher Ehrungen in der römischen Welt, *Chiron* 9, 1979, 43-65.

———, *Patronum cooptare, patrocinium deferre*: Lex Malacitana, c. 61, *ZRG* 96, 1980, 303-306.

———, *Tabulae patronatus*: A Study of the Agreement between Patron and the Client-Community, in: *ANRW* II-13, 1980, 535-561.

———, Pliny and the Patronage of Communities, *Hermes* 108, 1980, 365-385.

———, On the Standard Size of the ordo decurionum, *ZRG* 105, 1988, 712-719.

———, Prefects, Patronage and the Administration of Justice, *ZPE* 72, 1988, 201-217.

J. H. Oliver / R. E. Palmer, Minutes of an Act of the Roman Senate, *Hesperia* 24, 1955, 320-349.

P. Ørsted, *Regiones Italiae,* Ehreninschriften und Imperialpolitik, in: *Studies in Ancient History and Numismatics Presented to*

R. Thomsen, Kopenhagen 1988, 124-138.

J. R. Patterson, Crisis: What Crisis? Rural Change and Urban Development in Imperial Appennine Italy, *PBSR* 55, 1987, 115-46.

———, The Emperor and the Cities of Italy, in: K. Lomas / T. Cornell (eds.), *'Bread and Circuses'. Euergetism and Municipal Patronage in Roman Italy*, London / New York 2002, 89-104.

———, *Landscapes and Cities. Rural Settlement and Civic Transformation in Early Imperial Italy*, Oxford 2006.

M. Peachin, Iudex vice Caesaris: *Deputy Emperors and the Administration of Justice during the Principate*, Stuttgart 1996.

A. Pinzone, L'assetto amministrativo dell'Italia nella tarda antichità, in: *Storia della società italiana IV. Restaurazione e destrutturazione nella tarda antichità*, Milano 1998, 45-57.

P. Porena, Riflessioni sulla provincializzazione dell'Italia romana, in: *Les cités de l'Italie tardo-antique (IVe-VIe siècle). Institutions, économie, société, culture et religion*, Roma 2006, 9-21.

———, Sulla genesi degli spazi amministrativi dell'Italia tardoantica, in: L. Labruna (dir.), M. P. Baccari / C. Cascione (a cura di), *50 anni della Corte Costituzionale della Repubblica italiana*, I/2. *Tradizione romanistica e Costituzione*, Napoli 2006, 1315-1376.

A. von Premerstein, Corrector, in: *RE* IV 2, 1901, 1646-1656.

R. Rilinger, Die Interpretation des späten Imperium Romanum als "Zwangsstaat", *GWU* 36, 1985, 321-340.

A. Rosenberg, Iuridicus, in: *RE* XIX, 1918, 1147-1154.

J.-M. Salamito, Les collèges de *fabri*, *centonarii* et *dendrophori* dans les villes de la regio X à l'époque impériale, in: *La città nell'Italia settentrionale in età romana*, Trieste / Roma 1990, 163-177.

B. Salway, Prefects, *patroni*, and Decurions: a New Perspective on the Album of Canusium, in: A. E. Cooley (ed.), *The Epigraphic Landscape of Roman Italy*, London 2000, 115-171.

M. Sartori, Osservazioni sul ruolo del Curator Rei Publicae, *Athenaeum* 77, 1989, 5-20.

R. T. Scott, A New Inscription of the Emperor Maximinus at Cosa, *Chiron* 11, 1981, 309-314.

G. Seelentag, Der Kaiser als Fürsorger - die italische Alimentarinstitution, *Historia* 57, 2008, 208-241.

R. K. Sherk, *The Municipal Decrees of the Roman West*, Buffalo 1970.

W. Simshäuser, *Iuridici und Munizipalgerichtsbarkeit in Italien*, München 1973.

———, Untersuchungen zur Entstehung der Provinzialverfassung Italiens, in: *ANRW* II-13, 1980, 401-452.

A. J. B. Sirks, *Food for Rome: The Legal Structure of the Transportation and Processing of Supplies for the Imperial Distributions in Rome and Constantinople*, Amsterdam 1991.

D. Slootjes, The Governor as Benefactor in Late Antiquity, in: L. de Ligt / E. A. Hemelrijk / H. W. Singor (eds.), *Roman Rule and Civic Life: Local and Regional Perspectives. Proceedings of the Fourth Workshop of the International Network Impact of Empire (Roman Empire, c. 200 B.C.-A.D. 476), Leiden, June 25-28, 2003*, Amsterdam 2004, 59-75.

———, *The Governor and his Subjects in the Later Roman Empire*, Leiden 2006.

M. Tarpin, L'Italie, la Sicile et la Sardaigne, in: C. Lepelley (éd.), *Rome et l'intégration de l'empire 44 av. J.-C. - 260 apr. J.-C.*, tome 2, *Approches régionales du Haut-Empire romain*, Paris 1998, 1-70.

R. Thomsen, *The Italic Regions from Augustus to the Lombard Invasion*, Copenhagen 1947.

G. Tibiletti, Italia Augustea, in: *Mélanges d'archéologie, d'épigraphie et d'histoire: offerts à Jérôme Carcopino*, Paris 1966, 917-926.

F. Vittinghoff, Epilog: Zur Entwicklung der städtischen Selbstverwaltung - einige kritische Anmerkungen, *HZ* Beiheft 7, 1982, 107-146 = id., *Civitas Romana. Stadt und politisch-soziale Integration im Imperium Romanum der Kaiserzeit*, W. Eck (hrsg.), Stuttgart 1994, 218-249.

———, Gesellschaft, in: id. (hrsg.), *Europäische Wirtschafts- und Sozialgeschichte in der römischen Kaiserzeit* (*Handbuch der europäischen Wirtschafts- und Sozialgeschichte*, Band 1), Stuttgart 1990, 161-369.

D. Whittaker, The Politics of Power: The Cities of Italy, in: *L'Italie d'Auguste à Dioclétien*, Roma 1994, 127-143.

G. Woolf, Food, Poverty and Patronage. The Significance of the Epigraphy of the Roman Alimentary Schemes in Early Imperial Italy, *PBSR* 58, 1990, 197-228.

M. G. Zoz, Sulla data di istituzione dei "iuridici" e del pretore tutelare, *Iura* 38, 1987, 175-178.

足立広明「初期ビュザンティオン社会の形成――シリアの都市と農村の社会関係を中心に」『文化史学』四二、一九八六年、八七～一〇五頁。

市川雅俊「カッシウス＝ディオの経済分野に関する提言の意図」『西洋古典学研究』三一、一九九三年、八二〜九二頁。

井上文則「「ガリエヌス勅令」と三世紀における騎士身分の興隆」『史林』八一-五、一九九八年、四〇〜七三頁。

――「プロテクトルについて――三世紀後半におけるローマ騎士身分」『古代文化』五二-九、二〇〇〇年、二〇〜三一頁。

――「ガリエヌス帝の「騎兵軍改革」について」『西洋古典学研究』五二、二〇〇四年、八四〜九四頁。

――『軍人皇帝時代の研究――ローマ帝国の変容』岩波書店、二〇〇八年。

岩井経男『ローマ時代イタリア都市の研究』ミネルヴァ書房、二〇〇〇年。

P・ヴェーヌ、鎌田博夫訳『パンと競技場――ギリシア・ローマ時代の政治と都市の社会学的歴史』法政大学出版会、一九九八年。

浦野　聡「ローマ帝国東部諸属州におけるアンガレイア制度の発展と村落共同体」『史学雑誌』九七-一一、一九八八年、一〜四〇頁。

――「後期ローマ帝国の支配階層形成期におけるクリアーレスの官職取得をめぐって」『歴史』〈東北史学会〉七四、一九九〇年、二一〜四二頁。

――「紹介　H. J. Horstkotte, *Die ›Steuerhaftung‹ im spätrömischen ›Zwangsstaat‹*, Athenaeum, Frankfurt am Main, 2. ergänzte Aufl., 1988, 136 SS.」『西洋史研究』新輯一九、一九九〇年、一一七〜一二七頁。

――「後期ローマ帝国におけるアゲンテス＝イン＝レブス――その機能・編成上の特質と史的意義をめぐって」『史潮』新二九、一九九一年、四〇〜五九頁。

――「後期ローマ帝国におけるデフェンソル・キウィタティス――「不正からの保護官」の国制史的意義」平田隆一・松本宣郎共編『支配における正義と不正――ギリシアとローマの場合』南窓社、一九九四年、二二一〜二五〇頁。

――「後期ローマ帝国における納税強制と curiales」『西洋古典学研究』四三、一九九五年、九七〜一〇八頁。

――「後期ローマ帝国における負担 munera 免除特権をめぐって」『史苑』五六-二、一九九六年、二〇〜四七頁。

――「ローマ帝政期における帝国貴族と地方名望家――帝国支配層と社会変動」『岩波講座・世界歴史五　帝国と支配』岩波書店、一九九八年、八五〜一一四頁。

大清水裕「ディオクレティアヌス、コンスタンティヌス帝治世における都市・総督関係――北アフリカにおける都市監督官 curator rei publicae の活動をめぐって」『史学雑誌』一一五-一、二〇〇六年、一〜三一頁。

――「ディオクレティアヌス帝治世のアクィレイア――都市・皇帝関係に見るアポロ・ベレヌス奉献碑文の意義」『イタリア学会誌』五七、二〇〇七年、四八〜七三頁。

――「三世紀後半のイタリア統治の変容と都市社会――コモ出土碑文再考」『西洋古典学研究』五五、二〇〇七年、一一四～一二五頁。

――「港湾都市オスティアと食糧長官――ディオクレティアヌス帝治世の都市間競争」豊田浩志編『神は細部に宿り給う――上智大学西洋古代史の二〇年』南窓社、二〇〇八年、一〇七～一二七頁。

――「ヒスペッルム勅答碑文をめぐる諸問題――コンスタンティヌス帝治世イタリアの州会議と都市参事会員たち」『西洋史研究』新輯三八、二〇〇九年、一～二六頁。

――『ディオクレティアヌス時代のローマ帝国――ラテン碑文に見る帝国統治の継続と変容』山川出版社、二〇一二年。

小田謙爾「四―六世紀のコンスタンティノープルにおける同職組合と国家」『西洋史学』一八〇、一九九六年、一～一七頁。

――「解体前夜のローマ帝国――遠心力と求心力の葛藤」歴史学研究会編『地中海世界史一　古代地中海世界の統一と変容』青木書店、二〇〇〇年、二三八～二六一頁。

P・ガーンジィ、松本宣郎・阪本浩訳『古代ギリシア・ローマの飢饉と食糧供給』白水社、一九九八年。

北原　敦編『新版世界各国史15　イタリア史』山川出版社、二〇〇八年。

R・サイム、逸身喜一郎・小池和子・上野愼也・小林薫・兼利琢也・小池登訳『ローマ革命――共和政の崩壊とアウグストゥスの新体制』(上・下)、岩波書店、二〇一三年。

坂口　明「ローマのアリメンタ制度に関する諸問題」『西洋史研究』新輯八、一九七九年、三三～五六頁。

阪本　浩・新保良明・井上文則・大清水裕・保坂高殿「西洋史研究会二〇〇九年度大会共通論題報告　三世紀の「危機」再考」『西洋史研究』新輯三九、二〇一〇年、一七八～二七二頁。

柴野浩樹「ローマ元首政期における退役兵と都市社会」『西洋史研究』新輯二七、一九九八年、六〇～九三頁。

――「元首政期の小アジアにおけるローマ軍兵士――属州民の嘆願碑文を手がかりとして」『西洋古典学研究』五〇、二〇〇二年、七八～九一頁。

――「後期ローマ帝国成立期における属州総督のオフィキウム――いわゆる軍政民政分離の過程において」『歴史』〈東北史学会〉一〇三、二〇〇四年、一～二七頁。

島田　誠「ローマ市民にとっての「国家」――プテオリにおける「国家」と諸集団」『西洋史研究』新輯一八、一九八九年、一四二～一五二頁。

――――「帝政期イタリアにおける都市パトロン」『西洋古典学研究』三八、一九九〇年、七三～八二頁。

――――「元首政期のパトロキニウム」長谷川博隆編『古典古代とパトロネジ』名古屋大学出版会、一九九二年、二一九～二三六頁。

――――「ローマ都市におけるパトロネジとエウエルジェティズム」『紀要』〈東洋大・教養課程〉三二、一九九三年、一～一五頁。

――――「ローマ帝国における皇帝権力と地方都市――帝政前期のイタリアを事例として」『歴史学研究』八七二、二〇一〇年、一四九～一五七頁。

新保良明『ローマ帝国愚帝列伝』講談社選書メチエ、二〇〇〇年。

――――「ローマ帝政前期における都市参事会員と都市政務官職――参事会の変質を巡って」『西洋史研究』新輯三一、二〇〇二年、二八～五七頁。

――――「ローマ帝政前期における騎士官僚――任官と任務に関する一考察」『歴史』〈東北史学会〉一〇五、二〇〇五年、一～二八頁。

――――「ローマ帝政前期の騎士将校に関する一考察――任官と任務をめぐって」『青山史学』二三、二〇〇五年、一八九～二一一頁。

――――「ローマ帝政前期におけるイタリア都市のエヴェルジェティズム――恵与とその変遷」『青山史学』二六、二〇〇八年、二五～四七頁。

――――「ローマ帝政前期における元老院議員官僚――武官人事と任務」阪本浩・鶴島博和・小野善彦共編『ソシアビリテの歴史的諸相――古典古代と前近代ヨーロッパ』南窓社、二〇〇八年、六三～七九頁。

高橋　秀「セウェルス朝のローマ帝国都市行政について」『東洋大学紀要』八、一九五六年、一〇一～一一三頁。

田中　創「古代末期における公的教師の社会的役割――リバニオス書簡集の分析から」『史学雑誌』一一七-二、二〇〇八年、一～三二頁。

反田実樹「「ディオクレティアヌス帝の最高価格令」の「強制国家」的解釈の再検討」『古代史年報』七、二〇〇九年、一六～三九頁。

南雲泰輔「オリエンス管区総監ルキアノス処刑事件――ローマ帝国の東西分裂期における官僚の権力基盤」『史林』九二-四、二〇〇九年、三六～六四頁。

――――「「佞臣ルフィヌス」像の形成と継承――後期ローマ帝国における官僚像の変遷とその意義」『西洋史学』二三四、二〇〇九年、一～一九頁。

――――「英米学界における「古代末期」研究の展開」『西洋古代史研究』九、二〇〇九年、四七～七二頁。

長谷川宜之「紹介 Claude Lepelley, *Les cités de l'Afrique romaine au Bas-Empire.* Tome 1 *La permanence d'une civilisation municipale.* Tome 2 *Notice d'histoire municipale,* Études Augustiniennes, Paris, 1978, 1981, 422, 609p.」『西洋史研究』新輯二二、一九九三年、一二四～一三一頁。

――『ローマ帝国とアウグスティヌス――古代末期アフリカ社会の司教』東北大学出版会、二〇〇九年。

林　信夫「都市に対する「片約 pollicitatio」の法的保護」片岡輝夫他『古代ローマ法研究と歴史諸科学』創文社、一九八六年、一八五～二二七頁。

樋脇博敏「古代ローマの親族――親等概念の成立と変容」歴史学研究会編『地中海世界史五　社会的結合と民衆運動』青木書店、一九九九年、六四～九四頁。

藤澤明寛「帝政初期におけるイタリア自治都市の食糧供給事情」『古代文化』四九-一〇、一九九七年、一三～二五頁。

船田享二『ローマ法』第五巻、岩波書店、一九七二年。

P・ブラウン、宮島直機訳『古代末期の世界――ローマ帝国はなぜキリスト教化したか?』刀水書房、二〇〇二年、改訂版二〇〇六年。

――、足立広明訳『古代末期の形成』慶應義塾大学出版会、二〇〇六年。

――、後藤篤子編訳『古代から中世へ』山川出版社、二〇〇六年。

――、戸田聡訳『貧者を愛する者――古代末期におけるキリスト教的慈善の誕生』慶應義塾大学出版会、二〇一二年。

本間俊行「ローマ帝政前期における組合と都市社会――「三つの組合(tria collegia)」を手がかりに」『史学雑誌』一一四-七、二〇〇五年、三七～五八頁。

――「ローマ帝政期における諸都市の書記(scribae)」『西洋史論集』〈北海道大学・西洋史研究室〉一二、二〇〇九年、一～二六頁。

松本宣郎「ルグドゥヌムの迫害再考」『西洋史研究』新輯九、一九八〇年、一～三三頁。

――「初期ローマ帝国の支配構造」弓削達・伊藤貞夫編『ギリシアとローマ――古典古代の比較史的考察』河出書房新社、一九八八年、一〇七～一四三頁。

――「古代地中海都市の衰退とキリスト教」『西洋史研究』新輯三二、二〇〇三年、一～二三頁。

南川高志『ローマ皇帝とその時代』創文社、一九九五年。

――「ローマ皇帝政治の進展と貴族社会」『岩波講座・世界歴史四』岩波書店、一九九八年、三二一～三四二頁。

――『新・ローマ帝国衰亡史』岩波書店、二〇一三年。

――編「ローマ帝国の「衰亡」とは何か」『西洋史学』二三四、二〇〇九年、六一～七三頁。

本村凌二「パンとサーカス――地中海都市における民衆文化の一つの原像として」『地中海学研究』九、一九八六年、七～一四頁。

森田鉄郎編『世界各国史一五　イタリア史』山川出版社、一九七六年。

弓削　達「後期ローマ帝国における都市の構造的変質」『古代史講座』一〇、学生社、一九六四年、二七一～三一七頁。

――『ローマ帝国の国家と社会』岩波書店、一九六四年。

――「末期ローマ帝国の体制」『岩波講座・世界歴史七』岩波書店、一九六九年、一九～五二頁。

――「ドミナートゥスの成立」『岩波講座・世界歴史三』岩波書店、一九七〇年、三～四頁。

――『ローマ皇帝礼拝とキリスト教徒迫害』日本基督教団出版局、一九八四年。

吉田興宣「ローマ帝国の都市に関する一考察」『紀要』〈新潟大学教育学部〉一二-一、一九七一年、八四～九二頁。

M・ロストフツェフ、坂口明訳『ローマ帝国社会経済史』(上・下)、東洋経済新報社、二〇〇一年。

あとがき

本書の出版にあたっては、北海道大学大学院文学研究科目的積立金による図書出版助成をうけた。出版を承認してくださった文学研究科の研究推進委員会の先生方、およびご多忙のなか匿名で本書原稿の査読を引き受けてくださった学内外の先生方に厚く御礼申し上げたい。また本書の編集に際しては、北海道大学出版会の今中智佳子氏に大変お世話になった。とりわけ刊行直前の重要な局面でご迷惑をおかけしたことをお詫びするとともに、ご助力に感謝申し上げたい。

本書は、二〇〇七年六月に北海道大学大学院文学研究科より博士(文学)の学位を取得した論文「ローマ帝政前期イタリアにおける皇帝権力と都市——イタリアの「属州化」を中心に」に、大幅に加筆・修正を施したものである。特に大きな変更点は、学位論文の「総督」(corrector)に関する一章を、本書では二章に分けて論じたことである。この結果、本書は体裁のうえで、もとの学位論文とは大きく異なるものとなった。しかし、論旨そのものに大きな変更は加えていない。第五章を除く各章はすでに個別論文のかたちで公開しており、その際に国内の研究者の方々から貴重なご意見を賜った。また学位論文の口述審査の際にも、審査の先生方から所見を伺った。しかしながら、皆様からいただいたご意見が本書に充分に反映されていないところもあり、このことについてはお詫び申し上げなければならない。

筆者がはじめ関心を抱いたのは、後期ローマ帝国の政治史であった。筆者が研究の道を志した一九九〇年代は、欧米の「強制国家」論批判の研究成果が日本の西洋古代史学界にも取り入れられていた時期であった。「序論」でも紹介したように、特に足立広明氏(奈良大学)や浦野聡氏(立教大学)が、欧米の研究動向を背景に独自の研究成果を精力的に発表されていたのである。このような学界の雰囲気のもと、筆者の研究は、「強制国家」論の支柱のひとつである都市自治をめぐる問題の再検討へと向かった。これもすでに「序論」で述べたが、帝政後期の統治構造の特質を帝政前期との連続性という観点から捉え直す必要があるにもかかわらず、「強制国家」の形成の問題を論ずる研究が我が国では少なかったことから、筆者の研究は、後期ローマ帝国に対する問題関心を前提としつつ、帝政前期の統治構造を分析の対象とすることとなった。学位論文および本書はこうして成り立ったのである。今後は帝政後期イタリアの統治構造の分析に取り組む必要もあるだろうが、欧米では近年、前期ローマ帝国の統治行政を「小さな政府」とは異なる観点から分析する研究が活発化している。帝政前期の帝国統治にも、まだ解明すべき課題が残されているといえよう。

思えば、筆者が北海道大学文学部史学科へ進み、博士後期課程まで砂田徹先生のご指導をうけることができたのは、最大の幸福であった。特に筆者が古代ローマ史研究をはじめたとき、先生は筆者に、社会史・文化史と並んで、政治史・制度史が依然として重要なテーマであることを説いてくださった。また、我が国でも碑文を用いた研究がさかんになることを予見され、ラテン碑文学を学ぶよう勧めてくださった。筆者が何とか学問的な研究を行えるようになったのは、こうしたご助言をはじめとした先生のご指導のおかげである。先生からいただいた学恩を思えば、本書の内容の未熟さには忸怩たる思いを禁じえないが、ご厚情にこたえるためには研鑽を積むほかない。

北海道大学大学院文学研究科西洋史学講座では、北原敦先生・栗生澤猛夫先生・赤司道和先生・山本文彦先生・長谷川貴彦先生・松嶌明男先生から様々な場面で多くのご教示を賜った。西洋史研究室の先輩・同期・後輩の皆様、とりわけ兼子歩(現明治大学・アメリカ史)・佐藤猛(現秋田大学・中世フランス史)の両氏には大変お世話になった。二〇一三年に北海道大学を退職された西洋古典学の安西眞先生には西洋古典語のゼミに参加させていただいただけでなく、学位論文の審査もお引き受けいただいた。また博士課程在籍時には、イタリア政府奨学金留学生として、ペルージャ大学教養学部のリータ・リッツィ・テスタ先生のもとで研究する機会を得ることができた。ここにお名前を挙げさせていただいた皆様に感謝申し上げたい。

本書の編集に際しても、北海道大学大学院文学研究科の皆様に大変お世話になった。西洋史学講座専門研究員の本間俊行氏には原稿に目を通していただき、重要な指摘を多数いただいた。同講座修士課程の前田悠太氏・新沼孝太氏・富士貴央氏には、校正や索引の作成などをお手伝いいただいた。また現代イタリアの人名・地名表記に関しては西洋言語学講座博士後期課程のマリアンナ・チェスパ氏から、北アフリカの地名表記に関しては東洋史学講座准教授の佐藤健太郎先生から、それぞれ貴重なご意見をいただいた。皆様に御礼申し上げたい。本書における誤りが少しでも訂正されていれば、それはこれらの方々のおかげであるし、それでもなお誤りが残されていれば、それらは当然のことながらすべて筆者の責任である。

そもそも筆者がいまこうして歴史の研究に携わっているのも、高校時代の担任の先生である吉嶺茂樹先生(現北海道有朋高等学校教諭)のおかげによるところが大きい。先生には、世界史・日本史の授業を通じて歴史の面白さを教えていただいただけでなく、進路選択の際に北海道大学の受験を強く勧めていただいた。深く御礼申し上げたい。そして現在筆者は、北海道札幌開成高等学校で時間講師として世界史・日本史・地理を教える機会をいただいている。教師としても未熟な筆者を支えてくださっている札幌開成高校の皆様、なかでも特にお世話になっている歴史準備室の先生方には、この場を借りて御礼申し上げたい。
最後に、オホーツク海沿岸の小さな町から筆者の研究生活を見守り、支えてくれた亡祖父・亡祖母・亡父・母・兄・姉に心より感謝したい。

二〇一四年三月一八日　ローマにて

飯坂晃治

初出一覧

序　論　書き下ろし

第一章　「ローマ帝政前期イタリアにおける官僚機構の形成――W・エックの研究を中心に」『北大史学』四六、二〇〇六年、九七～一一二頁。

第二章　「ローマ帝政初期における都市監督官 curator rei publicae とイタリア都市」『史学雑誌』一一一-四、二〇〇二年、三七～六〇頁。

第三章　「ローマ帝政前期イタリアにおける地方裁判官(iuridicus)と都市」『西洋史論集』〈北海道大学・西洋史研究室〉六、二〇〇三年、三三～六二頁。

第四章　「三世紀イタリアにおける州体制導入のプロセスについて――P・ポレーナ説の検討を中心に」『北大史学』五〇、二〇一〇年、六一～八七頁。

第五章　書き下ろし

終　章　書き下ろし

北海道大学大学院文学研究科 研究叢書

1	ピンダロス研究 ——詩人と祝勝歌の話者——	安西　眞著	A5判・306頁 定価 8500円
2	万葉歌人大伴家持 ——作品とその方法——	廣川晶輝著	A5判・330頁 定価 5000円
4	海音と近松 ——その表現と趣向——	冨田康之著	A5判・294頁 定価 6000円
7	人麻呂の方法 ——時間・空間・「語り手」——	身﨑　壽著	A5判・298頁 定価 4700円
8	東北タイの開発と文化再編	櫻井義秀著	A5判・314頁 定価 5500円
9	Nitobe Inazo ——From *Bushido* to the League of Nations——	長尾輝彦編著	A5判・240頁 定価 10000円
10	ティリッヒの宗教芸術論	石川明人著	A5判・234頁 定価 4800円
11	北魏胡族体制論	松下憲一著	A5判・250頁 定価 5000円
12	訳注『名公書判清明集』官吏門・賦役門・文事門	高橋芳郎著	A5判・272頁 定価 5000円
13	日本書紀における中国口語起源二字漢語の訓読	唐　煒著	A5判・230頁 定価 7000円
14	ロマンス語再帰代名詞の研究 ——クリティックとしての統語的特性——	藤田　健著	A5判・254頁 定価 7500円
15	民間人保護の倫理 ——戦争における道徳の探求——	眞嶋俊造著	A5判・186頁 定価 3000円
16	宋代官僚制度の研究	宮崎聖明著	A5判・330頁 定価 7200円
17	現代本格ミステリの研究 ——「後期クイーン的問題」をめぐって——	諸岡卓真著	A5判・254頁 定価 3200円
18	陳啓源の詩経学 ——『毛詩稽古編』研究——	江尻徹誠著	A5判・216頁 定価 5600円
19	中世後期ドイツの犯罪と刑罰 ——ニュルンベルクの暴力紛争を中心に——	池田利昭著	A5判・256頁 定価 4800円
20	スイスドイツ語 ——言語構造と社会的地位——	熊坂　亮著	A5判・250頁 定価 7000円
21	エリアーデの思想と亡命 ——クリアーヌとの関係において——	奥山史亮著	A5判・330頁 定価 8200円
22	日本語統語特性論	加藤重広著	A5判・318頁 定価 6000円
23	名付けえぬ風景をめざして ——ランドスケープの文化人類学——	片桐保昭著	A5判・218頁 定価 7000円
24	立憲民政党と政党改良 ——戦前二大政党制の崩壊——	井上敬介著	A5判・344頁 定価 6000円

〈定価は消費税含まず〉

北海道大学出版会刊

飯坂晃治（いいさか　こうじ）

1974年　北海道生まれ
1997年　北海道大学文学部史学科卒業
2005年　イタリア政府奨学金留学生としてペルージャ大学教養学部に留学
2007年　北海道大学大学院文学研究科博士後期課程単位取得退学，博士（文学）
現　在　北海道大学大学院文学研究科専門研究員

北海道大学大学院文学研究科　研究叢書25
ローマ帝国の統治構造——皇帝権力とイタリア都市
2014年3月31日　第1刷発行

著　者　飯坂晃治
発行者　櫻井義秀

発行所　北海道大学出版会
札幌市北区北9条西8丁目　北海道大学構内（〒060-0809）
Tel. 011（747）2308・Fax. 011（736）8605・http://www.hup.gr.jp/

アイワード/石田製本

ISBN978-4-8329-6797-7

事項索引

ア　行

アカイア　107, 147
アグリッパの野(Campus Agrippae)　178, 197
アシア　79, 147
アフリカ　5, 8, 79, 109
アフリカ州総督(proconsul Africae)　56, 95, 184, 187
アリメンタ制度　10, 17, 19, 21, 34, 35, 39, 40, 112, 113, 115
アリメンタ担当クアエストル(quaestor alimentorum)　31, 33
アリメンタ担当プロクラトル(procurator alimentorum)　33, 34, 40
アリメンタ長官(praefectus alimentorum)　34-36, 40, 111-113, 122, 123, 186, 201
アルウァル兄弟団　95, 106
アルペス・コッティアエ　156
アレクサンドリア　130
「異教」　5, 188
イタリア管区　156
イタリア総督(corrector Italiae)　97, 140-146, 149-158, 160, 165, 166, 179, 183, 184, 190, 203, 204
請負業者(mancipes / redemptores)　21
請負業者(publicani)　24-28, 35
エヴェルジェティスム　2, 5, 58, 59, 61, 62, 78
エジプト　28, 130
恩恵施与　2, 58, 124, 187, 189, 192, 193, 202, 204

カ　行

街道監督官(curator viarum)　31, 33-37, 40, 76, 111, 114, 121, 122, 124, 125, 182, 186, 201
カピタティオ=ユガティオ制　4
下部パンノニア　186, 187
ガリア帝国　148
ガリア・ルグドゥネンシス　184
管区(dioecesis)　3
艦隊司令官(praefectus classis)　22, 111, 122
記憶の断罪(damnatio memoriae)　61
騎士級将校歴任者　56
騎士(身分)　1, 20, 22, 24, 33, 35, 44, 45, 57, 58, 60, 61, 65, 75, 177
寄付申込(pollicitatio)　51, 54, 82, 103, 191, 200
「強制国家」(Zwangsstaat)　3-14, 43-45, 55, 78, 204
組合(societas)　26, 27, 179
クラリッシムス級　49, 50, 56, 114
軍事金庫(aerarium militare)　25
軍人皇帝時代　158
軍団司令官　59, 124, 182, 186
軍団副官(tribunus militum)　52, 56, 59, 107, 124
ゲルマニア　186
嫌疑をうけた後見人の訴追(accusatio suspecti tutoris)　103
元首政(プリンキパトゥス)　3, 7, 205
建築職人組合　141, 143
建築職人・寄せ布作り・デンドロフォリの組合　107
剣闘士競技開催費用減免に関する元老院決議　110, 112, 115, 122
元老院　8, 19, 201
元老院議員(senatores)　1, 19, 20, 24, 30-33, 36, 44, 45, 49, 51, 57-60, 63-66, 75, 76, 89, 94, 121, 125, 126, 129, 139, 140, 174, 181, 184, 185, 187, 189, 193, 203
元老院決議　20, 21, 111, 125, 133
元老院文書局長　107
公共建築物監督官(curator operum publicorum)　37, 143, 183

公共輸送(制度)　10, 17, 34, 35, 38
公共輸送長官(praefectus vehiculorum)　21, 34-36, 201
後見掛法務官(praetor tutelaris)　99, 100, 130
後見人の選任(tutoris datio)　99, 100, 102, 105, 130, 132
後見の義務(munera tutelaris)　180
公職法定金(summa honoraria)　2, 49, 50, 81
皇帝随行団員　182, 186
皇帝代理裁判官　155, 184, 186
皇帝礼拝委員(Augustales)　68, 69, 71
皇帝礼拝六人委員(VIvir Augustalis)　49
工兵隊長　72
穀物供給長官(praefectus annonae)　22
穀物供与長官(praefectus frumenti dandi)　19, 59
戸口調査(census)　27, 29
古代末期　6, 14
近衛長官(praefectus praetorio)　22
護民官(tribunus plebis)　59, 107, 124, 186
コルシカ　156
コロヌス(小作人)　4
コンスラレス(consulares)　18, 36, 93, 94, 96, 117, 128, 163

サ　行

祭儀を司る十五人役　58, 114, 124
財務官(quaestor)　59, 107, 114, 124, 186
サトゥルヌス金庫(aerarium Saturni)　21, 25, 26
サトゥルヌス金庫長官(praefectus aerarii Saturni)　26, 106, 108
サルディニア　156
「三世紀の危機」　5
シキリア　107, 156
自権者(sui iuris)　99
自治(都市の)　2-7, 9-11, 17, 35, 36, 43, 44, 46, 52, 54, 55, 62, 77, 78, 92, 109, 116, 117, 121, 123, 125-127, 173, 179, 180, 193, 202-205
執政官(consul)　19, 20, 30, 32, 58, 59, 69, 71, 72, 95, 100, 183, 184, 186, 187
執政官級　19, 33, 60, 76, 94, 139, 162
謝礼金(honorarium)の請求　103
自由都市(civitas libera)　147
自由身分に関する訴訟(causa liberalis)　103
首都管区(urbica dioecesis)　100, 117, 118, 162, 177
首都長官(praefectus urbi)　103, 155, 178-180, 182
小アジア　24
上訴(appellatio)　100, 103
上部モエシア　95, 129
消防隊(vigiles)　25
消防隊司令官(praefectus vigilum)　22
書記(scriba)　21, 68, 102
神祇官　186
親族間の扶養(alimentum)　103
信託遺贈(fideicommissum)　101, 102, 105
信託遺贈掛法務官(praetor fideicommissarius)　102, 131
信託遺贈による奴隷解放　102
神寵帝理念　3
神殿監督官(curator aedium sacrarum)　183
審判人　98
水道およびミヌキウス柱廊監督官(curator aquarum et Miniciae)　143, 183
水道およびミヌキウス柱廊担当の執政官級監督官(consularis aquarum et Miniciae)　184
水道監督官(curator aquarum)　19
スブクラトル(subcurator)　20
全イタリア総督(corrector totius Italiae)　139, 140, 142, 145, 147-149, 151, 153, 157, 160, 175, 176, 178, 182, 183
戦時特別税(tributum)　9, 25, 174, 177
専制君主政(ドミナトゥス)　3, 7, 205
造営委員(aediles)　1, 71
造営官(aedilis)　107
総督(corrector)　9-12, 125, 126, 201, 202, 204
属州(provincia)　4, 8, 9, 18, 21-23, 25, 58, 129, 131, 173, 174
属州化(provincialization)　8-11, 17, 35, 91, 96, 126, 127, 130, 174, 176, 188, 193, 205
属州総督　4, 8, 24, 47, 48, 50, 51, 92, 95, 96,

115, 129, 131, 173
訴訟担当十人委員　59, 123

タ　行

ダルマティア　95, 129, 186
地方裁判官(iuridicus)　9, 11, 17, 36, 76, 158, 182, 186, 194, 201-204
鳥占官　56, 186
通常訴訟手続(ordo iudiciorum privatorum)　98, 103, 104, 132
杖による奴隷解放(manumissio vindicta)　99
デンドロフォリ組合　71, 72, 113-115
道(praefectura)　3
同職組合　4, 203
道路管理担当四人官　107
特別訴訟手続(cognitio extra ordinem)　98, 99, 103, 105, 131, 132
都警隊(cohortes urbanae)　178
都市監督官(curator rei publicae)　4-6, 9, 11, 17, 36, 114, 121, 123-126, 182, 184, 186, 188-192, 194, 201, 202, 204
都市公職　1, 2, 49, 78
都市公職者　5, 23, 27, 29, 31, 33-35, 44, 45, 52, 54, 68-70, 73, 77, 100-103, 105, 131, 132
都市参事会(ordo decurionum / curia)　1, 5, 6, 8, 44, 45, 50, 54, 55, 58, 60, 69, 70, 73, 77, 78, 103, 107, 114, 124
都市参事会員(decuriones / curiales)　1, 2, 4-6, 46, 61, 68, 69, 78, 102, 103, 179, 180
都市参事会決議(decretum decurionum)　49, 50, 57, 70, 71, 73, 107, 109, 114
都市に対する義務(munera municipalia)　180
都市パトロン　46, 54, 109, 115, 123, 124, 126, 187, 188, 202, 204
土地税(tributum / stipendium)　9, 174, 177, 195, 196
トリブス　61
奴隷解放(manumissio)　101, 131

ナ　行

二五分の一奴隷売却税(vicesima quinta venalium mancipiorum)　25
二〇分の一相続税(vicesima hereditatium)　8, 17, 34, 35, 173, 177, 195, 201
二〇分の一相続税に関するユリウス法(lex Iulia de vicesima hereditatium)　27, 29
二〇分の一奴隷解放税(vicesima libertatis)　8, 17, 34, 35, 173, 177, 195
二人委員(duoviri)　1, 5, 29, 78
ノリクム　114

ハ　行

バエティカ　131
非訟事件　105
非訟事件に関する裁判権(iurisdictio voluntaria)　96, 99, 100, 101
ビテュニア・ポントゥス　147
百人隊長　24
一〇〇分の一(ないし二〇〇分の一)取引税(centesima rerum venalium / ducentesima auctionum)　25
父権免除(emancipatio)　99, 131
豚市場(forum suarii)　178
豚市場担当官(tribunus fori suarii)　178
負担義務(munera)　2, 5, 78, 113-115
プロクラトル(procurator)　20, 22, 26-29, 33-35, 39, 75, 201
平民(都市)擁護官(defensor plebis / defensor civitais)　4, 5
ペルシア　142
方式書訴訟手続(per formulas)　98, 101, 105
法務官(praetor)　19, 27, 29, 58, 59, 98, 104, 107, 114, 124, 186
法務官級　19, 20, 31, 32, 76, 96, 129, 155
法律訴訟手続(legis actiones)　98, 101, 105, 131, 132
保佐人(curator)　101, 130

ヤ　行

養子縁組(adoptio)　99, 101
四人委員(quattuorviri)　29

ラ　行

ラエティア　156, 182, 186
両イタリア総督(corrector utriusque Italiae)

人名索引

ア　行

カ　行

サ　行

タ　行

ナ　行

ハ　行

マ　行

ヤ　行

ラ　行

イタリア地名・街道名索引

ア　行

カ　行

サ　行

タ　行

ハ　行

マ　行

ラ　行